The Super Age

超龄时代

未来人口问题解读

[美]布拉德利·舒尔曼 著　王晋瑞 译

Bradley Schurman

Decoding our
Demographic Destiny

中国出版集团
中译出版社

THE SUPER AGE, Copyright © 2022 by Bradley Shurman
Published by arrangement with Harper Business, an imprint of Harper Collins Publishers.
Simplified Chinese translation copyright © 2023 by China Translation & Publishing House
ALL RIGHTS RESERVED

著作权合同登记号：图字 01-2022-0565

图书在版编目（CIP）数据

超龄时代：未来人口问题解读 /（美）布拉德利·舒尔曼（Bradley Schurman）著；王晋瑞译 .—— 北京：中译出版社, 2023.03
书名原文：The Super Age:Decoding our Demographic Destiny
ISBN 978-7-5001-7205-5

Ⅰ.①超… Ⅱ.①布…②王… Ⅲ.①人口–问题–研究–世界 Ⅳ.① C924.1

中国版本图书馆 CIP 数据核字 (2022) 第 185983 号

超龄时代：未来人口问题解读
CHAOLING SHIDAI: WEILAI RENKOU WENTI JIEDU

作　　者：	[美]布拉德利·舒尔曼
译　　者：	王晋瑞
策划编辑：	温晓芳　周晓宇
责任编辑：	温晓芳
营销编辑：	梁　燕
封面设计：	北京锋尚制版有限公司
排版设计：	北京杰瑞腾达科技发展有限公司

地　　址：	北京市西城区新街口外大街 28 号普天德胜主楼四层
电　　话：	(010) 68002926
邮　　编：	100044
电子邮箱：	book@ctph.com.cn
网　　址：	http://www.ctph.com.cn
印　　刷：	北京盛通印刷股份有限公司
经　　销：	新华书店
规　　格：	880mm×1230mm　1/32
印　　张：	11.25
字　　数：	213 千字
版　　次：	2023 年 3 月第 1 版
印　　次：	2023 年 3 月第 1 次

ＩＳＢＮ　978-7-5001-7205-5
定　　价：68.00 元

版权所有　侵权必究
中 译 出 版 社

谨以此书献给

我的家人

包括血亲和我所选择的家人

还有我的同事

那些来自美国与全球各地

具有天赋异禀和远见卓识的英才

还有你们

相信我的预判

让我感激不尽的

每一个人

前　言

这不是一本关于衰老或变老的书，也不是一份长寿生活路线图，因此并非探讨"如何优雅地变老"的秘籍；这也不是一本关于长寿科学的书，当然也不是一本介绍医疗保健、养老金或养老院的书，尽管这些都是与老龄人相关的重要话题。本书也不会深入探讨老年学和老年医学方面的问题，虽然这一研究领域也许是世界上最崇高的事业。

本书要探讨的是出生率下降和寿命延长这两大趋势如何共同作用形成"超级大趋势"。相较于过去，我们的生活将因这一超级大趋势而变得截然不同，整个社会在老龄人口快速增长的同时，也将变得代际多样化。人们通常将这样的趋势称为"人口老龄化"，有人认为老龄化就像一场社会大地震，正在颠覆和重塑大部分的社会、政治、文化和经济规范，无论是较小的新兴经济体还是较大的发达经济体都将因此受到影响。老龄化的大趋势正在将我们带入一个全新的时代，一个与世界历史上其他任何时期都截然不同的时代，我称之为"超龄时代"。

200多年来，人口老龄化一直都在缓慢地、悄无声息地进行。虽然在最近几十年里，老龄化的速度在明显加快，也逐渐引起了人们的关注，但今天人们对老龄化的关注度仍然排在诸如全球化、自动化、数字化、城市化和气候变化等热门话题之后。这至少说明，人们在思想上尚未真正重视老龄化这一社会问题，这种情况必须改变。在全球疫情大流行的背景下，社会的、种族的和政治的动荡以及平均预期寿命的缩短让我们发现，我们不能再忽视老龄人口的生活状况。可以说，新冠肺炎疫情的暴发在方方面面都几乎让我们措手不及，疫情让我们更深刻地认识到人口结构的变化，同时也让我们意识到了日益增长的老龄人口的愿望和需求。

与其他的大趋势不同，"人口老龄化"不可逆转。几个世纪以来，依据像人口普查这样的机制以及挨家挨户上门辛勤统计的方式，世界各国都对自己的人口及其构成状况（包括年龄构成）有了非常准确的了解。

我们已经将未来的人口状况描绘得非常清楚，但对于这些变化将如何影响社会与经济功能，却不十分清楚。

人口老龄化已成为我们无法回避的现实（参见图0-1），正以惊人的速度持续着。无论意识到与否，你的生活、家人与朋友的生活，以及邻居、同事和所有其他全球公民的生活，都会在这一伟大的人口结构转型时期发挥某种作用。身处这样的历史时期，一些人会面对巨大的挑战，公职人员和政府官员尤其

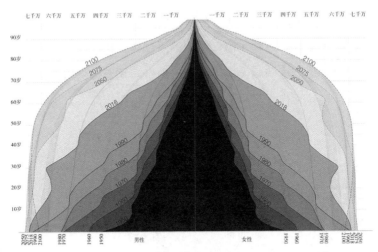

图0-1 1950—2018年世界人口年龄分布（按性别）及联合国人口司2100年人口年龄分布预测

数据来源：联合国人口司——《2017年世界人口预测》；中等变量。可在OurWorldinData.org官方网站上查找到该数据，在该网站还可查找到关于世界如何变化以及为何变化的更多研究。由麦克斯·罗瑟（Max Roser）在CC-BY授权下发布。

如此，他们必须顶着巨大压力去制定一些可能并不受人欢迎的政策。比如说改革和调整原先的社会福利制度，而这在20多年前被认为是绝对不可触碰的事情。然而，社会发展和经济变革给我们带来的机会远超付出的代价，对私营企业而言更是如此，但前提是个人和组织愿意直面新时代的现实，并主动去拥抱这些机会。

我们每个人都将为超龄时代添砖加瓦。我们都会变老，都会在亲人变老时照顾他们，也都将面对新时代快速变化带来的挑战。但是，这些翻天覆地的变化也将为我们提供重塑世界的机会，超龄时代将是一个更加公平、公正和代际关系更和谐的人类发展新时期。

| 目 录 |

第一部分　年龄变化史　/ 1

变化时时刻刻都在发生　/ 3

溯源现状　/ 22

年轻人的圣坛　/ 50

长寿收益的契机　/ 74

第二部分　人口反乌托邦社会　/ 95

感知与现实　/ 96

年龄歧视　/ 120

矿井中的金丝雀　/ 146

第三部分　人口新秩序　/ 173

面对新现实　/ 174

发挥年长的优势　/ 201

建设适老住所与社区　/ 225

老年经济学　/ 247

致谢　/ 270

注释　/ 273

译名对照　/ 327

第一部分

年龄变化史

1

变化时时刻刻都在发生

变化不可避免，人类在很早以前就明白这一道理。不过，并不懂得洞悉世事的人在面对变化时仍会感到不知所措，而审时度势、顺应变化的人则往往会成为社会的赢家——史蒂夫·乔布斯（Steve Jobs）、杰夫·贝佐斯（Jeff Bezos）和沃伦·巴菲特（Warren Buffett）就是这样的大赢家。

变化有时无声无息、悄然而至；有时则声势浩大、突如其来，这次的全球性疫情就是突如其来的破坏性事件。不管以何种方式降临，变化时时刻刻都在发生。只要懂得观察，便可亲身感受到这些实时变化。

人口结构在全球呈现的变化也是如此。在人类历史的大部分时间，人口的平均年龄都没有发生多大变化。无论是在战争、饥荒时期，还是在自然灾害暴发的至暗时期，抑或是在历史进步的辉煌时代，社会人口整体而言都是年轻人居多、老龄人只占极少数。这是因为大多数人在刚出生后便死亡或在儿童期就夭折了，只有少数未出现营养不良、未经历天灾人祸和各种疾病困扰和折磨的婴幼儿才能长大成人，而在他们当中，享有高寿的人则少之又少。

随着人类加快向工业化迈进的步伐，整个社会老龄化的进程也开始了。早在200多年前，至少在西方的工业化国家中，这种变化已经慢慢显现。但是在过去的100年间，这一人口结构变化趋势愈发显著，到了20世纪中叶，变化速度更是快得令人咋舌——平均预期寿命几乎翻了一番，而出生率却在急剧下降。在日本等国家，这种快速转变只用了不到100年的时间便完成了，而在中国等国家，转变只花了不到50年的时间。

2022年至2032年间，世界上的一些经济体，无论大小、发达与否，都将快速迈入老龄化社会。到2030年，全球的195个国家中，至少将有35个国家五分之一的人口超过65岁（即传统的退休年龄）；2024年，美国65岁以上的人口将与18岁以下的人口数量相当[1]；而到了2050年，全球六分之一、欧洲和北美四分之一的人口将超过65岁。最令人吃惊的是，全球80岁及以上的人口预计会增加近两倍，从2019年的1.43亿增加到2050年的4.26亿，成为全球人口数量增长最快的群体。

图说人口变化数据

人口统计数据在人类历史上的大多数时期都呈现出金字塔结构——塔底为多数的儿童,塔尖为少数的老龄人。从古典时代开始直至 19 世纪中叶,由于婴幼儿的死亡率高,公共卫生设施差,民众几乎没有经济保障,人类的平均预期寿命一直徘徊在 30 岁上下。不过,这样的数据并不能反映当时世界的真实情况,因为虽然绝大多数人生活艰难、寿命较短,但是生活富足的权贵却完全可能活到我们今天公认的长寿年龄。现在的尼日尔(Niger)就属于前一种情况(参见图 1-1),是世界上人口最年轻的国家,一半以上人口的年龄都在 14 岁以下;而摩纳哥(Monaco)则属于后一种情况(参见图 1-2),一半以上的人口都超过了 53 岁。

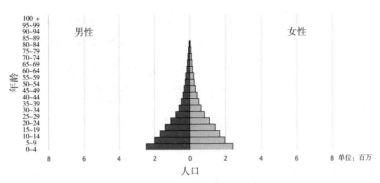

图 1-1 尼日尔人口金字塔(2022)

美国人口普查局,国际数据库

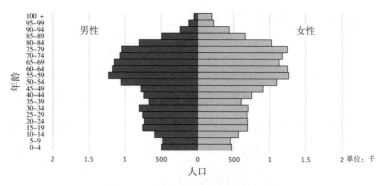

图 1-2　摩纳哥人口金字塔（2022）

美国人口普查局，国际数据库

随着人类进入诸如工业革命这样的经济和技术大发展时期，全球的人口结构也在不断地发生变化。世界经济论坛（World Economic Forum）创始人兼执行主席克劳斯·施瓦布（Klaus Schwab）在其《第四次工业革命》一书中称：人类迄今为止共经历了 4 次工业革命，包括当前这场始于 2011 年的第四次工业革命。根据他的描述，此次工业革命已历经许多年，在这一时期，"新技术和新认知引发了经济和社会结构的深刻变化"[2]。在经历了蒸汽时代、科学发展与大规模生产时代以及数字革命后，人类目前正处于一个技术和社会剧变的时期。

我们知道，在原始社会，出生率极高，但死亡率也极高，且死亡多发生于婴幼儿时期和青少年时期，结果，社会人口增长缓慢，老龄人寥寥无几。随着社会不断进步，人类的生活水平也逐步提高。人们喝上了清洁的水,吃上了安全的食品,住上了可以遮风挡雨的房子,再加上医疗服务及疫苗接种日益普及,婴幼期夭折的情况大大减少。随着城市化的不断推进,人们也从田间地头走向了车间厂房,并日益依赖技术来完成过去需要人工完成的工作。

在这一转变过程中,人们的生育率依然维持在较高的水平,寿命也开始延长了。老龄人口不断增长,社会总人口也开始增多。在发达国家,这种变化从第一次工业革命(1760—1840)后期开始便一直延续,并在第二次工业革命(1860—1920)的大部分时间内加速进行(参见图1-3)。在此期间,美国人的平均预期寿命提高了约14岁,美国的总人口也增加至原来的3倍多。

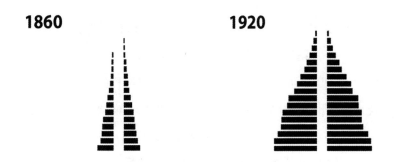

图1-3 1860年和1920年的人口情况

随着社会继续向前发展,科学和教育不断进步,婴幼儿长大成人的概率大幅提升,但人口出生率却开始下降。整个社会呈现出如下特点：低出生率、低婴幼儿死亡率、稳定的总体死亡率和逐步提高的预期寿命。这一变化始于第二次工业革命（1860—1920）后期，贯穿于第三次工业革命（1960—2010）的始终，并一直延续至今。最令人印象深刻的人口增长期就在20世纪。

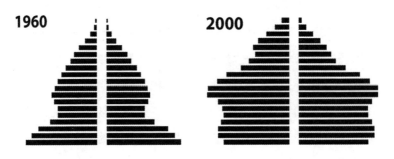

图 1-4　1960 年和 2000 年的人口情况

在 20 世纪的 100 年间，全球人口平均预期寿命几乎翻了一倍。在富裕国家，人们开始控制生育，期盼能活过退休年龄，这在过去可是少数富人的特权。人口结构的金字塔开始呈现出扁平化的趋势（参见图 1-4），两侧不再陡峭——美国退休人员协会（AARP）和我最喜欢的电视节目《黄金女郎》都是这一时期的产物。占据人口结构金字塔另一端的是独立出来的青少年和年轻人群体，他们有自己的理想与追求（社会的各行各业也都在为他们服务）。

近年来，全球人口在迅速步入老龄化阶段，越来越多的国家已经有近五分之一的人口年龄超过 65 岁，还有不少国家的老龄人口比例也将呈现出相同结构。这一变化标志着人类已进入了新的时代——超龄时代，有史以来，老龄人的数量将首次超过年轻人的数量。

理解超龄时代

与之前相比，超龄时代的世界大为不同。就在几年前，全球符合超龄时代定义的国家还只有德国、意大利和日本（参见图 1-5 至图 1-7），但到了 2020 年，已有 10 个国家达到了超龄时代的标准。未来 10 年，全球超过传统退休年龄的人数还将不断增加，不仅是一些工业化国家，就连许多国土面积不太大且相对贫穷的国家也将迈入超龄时代的行列，比如古巴和格鲁吉亚。

超龄时代已悄无声息地到来。2018 年，全球 64 岁以上的人口首次超过了 5 岁以下的人口，但这一信息居然没有引起大众媒体的关注。在超龄时代，人们将更长寿，但儿童数量会越来越少，在一些地区，退休老龄人（一般指 65 岁及以上的老龄人）将至少占到当地总人口的三分之一，就像现在日本所面临的情况一样。美国的一些县城已步入了这样的超龄时代。

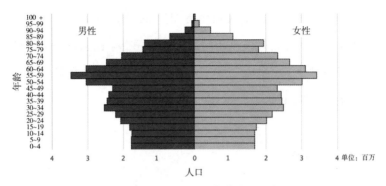

图 1-5 德国人口金字塔（2022）

美国人口普查局，国际数据库

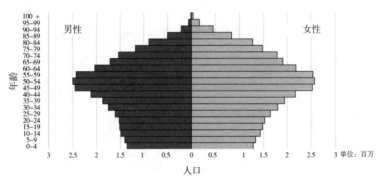

图 1-6 意大利人口金字塔（2022）

美国人口普查局，国际数据库

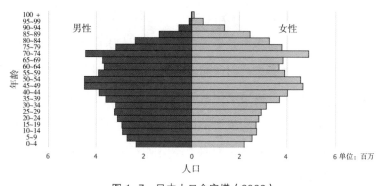

图 1-7　日本人口金字塔（2022）

美国人口普查局，国际数据库

面对人口结构的这种变化，若不采取相应措施，我们将面临一系列严峻的挑战。比如，在现行的退休年龄不改变且预期寿命持续增高的情况下，申请享受养老和医保福利的人数就会增多，而工作并纳税的人数则会减少。如此一来，令人担心的状况便会发生了：不断缩小的劳动力群体将不得不承担极高的税赋，这不仅会引发代际冲突，还会阻碍经济发展。如果仍将劳动年龄限制在 65 岁以下的话，社会就会因劳动力短缺而提高用工费用，而这又会导致通货膨胀，最终致使个人生活成本增加，也会给退休人员或依靠固定收入生活的人造成更大的负担。

超龄时代还将改变制造业和服务市场，在给一些公司带来挑战的同时也送来了机遇。随着老龄人数量的增加，一个更大的、专为老龄人开发产品和提供服务的市场也将应运而生。就某些产品的消费而言，老龄人将完全取代年轻人。比如，考虑到老龄人的实际需求，日本现在生产的成人尿片比儿童尿片还要多。不过，所有生产的产品或提供服务的公司都需主动改变自己的商业模式，以适应超龄时代的消费环境。这对公司的营销方式以及沟通方式均提出了挑战，越来越多的公司不得不考虑一个以前根本无须考虑的问题：如何去吸引老年消费者或是不同年龄段的消费者。

比如，美国50岁以上的老龄人是三分之二新车的购买者，苹果手表的消费者平均年龄为42岁，而且这一指标还在逐年上升。城市老龄人还推动了豪华公寓的开发，使得公寓租金上涨。健康且富有的老龄人也许已成为营销人员的"新宠"，这意味着所有公司都将开始转移百年来一成不变的目标群体对向，将精力从年轻人身上转移到老龄人身上。如果想在这一时代生存下去，就需要为老年消费者或不同年龄段的消费者开发产品和提供服务。

在超龄时代，包括终身学习的理念在内，新的教育方式可以让老龄人重回大学课堂或接受各种培训。学习应该贯穿人的一生，而不仅限于年轻时期；学习内容可以是正式的学位课程，也可以是技能或技术培训。虽然这些课程和培训可能一开始是为富人开设的，但对所有想要以积极状态投入生产生活的人来说，都是不可或缺的。

如果超龄时代的问题没有得到重视，很可能会给家庭、机构、国家及其经济造成严重的破坏。但如果能直面这种转变，选择主动出击，我们还是有机会进行重大调整从而产生持久的影响力，为所有人创造一种更积极和富有成效的生活的。当然，个人、机构和政府现在就可从小事开始做起，慢慢向超龄时代平稳过渡。

新冠肺炎大流行让我们看到，超龄时代的到来让整个社会都措手不及。疫情暴发之初，大多数人认为病毒影响的主要是老龄人，因为约80%的死者为65岁以上老龄人，约40%的死亡发生在养老院。我们可以开脱说，拖慢集体应对速度的是社会对这一感染风险最高群体的歧视和漠视。但我们也要明白，正是因为我们的应对不力，新冠病毒才有了存活、传播和变异的有利环境，这不仅导致了全球数百万人不必要的死亡，还让全球经济增长受阻，甚至出现了衰退的迹象。

历史上被边缘化的群体因遭受社会不平等待遇，其寿命往往会受到影响，这一点在此次疫情中表现得非常明显。寿命最长与寿命最短人群的平均寿命竟然能相差一代乃至两代，即40年左右，美国和世界其他国家都是如此。短寿群体因为工作年限较短，积蓄不多，所以留给后代的财富也不多，这便加剧了社会与经济不平等的差距。更糟糕的是，与生活条件优越的同龄群体相比，短寿群体往往更早、更频繁地生病。当新冠肺炎疫情暴发时，他们染上病毒并因此而死亡的概率也更高。

整个社会的居家和社区环境都有待改善，需将不同年龄和身体条件的人都考虑在内。目前世界上大多数社区建于20世纪初期和中期，各种障碍设施随处可见，即使是一些世界级大都市的社区也不例外。但当时的社区居民要年轻得多，这些障碍对他们来说并不是问题。但对老龄人而言，随处可见的台阶，包括上下公共交通工具的台阶和昏暗的街道等，都成了问题。另外，许多公共场所没有休息的地方，也没有卫生间，而这对任何年龄段的人来说都很不便。

所有项目的建设，包括新建和翻新，都应在设计阶段就将年龄因素考虑进去。设计师应主动为老龄人以及残障人士着想，以最佳方式帮助他们享受公共和私人基础设施所提供的便利。譬如美国的社区，也应该依照《美国残疾人法案》等标志性法案的立法原则，尽可能地实现社区内零障碍的目标。社会应该通过税收优惠或公共宣传的方式，鼓励人们在家装设计时考虑老龄人的需求。像浴室这样的地方尤其应该注意，因为在浴室摔倒要比在家中其他地方摔倒更容易造成身体伤害而不得不到医院接受治疗。

许多人也不得不考虑长寿会给传统生活带来怎样的影响。因为在超龄时代，我们不仅要重新考虑老龄人的需求，还要考虑年轻人在这一影响下做出的决定。许多人会推迟买车或购房，这将极大地改变车市和楼市的状况。更多的人会推迟结婚或生子计划，有些人决定不婚或不育，还有些人甚至决定不婚也不育。越来越多的人会从事好几份工作，与前几代人相比，很多人不得不工作得更久，多数人在生命中的某些时刻需要照顾自己的家人，还有些人甚至可能会重新考虑自己的离世或后事。

所有这些变化都将带来许多良机，特别是那些愿意迎接超龄时代挑战的个人和机构。不过，他们首先必须接受新的变化，才能成为为这一伟大转变时代效力的一分子。

研究缘起

我是在大约 25 年前预见了超龄时代的到来，当时我正驾车从华盛顿特区（我就读的美利坚大学所在城市）开往家乡匹兹堡的路上。位于两座城市中点的宾夕法尼亚州布里兹伍德是一个服务区，我打算在那里休息一下再继续前行，然后我驶出 70 号州际公路。

我发现华盛顿特区和布里兹伍德（Breezewood）的人口构成有明显的差异。华盛顿特区是一座朝气蓬勃、物质富裕的城市，随处可见来自全国和世界各地的人；相比而言，布里兹伍德则像一座暮气沉沉、萧条贫穷的小镇，生活在这里的全是本地人。在布里兹伍德，老年务工的情况非常普遍，许多年过七旬甚至一些年过八旬的老龄人或在快餐店当服务员，或在公厕做保洁员，干着原本该是十几岁的年轻人做的工作。

这些老龄人退休后还如此辛苦工作的场景深深触动了我。我记得当时问过自己："他们为什么不去享受退休生活，安度晚年呢？"我的祖父母当时已年过八旬，在差不多30年前就已不再工作，过上了舒适的退休生活。当然，他们并非什么特权阶层，最多算中产阶级。退休前，祖母是一名公立特殊教育学校的教师，祖父是一名电梯安装工。他们在退休前一直辛勤工作，节衣缩食，所以退休后在健全的私人和公共养老金保障下才能安享晚年。

在我即将大学毕业时，虽然祖父母的健康状况开始走下坡路了，但他们还是开心地搬到了宾夕法尼亚州奥克蒙特的一个持续照料退休社区（CCRC）[①]居住。这样的社区通常会有最低入住年龄（55岁左右）的要求，可以为老龄人提供多种层面的生活或护理服务。当时，这样的社区通常照料的老龄人一般分为三类：自理型、介助型和介护型。我发现，住在这种社区的老龄人不仅比一般人富裕，年龄构成也很丰富，60岁的老龄人与90岁甚至100岁的老龄人在一起聊天的情况也不稀奇。

那时，我意识到，自己观察到的人口结构变化将对世界产

[①] CCRC英文全称为Continuous care retirement communities，是起源于美国教会创办的组织，至今已经有100多年的历史。它是一种复合式的老年社区，为老龄人提供自理、介护、介助一体化的居住设施和服务，为健康状况和自理能力发生改变的老龄人提供方便，让他们可以继续在熟悉的环境中居住，并获得与身体状况相对应的照料服务。——译者注

生深远的影响,我有生之年将看到这一变化对所有经济体产生影响。从那时起,我就一直在关注人口老龄化在如何影响社会和经济规范。我投入精力,寻找公共和私人组织机构所制定的应对老龄化的最佳政策和措施,希望了解他们如何应对这样一个重大问题:人们在退休后还能做些什么,社会应该如何对待如此众多的退休老龄人?在本该安享晚年的岁月里,一定有比端盘子和刷马桶更有意义的事。

20多年来,我一直在世界各地走访报道,倡导人们主动了解超龄时代,积极迎接它的到来。我不仅与包括亚洲开发银行、经济合作与发展组织和世界经济论坛在内的主要跨国组织保持联系,还与各国政府密切合作,致力于为日益老龄化的世界贡献更好的政策。我在延长工作年限方面的主张和专业知识令蒂森克虏伯(ThyssenKrupp)这样的大公司印象深刻,我对超龄时代带来机遇的研究也推动了像IBM这样的大公司重新思考提供产品和服务的方式,以及对服务群体的定位。

在这一过程中,我发现与古典时代相比,现在的老龄人并没有太大的不同:都要面对挑战、谨慎小心,最终长寿的都只是少数人。不同的是,现在的人平均寿命更长,活得更健康,而我们的社会也更需要年长的人。一些专家认为,目前,人们的中年生活——或可称为后中年生活——得到了延长;也有专家认为,一个全新的生命阶段即将出现,就像20世纪人们关注的青少年阶段和退休阶段一样。不过,专家们的共识是,我们面对的这一生命阶段并非暮年的延续,而是一种盛年的承接。

无论我们怎样形容这一得到延伸的生命阶段,所有附加的岁月都意味着,我们要比以往任何时代的人拥有更多的时间去学习、去工作、去挣钱、去消费、去服务社会、去做志愿者、去照顾他人、去陪伴家人和朋友、去享受美好生活。这也意味着,我们必须重新认真思考现有的社会秩序,尽可能积极地调整个人生活方式以及各种组织结构,以迎接超龄时代的新挑战。

我们先来看一下美国现任总统约瑟夫·拜登(Joseph R.Biden)的生活吧!他78岁当选美国总统,也是美国有史以来就职时最年长的总统。拜登总统以良好的身体素质而闻名,他每周锻炼5天,做仰卧起坐(他是第46届总统,所以每次做46个),骑动感单车。动感单车是一种可连接Wi-Fi的高科技固定自行车,配有直播和录播训练课程。

我们的日常生活已经发生了新的变化。可能的话,请回想一下你最后一次看到一对夫妇带孩子外出游玩的场景。你有没有问过自己:"这是孩子的父母,还是祖父母?"我是问过的,我许多年长的朋友在带自己的孩子出去时也遇到过这种问题,这常常让他们非常尴尬。

到游乐场或公园去,特别是城市的游乐场或公园,你会发现带孩子游玩的不仅有年轻的父母，还有年龄超过40、50乃至60岁的父母。生儿育女不再只是年轻人的事，统计数据也反映了这一观点。虽然发达国家的总体出生率在下降，但美国40岁至49岁的女性怀孕率却呈上升趋势。2019年，当我在《今日秀》的一期节目中分享这一发现时，制片人坦言自己就是一位50多岁的"老"母亲。

超龄时代带来的变化不仅体现在游乐场，工作场所也见证着这一切。最近，我去一家苹果商店时，接待我的是一位七旬老龄人——他是我遇到过的最专业、最优雅的导购。我问他，为什么过了退休年龄还在工作，他的回答非常简单，却令我有些吃惊。他说："我父亲患有阿尔茨海默病，年初去世了，享年106岁。综合考虑父亲的寿命和我目前的健康状况，我估计自己至少还可以再工作10年至20年，而且我也需要这份收入。"此外，他还小声告诉我，在这种能为不同年龄段顾客服务的零售店里，与年轻的同事一起工作，这让他打心眼里高兴。

超龄时代已切实地影响到越来越多即将或已经退休的人。为了写好这本书，我曾坐火车到美国各地进行调研，旅途中遇到了许多经济背景不同的男男女女，他们均表示对退休生活感到焦虑，有人希望在退休后能重新找一份全职或兼职工作。一位60岁时从小学行政助理岗位上退休的女性坦言，感到自己退休得太早了，所以不到一年，她就打算重操旧业。

现在，让我们想象一下婴儿潮①时期出生的一代人在面对衰老和死亡时焦虑的心情吧。衰老和死亡虽然都不是什么新鲜的话题，也不是什么令人开心的事情，但前几代人基本能坦然面对，毕竟他们经历的从衰老到死亡的这段时间不是太长。但现在，情况却不一样了，患有慢性病的高龄群体人数不断增加，在社交媒体普及的当下，他们会与世界各地越来越多的人交流与疾病抗争的经验，分享长寿之道。随着越来越多的人意识到超龄时代已来临的事实，我们将看到更多的个人和组织投身于与衰老及其相关疾病抗争的事业，无论是通过延长人体细胞寿命的方式，还是通过延长染色体端粒的方式、抑或通过修复或替换因长年工作而出现问题的器官的方式。

为迎接超龄时代的到来，我们必须改变，首先最重要的就是要改变现行经济发展方式。但在文化上，我们会面对老龄人与年轻人之间新的交锋，这最终可能会对我们的政治、技术和生活方式产生巨大的影响。我们还面临一个挑战：在快速消失的农村社区，仍有大量贫困的老龄人没有享受到现代生活的便利。然而，只要我们认真研究这一新兴消费群体的需求，精心设计产品，加大市场营销和人力资源等方面的投入，这一人数不断增长的群体也将成为我们巨大的商机。

世界各国虽然都无法影响未来几十年内人口老龄化的速度，

---

① 指在某一时期及特定地区，出生率大幅提高的现象，一般是指美国在第二次世界大战后从1946年至1964年的人口出生高峰。——译者注

但可以去塑造老年生活和老龄社会的面貌。只有了解各国的基本情况，我们才能清楚现在该做些什么，才能塑造超龄时代的未来。

从很多方面来说，超龄时代的美好愿景都令人心驰神往，因为这给我们提供了一次难得的机会——重置系统和调整机制，从而得以创造一个更加公平、可持续发展的世界。然而，要想实现我们对超龄时代的所有愿景，就必须重新思考长寿这一问题，把用于人类发展的投资分散到整个生命历程之中，而非仅仅关注生命的前四分之一，我们还应视老龄人为社会和经济活动的重要参与者。试想一下，如果将年轻人排除在社会和经济活动之外，世界将呈现怎样的面貌？全球多数经济体必将遭受重创。同理，将人数增长最快的老龄人群体排除在社会和经济活动之外，也会出现同样的问题。他们巨大的潜力将改变行业结构、重振经济，并将以我们意想不到的方式重塑社会。

我常跟人说，预知未来的人口学家并没有魔法水晶球，但他需要有回顾过去的意愿以获得预知未来的灵感，需要有探究各种模式和数据的率真和热忱，需要有大胆预测的勇气。这也是我写本书的目的，我在书中不仅回顾了我们对待老龄人的态度，还回顾了我们对年轻人的眷顾以及对长寿的不懈追求。我不仅将谈及能保证我们实现愿望的科学和社会成就，也将预测不良后果——如果我们不解决关于年龄、种族和地域等体制性的问题。最后，我会从个人视角对未来进行展望，对新时代赋予我们的一些短期、中期和长期机会给出自己的解读。

| 2 |

溯源现状

人口结构的剧变无一例外地会导致新的社会经济冲突及变革。随着超龄时代的到来,我们将见证一个新群体的诞生——不肯轻易服老的老龄群体将出现在我们面前。这一群体虽然事业起步晚,但总能获得巨大的成功。西北大学凯洛格商学院(Kellogg School of Management at Northwestern University)2018年的一项研究发现:如今发展迅猛的新型科技公司创始人的平均年龄为45岁[1]。其中有的人像我71岁的父亲那样,即使过了退休年龄,仍在经营着自己的事业。虽然他们在社会、经济和政治方面的影响力不断增强,但依旧和过去一样,会因年龄受到各种歧视。

我们必须明白:人类生活始终遵循着一些基本规律,每个人都会经历生老病死,只不过生命长短不同罢了。虽然老龄人长寿的情况并不鲜见,但是对大多数人而言,要想长命百岁绝非易事，只有少数人才能得偿所愿。可近些年来，情况发生了变化，如今大多数人都能活到传统认定的老龄人的年龄。众所周知，1946年至1964年的婴儿潮时期，美国有7800万人出生，他们中的绝大多数后来都长大成人了。截至2022年，这一时期出生的美国人还有7100多万在世，年龄从58岁至76岁不等。根据美国人口普查的预测，他们中至少有3000万人，即有超过三分之一婴儿潮时期出生的人，到2050年可能仍健在。

与此同时，现在越来越多的年轻人选择少生或不生孩子，与前几代人形成了鲜明的对比。因生理需要而结婚生子，并维持大家庭的生活模式逐渐消失。

寿命延长和出生率降低这样的变化说明人口结构将发生根本性的改变，一个世纪以来以年轻人为世界中心运转的模式也将改变。如果没有人类的聪明才智和过去200年的稳步发展，这样的转变就不可能发生。

社会进步提高了人类的平均预期寿命，我祖父托马斯就是较早受益的普通人之一。1914年春天，他出生于宾夕法尼亚州西部煤田的一个贫困家庭，在8个孩子中排行老大。家里当时真是"穷到买不起尿盆"①了。14岁时，也就是经济大萧条

---

① 英语俚语"not have a pot to piss in"。过去，制革作坊在处理兽皮时会用尿液浸泡，他们经常到各家去收集尿液。然而，赤贫的人家连尿盆都买不起。——译者注

爆发的1年多前，为了减轻家庭负担，祖父跟着他的父亲进了矿区挖煤，因此没有上高中。

在我祖父出生的年代，几乎有三分之一的孩子在出生后还不满1岁时就夭折了，像他这样贫困家庭出生的孩子死亡率更高。当时，穷苦人家的孩子患上营养不良或其他疾病的风险更高，这虽然与今天的情况类似，但因为当时人们的生活条件普遍较差，患病儿童的数量要多得多。过去，孩子们即便生病了，也往往得不到医疗救治。

当时的儿童容易患上一些严重或致命的疾病：肺结核、小儿麻痹症和西班牙流感等。我祖父从小就在煤矿生活，所以患上了煤矿工人常见的尘肺病，俗称"黑肺"。因为多年来社会在不断进步，祖父安安稳稳地活到了90岁，2005年，他于自己91岁生日的两周前离开了人世。在祖父的有生之年，美国的婴儿死亡率下降了90%以上。

不过，一直以来，研究人员的关注焦点始终集中于解决婴幼儿及青年的死亡率这一与长寿相关的重要问题，却没有顾及老龄人经常会碰到的社交和经济上的不公平现象——通称的老年歧视问题。随着时间的推移，世界日趋老龄化，如果我们还不破除2000多年来对老龄人的刻板印象，那么经济和社会必将遭受重创。具有讽刺意味的是，现在的人们不仅活得更久，还比前几代人思维活跃、身体强健。但是，这些事实却往往被可见的白发、皱纹和出生日期所掩盖了。

我们如果不清楚人类历史如何发展到今天，那么掌握新的人口构成事实就没有多大意义。所以，了解人类从何而来、如何发展至今，以便掌握未来的发展趋势，这具有重要价值。社会必须不断自我调整，以应对现在以及将来的机遇与挑战，如果不加以善用，那么长寿带来的福祉将毫无意义。

每个人都会变老

1914年，也就是我祖父出生的那一年，美国的平均预期寿命为52岁[2]，而像他这样出身贫苦之人的平均预期寿命可能更短。不过，祖父却将自己的生命延长了将近40年，这算是个例外。但凡人都会变老这一点不会有例外，生命有始必有终，老年只是其中的一个阶段。

即便是在古代世界，也有高寿之人。在古典时代，一个孩子如果能活过生命最初的几年，那么他就有较大的可能活到60岁。据估计，有6%到8%的古罗马人的寿命超过了60岁[3]；同样，在今天能长寿的人并不罕见，少数幸运者甚至能活到100岁。事实上，很多古典文献都对"高龄"之人有过记述。

"Old"这个词也不是个新鲜词汇了，它在西方语言史诞生之初便存在了。英国雷丁大学（University of Reading）的研究者认为，"Old"是英语中最古老的词汇之一（大约已有15000年的历史），是古代欧洲人用来描述彼此差异的一种方式[4]。

历史上，长寿之人大多是经济条件良好和社会地位较高的人，和今天的情况类似。这些生活富足的人要么一生工作不辍，要么积极参与社会生活：比如，罗马帝国开国皇帝奥古斯都（Augustus）活到了75岁；文艺复兴巨匠米开朗琪罗（Michelangelo）去世时88岁；美国开国元勋本杰明·富兰克林（Benjamin Franklin）一生辛勤工作，享年84岁。

在我们眼中，今天那些老有所为的长寿典范，与过去的长寿典范别无二致。其中一些优秀的企业领袖、演员和作家在已过传统的退休年龄后仍积极投身于工作：91岁的"奥马哈先知"沃伦·巴菲特还在工作；99岁的"银屏夫人"贝蒂·怀特（Betty White）①也还在工作；普利策奖获奖作家赫尔曼·沃克（Herman Wouk）在100岁时还出版了自己最后一部作品《水手和小提琴手：一位百岁作家的深思》，然后于2019年去世，享年103岁；美国参众两院最年长的议员88岁，平均年龄分别为63岁和58岁，上述这些人只是众多选择辛勤工作的少数代表罢了。

历史上，社会以65岁为界来区分"老年"与"青年"，并且有上下5年的浮动范围。根据英国雷丁大学的凯伦·科凯恩（Karen Cokayne）在《古罗马的老龄人》一书中的说法："大约从公元前1世纪开始，人们通常将60岁或65岁作为迈

---

① 贝蒂·怀特（Betty White，1922年1月17日—2021年12月31日），美国著名女演员、歌手、喜剧演员、作家。——译者注

入老年的门槛。"[5] 这也是个人可免于履行公共义务的年龄，如陪审义务和服兵役。需要指出的是，不管其他义务豁免与否，在古罗马时期，每个年龄段的人都需要工作，直到最终感到力不从心时为止。要想过上有经济保障的生活，就必须工作。

公共义务豁免的传统一直持续到中世纪和文艺复兴时期。舒拉米斯·沙哈尔（Shulamith Shahar）在其1993年发表的《中世纪的老龄人》（*Who Were Old in the Middle Ages*？）一文中，详细介绍了年满60岁的老龄人可免服兵役、治安巡逻和决斗断讼的情况。当时的英格兰、耶路撒冷拉丁王国（Latin Kingdom of Jerusalem）和巴黎都在实行60岁免服兵役的政策；欧洲的其他地区和城市，如卡斯蒂利亚-莱昂（Castile and León）、摩德纳（Modena）和佛罗伦萨（Florence）可免服兵役的年龄为70岁；在英格兰，免于履行其他公共义务年龄的情况分别是：陪审义务为70岁，纳税义务为60岁或70岁，徭役为60岁[6]。

老龄人，尤其是信奉基督教的国家的老龄人，在宗教生活中也享有特权。在12世纪的冰岛，70岁以上的老龄人在大斋节期间不必斋戒，而这一传统一直延续到了今天；信奉犹太教和伊斯兰教的地区也有相同的传统，在威尼斯的赎罪日期间，60岁以上的老龄人不必用鞭打的方式来惩戒自己，只需待在教堂祈祷即可。

这些豁免政策的出台在当时可能是出于善意，并受到了部分老年信徒的欢迎。然而，这些政策也带来了让人意想不到的负面影响，即只根据年龄而不看身体条件就将部分老年信徒排除在宗教活动之外。人们认为60岁以上的人无法像年轻人一样参加宗教仪式的观念一旦建立，就会不断得到强化，最终形成完全基于年龄而非能力的年龄歧视。

构筑晚年的经济保障

自有历史记载以来，养老金就一直存在。然而，过去的政府对养老金的分配或管理并不平等，也不像现在这样，为保证人们晚年的稳定收入而设立。早在公元前13年，古罗马皇帝奥古斯都·恺撒（Augustus Caesar）就建立起养老金制度，特别为服务了帝国20年的人而设，目的是保证他们忠于帝国，同时不至于发生叛乱。沃希尼·瓦拉（Vauhini Vara）在《纽约客》（New Yorker）发表的一篇关于养老金起源的文章中写道："元老将士可以一次性获得一笔养老金……这么做的理由是，支付结清报酬，他们就不会想着去推翻你的统治了。"[7]

在接下来的几个世纪里，许多政府也开始为服兵役的人以及一些从事其他特定职业的人提供养老金，主要目的是为他们的晚年生活提供一份经济保障。有的封建领主在去世前会将自己的部分财产留给对自己忠心耿耿的下人；年龄大的神职人员除了能从教会获得一定照顾外，还能领取一份微薄的收入；社会公仆偶尔也会收到一笔养老金。然而，非常有必要指出的是，这些人虽然得到了养老金，但这并不意味着他们就像我们今天的退休人员一样彻底不工作了。他们通常还会继续工作，直到身体条件实在不允许时才休息。

在美国，自19世纪中叶以来，一些大城市里的消防员、警察和教师也开始领取公共养老金。但是，这一福利是根据工作类型不同享受基数也不同的原则来发放的：在历史上大部分时期，养老金的发放都遵循这种区别性对待的原则。

1875年，美国运通公司（American Express Company）开历史先河，为员工建立了企业养老金，目的是回报那些因长期在铁路、航道和马道送货而"身体受伤或患病"的员工，通过慈善的方式让他们在退休后还能获得一份经济保障[8]。同样，企业养老金的领取与工作能力有关，而不一定与年龄有关。

随着工业发展和大规模生产的扩大，如何安排老龄员工是劳动密集型行业面临的一个难题。这些行业认为老龄员工无法跟上现在的生产节奏，希望用年富力强且对薪酬要求合理的年轻员工来取代他们。因此，许多公司开始通过提供养老金的方式，鼓励老龄员工退出，将岗位让给年轻人。这一做法一直沿用至今，不过现在还有像"买断工龄"和"提前退休"这样的新举措，进一步鼓励老龄员工提前退休。

直到1881年，现代养老金制度才初步形成。当时，德意志帝国首任首相奥托·冯·俾斯麦（Otto von Bismarck）向政府提出了一项激进的建议：为全社会的老龄人提供养老保障。之所以说该建议有些激进，是因为在人类大部分历史时期，养老金并非向所有老龄人发放，人们要一直工作到身体条件不再允许为止。据社会保障管理局（Social Security Administration）的历史档案记载，为了振兴德意志帝国的经济，俾斯麦力排众议，提出了上述建议。他的提议最终出现在德皇威廉一世（Kaiser Wilhelm I）写给政府的一封信中："那些因年龄原因而无法再工作的人有充分的理由要求得到国家的照顾。"9

这项法案在经过8年讨论之后才得以通过，不过在第10个年头，德意志帝国政府的首项老龄人收入制度便建立起来，所有70岁以上的公民都能享受到此项福利。该制度不仅是针对德意志帝国及其人民的一次意义深远的养老模式转变，还成了世界上许多工业化和发达国家参照的标准。事实上，在随后的几十年里，全民享有养老金成为发达国家的标志性制度，工人们开始期待在晚年时国家能为自己提供一定的收入。今天，大多数的经济安全专家都将国家养老金视为退休收入的三大支柱之一，另外两大支柱为个人储蓄和企业养老金。俾斯麦的提议虽然为现代的退休制度铺平了道路，但现代意义的退休制度尚未建立起来。

在俾斯麦所处的时代，活到70岁是个小概率事件。这一领取养老金的年龄要比当时德意志帝国的平均预期寿命高出

30多岁[10]。即便活到了领取养老金的年龄，人们仍有可能需要工作，直到身体条件不再允许为止。从许多方面讲，俾斯麦力推的养老金制度都可算作社会开始关注老龄人口的开始。这意味着，更多的人，无论当下或终生收入如何，都有机会过上有保障的老年生活，不会再因被社会抛弃而坐等死亡。这也表明养老责任从家庭孝道转向了社会福利。对于晚年生活而言，政府取代家庭，成为个人收入和后期医疗费用的主要提供者。

在俾斯麦推行养老金制度之前的18世纪末和19世纪初，全世界掀起了一股公共卫生与医疗措施创新的浪潮：通过接种疫苗应对天花病毒，通过专业助产士降低母婴死亡率，通过种植柑橘类水果防止维生素C缺乏病，这些措施都大大延长了人类的寿命。但是正如普林斯顿大学经济学家、诺贝尔奖获得者安格斯·迪顿（Angus Deaton）的研究所表明的那样，从这些创新措施中获益的主要是富人阶级。到了19世纪中后期，富人能比同时代的其他人多活平均20年，而当时的穷人的寿命依然很短，主要是因为那些"有门路"的人更容易优先享用到创新成果[11]。

公共养老金，还有更为重要的公共卫生和社会创新等制度，一直到20世纪才得到充分发展。在这一时期，经济迅猛发展，健康保障体制也几乎普遍惠及广大人民群众，人类寿命因此得以延长——这在过去是不可能的。结果，加大健康投入的各国政府发现本国人口平均预期寿命均得到了大幅提高。于是，各国政府创建的全球机构又开始在世界各地设点开展工作，大大降低了婴幼儿死亡率，进一步提高了全球的平均预期寿命。

在最近的100年里，医疗保健领域的创新层出不穷，并且服务于全球公众，而非由富人专享。1928年，亚历山大·弗莱明（Alexander Fleming）在研究流感时发现了青霉素这一抗菌药物，到了20世纪40年代，美国制药企业已开始大规模生产青霉素；1914年，玛丽·居里（Marie Curie）在做科学实验时发现了X射线，不久后，第一台便携式X射线机就在法国的战场上出现了；1977年，雷蒙德·达马迪安（Raymond Damadian）成为采用全身扫描的方式诊断癌症的第一人，这种诊断方式就是我们今天所说的"磁共振成像"，即MRI。所有这些技术进步都降低了死亡率，尤其是成年人的死亡率，进而延长了人类的平均预期寿命。

当今时代，全球的医生和科学家之间可以开展前所未有的顺畅沟通，医学研究和卫生保健也因此取得了突飞猛进的发展。过去，医生和科学家通过各种出版物和参加学术会议的方式进行交流；现在，他们可以通过电脑和电子媒介自由交流思想，分享各自领域的成果。为了应对新冠肺炎疫情，许多国家联合资助了全球多家公司进行疫苗研发，目前多款疫苗已研制成功，其中一些疫苗的研发还采用了最新的mRNA技术，这是二战结束后几十年间全球不断合作的结果。

降低婴幼儿死亡率

1945 年二战结束后,一些国家开始建立国家卫生和社会福利系统,如英国国民医疗服务系统(National Health Service)和法国全民医疗系统(Santé Publique)。在那些尚无能力建立国家卫生和社会福利系统的国家,世界卫生组织(World Health Organization)、世界粮食计划署(World Food Programme)等国际组织以及一些民间组织便会介入,为那里的民众提供基本的粮食和健康保障。这些干预措施降低了婴幼儿的死亡率,延长了人口寿命,尽管全球各地的比率不尽相同。

各国政府在努力延长老龄人寿命的同时,还采取了各种保护儿童的措施,不允许社会和家庭雇用童工,此举大大降低了青少年的死亡率。根据 1938 年的《公平劳动标准法》(*Fair Labor Standards Act*),美国制定了限制雇用和虐待低龄工人的反童工法规。除美国出台相关法规外,其他发达国家也采取了类似的措施,目的都是让孩子们能先接受教育、避免从事危及安全与健康的工作,越来越多的婴幼儿得以顺利长大成人。

根据世界卫生组织的统计,这些针对健康与社会政策的干预措施都发挥了重要作用。仅在过去的 30 年,全球婴儿死亡率就下降了一半以上,每年的婴儿死亡人数也减少了一半以上,从 1990 年的 870 万下降到了 2018 年的 400 万,1990 年至 2017 年，儿童死亡率下降了 37%。尽管如此，2017 年仍有近 100 万 5 岁至 14 岁的儿童死亡[12]。因此，在取得这些成果的基础上，还有改进的余地。

影响 20 世纪人口变化的第三个因素也发挥了重要作用。100 多年来，发达国家通过结合两性教育、计划生育和控制生育的方式降低人口出生率。严峻的经济现实、不断增加的双职工家庭，以及针对性别义务与责任观念的转变，也都对人口结构的变化产生了影响——事实证明，教育是控制生育最重要的方式之一。

在经济相对发达的国家，包括欧洲的大部分国家，以及美国、日本、韩国和澳大利亚，人口出生率都明显下降。这些国家在经历了各自的婴儿潮之后不久，人口出生率几乎都开始下降了。在《柳叶刀》发布的 2017 年全球疾病负担（GBD）报告中，研究人员指出，1950 年，全球女性一生平均生育 4.7 个孩子，是生育更替水平 2.1①的两倍之多。但是到了 2017 年，出生率几乎降低了一半，女性平均生育孩子的数量也随之降至 2.4，只略高于生育更替水平 2.1[13]。

但是世界平均生育水平掩盖了各国之间的巨大差异，援引英国广播公司（BBC）的报道，"西非的尼日尔（Niger）的生

---

① 生育更替水平是指某地区一对父母所生育的子女数量恰好等于父母二人的数量，这样该地区总人口在未来便可保持同等的数量。但即使在最好的卫生医疗条件下，也不是所有出生的孩子都能存活到成年，所以一般认为维持某地区未来人口总数不变的生育更替水平为 2.1。——译者注

育率为 7.1，但地中海的塞浦路斯（Cyprus）的平均生育率为 1。英国的生育率为 1.7，与大多数西欧国家相似"[14]。在东方和拉美的一些地区，生育率下降得更快，中国台湾地区的生育率为 1.07，也因此赢得了世界最低出生率地区这一"特别殊荣"。出生率和生育率的迅速下降给整个社会带来了更大的挑战，但也为破旧立新提供了更好的机遇。

这些变化带来的影响是巨大的，因为大多数国家在建立社会福利制度时的预设是：相对较多的年轻劳动人口纳税供养相对较少的老年退休人口。一旦错误预设人口的长期增长，国民经济便可能出现衰退。在美洲、亚洲和欧洲的人口日益减少的情况下，非洲人口的不断增长表明：到 21 世纪末，非洲有可能成为人口最多的大洲、伊斯兰教或许将成为信徒最多的宗教，在非洲的带动下，全球的老龄人口也将越来越多。根据目前的人口变化趋势，联合国甚至预测，21 世纪全球人口就将达到 110 亿的历史峰值，年龄中位数也将由 31 岁上升为 42 岁[15]。

若人口增长放缓、停滞，甚至出现负增长，会出现怎样的结果呢？在不久的将来，大家将有目共睹。我们现在需要做的是努力让经济变得更加包容，就像日本的做法一样：为更多的妇女和老龄人提供就业机会，适度放宽移民政策，尽可能利用机器人技术减轻劳动强度。有些国家的老龄化速度相对快得多，比如，中国就发布报告称：自 1949 年以来，其人口净增长在 2020 年首次下降。这就预示着：其经济政策需要根据人口现状进行合理的调整,以确保经济在该转型期稳步增长。

人口结构快速变化的影响

20世纪中叶,中国人口出现了爆炸式增长,女性生育率在1966年达到了6.4的高峰[16]。为了实现经济现代化并控制人口过快增长,中国政府自1979年便开始推行独生子女政策,一改之前的生育模式,这有可能是人类史上一场最大的人口规划行动。据估计,中国因此在40多年间出生人数少了4亿[17]。

由于推行独生子女政策,在新生儿数量大量减少的同时,男女比例的自然平衡也被打破,这在一定程度上导致了人口的老龄化。近年来,中国虽然放松了生育政策,但预期的出生率并未上升。今天,中国的生育率估计在1.2至1.6之间,远低于公认的2.1的生育更替水平。因此,预计到2050年,中国的人口可能会缩减2.5%,约2800万人,大致相当于现在整个得克萨斯州的人口数量[18]。

而在同一时期,中国的人口平均预期寿命大幅提升了十年以上。在寿命延长与出生率降低的双重影响下,中国人口的中位年龄①几乎翻了一番,从1979年的21岁左右增加到2020年

---

① 指将全体人口按年龄大小的自然顺序排列时居于中间位置的人的年龄,中位年龄可以反映人口年龄的集中趋势和分布特征,是考察人口年龄构成类型的重要指标之一。——译者注

的38岁多。而美国人口的中位年龄翻番用了一个多世纪，是中国所用时间的3倍。今天，中美两国的中位年龄大致相当，但到2050年，中国的中位年龄预计将提高至47岁，而美国的中位年龄预计只会增加至41岁，两国的中位年龄将出现近16%的差距。这一数字可能乍一看不算太大，但中国老龄化的速度实在是太快，让许多人都好奇中国将如何应对这种情况。

中国人口结构的变化让国家领导层不得不考虑对退休政策进行调整，以应对当前状况。现行的正常退休年龄为男性60岁，蓝领女性50岁，白领女性55岁[19]。这意味着，一些威胁中国安全的问题，如环境污染等问题，在继续存在的同时还会给经济持续增长带来挑战。如果中国不能有效地过渡到超龄时代，问题将更加严峻。这些问题可总结如下：源源不断的廉价劳动力供给开始枯竭、劳动力抚养比①严重失衡、养老金制度尚未完全成熟、家庭和专业护理人员供不应求，所有这些都有可能严重影响到中国经济的发展。

我在美国退休人员协会工作期间，在一次出访中国时了解到，中国领导层认为：人口变化已明显威胁到了经济的持续增长，中国要想有光明的未来，就必须协调其人口与经济政策的关系。世界各国，无论大小，不管处于何种发展阶段，都可以

---

① 又称抚养系数，是指在人口当中，非劳动年龄人口数对劳动年龄人口数之比。抚养比越大，表明劳动力人均承担的抚养人数就越多，即意味着劳动力的抚养负担就越重。——译者注

学习中国这种跨部门协调的方法，这是因为人口与经济本身就密切相关。

中国并不是唯一一个出生率迅速下降的国家，出生率持续下降可能会对世界各地的社会和经济产生持久影响，最终阻碍经济增长，令一些国家处于水深火热之中——虽不再是发展中国家，但也称不上是发达国家。经济还不太发达的泰国和越南，虽然没有实施计划生育政策，但同样经历了出生率降低和人口迅速老龄化的过程；在地球的另一端，墨西哥和巴西虽然仍被视为年轻人相对较多的国家，但这两个国家的出生率也在急剧下降。与美洲、亚洲和欧洲的富裕国家不同，上述这些国家都尚未在国家层面上建立起完善、可持续的社会与经济福利制度，这就预示着他们的年轻一代将面临巨大的挑战。如果政府不采取积极措施去应对新的变化，不将老龄人视为未来生活的积极参与者，年轻一代将不得不花费大量的时间和财富去照顾年迈的父母，为老龄化的社会做贡献。

不同经济体以及处于不同发展阶段的国家所经历的变化足以说明：我们不应该再以一成不变的眼光去看待老龄人的需求及他们的养老问题了。老龄人口并不总是一群穿着开襟羊毛衫去领养老金的人，也不总是一群步履蹒跚走向养老院、蚕食一切资源的人。他们和普通人一样，有各种各样的需要和诉求，用简单的一刀切方式应对这个群体是最愚蠢的。可悲的是，自人类在这个星球上诞生以来，我们对老龄人口的偏见就一直存在，不断强化着对他们的刻板印象，这是一个亟须解决的问题！

理解不同态度的历史由来

尽管老龄人在不断增多，年轻人在不断减少，但是人们对老龄人的态度基本没有改变。几乎在整个人类的历史上，老龄人都被视为社会的负担，他们既不能也不该在社会中发挥积极作用。当然，那些经济独立、手握大权的成功人士除外。

根据曼彻斯特大学蒂姆·帕金（Tim Parkin）教授的说法："西塞罗（Cicero）和普鲁塔克（Plutarch）等古典时代作家的存在可能会让我们认为：古罗马的老龄人是受人尊敬且思维活跃的公民。但仔细研究后我们便会发现，古罗马的老龄人可能并不像人们想象中那样地位高且受人尊敬。"[20]古罗马人确实创建了完全由老龄人组成的元老院，这似乎可以表明古罗马的老龄人是受人尊敬的，但事实并非如此。

真实的情况是：老龄人的生活体面与否几乎总是与个人经济状况紧密相连，在今天看来依然如此。在养老金和现代退休制度出现之前，失去工作能力的人如果足够幸运，会由自己的成年子女或大家庭中的其他成员赡养，因此许多人在年老后也选择了接受传统的性别和代际角色。那些既无家庭也无经济来源的人则通常会陷入贫困，或是无家可归的境地。

当今时代，虽说个人可以从公共经济援助项目中获得帮助，但现实情况是，人们往往很难理解政府管理体制下的复杂程序，因而最终无法获得公共住房或长期社会救助等福利。即便是古罗马时代竭力捍卫老龄人权利的西塞罗也认为："老龄人需要独自作战，维护自身权利，不能依赖他人，坚持独立生活，直到生命最后一刻，只有这样才能赢得社会的尊重。"[21]而陷入困境的老龄人很可能遭到社会排斥，总是会被社会边缘化。

与其他人生阶段的财富一样，老年时期的财富往往与性别关系紧密，从古至今，一直如此，这也不足为奇。男性变老的过程通常要体面一些，因为他们能得到社会的认可，而女性在除养育子女和操持家务之外的事情上几乎没有任何话语权。一直到中世纪，在那时的大众科学及文化信仰中，一些远古时期就形成的对成年女性极其负面的看法依然存在。这些看法均与女性的月经和生育能力有关，甚至到今天也没有改变。比如，女性经期排出的血被认为是不洁且有害的。然而，当女性绝经不再排血时，人们则认为这对女性自身和社会的危害更大，因为她们会变得言语毒辣、行为无常。今天，关于女性生理和心理方面的一些偏见仍有迹可循，对老龄女性的个人生活和职业生活的偏见更是毫无根据。

希腊人认为衰老是一个沿斜坡下滑的过程。他们将年龄之神革剌斯（Geras）描绘为一个手持拐杖、满脸皱纹的老头。这与中国古代老龄人深受世人尊重的传统形成鲜明对比。与印度教、基督教一样，儒家文化也提倡践行孝道，关爱长者。这一观念与主张集体需要高于个人需要、呼吁相互依存的集体主义文化相互结合，从而形成东方文化中尊老敬老的传统，但这也需要付出一定的代价。

亚洲的老龄人往往需要承担传统上认为与其性别及年龄相符的家庭角色（养花种菜、看护儿孙等），因而无法在其岗位上一直工作下去。但和全球其他地区一样，亚洲的老龄人退休后也会面临失去经济保障或健康状况下降的风险——尤其是在能填补自己工作岗位的年轻人越来越少的情况下。当然，"东方文化圈"包括许多国家，它们各自所处的发展阶段不同，文化信仰和习俗也有差别，因而，认为该文化圈中所有老龄人的境遇都相同，既不公平，也缺乏理智。

对老龄人口的历史态度不利于解决现代社会老龄化所带来的问题。整个社会，特别是其中的年轻人，如果无视老龄人的潜在追求和需要，迫使他们接受传统意义上的老龄人角色，那么他们就是在与未来赌博，而且赌注是自己的未来。无视老龄化进程，万事依靠年轻人而排斥老龄人的做法正在阻碍社会进步，超龄时代的潜力也因此无法得到体现。

老龄歧视与代际冲突

人们一向不愿接受变老的现实,社会对老龄人也总是区别对待,但直到1969年,我年轻时的一位导师、国际长寿中心(International Longevity Center)的创始人罗伯特·巴特勒(Robert Butler),才给这种对老龄人司空见惯的偏见起了一个名字:老龄歧视。

在接受《华盛顿邮报》的采访时,他说:"人们总是在谈论优雅地老去,每个人都想这样老去。因此,他们自然不想看到那些瘫痪的人、吃不下饭的人……那些坐在路边用手杖乱敲扰民的人。在整个社会还没有建立起各个年龄段人口应和谐共处的观念之前,老龄人还是只能痛苦地游离于社会生活之外。"[22] 但是,社会对老龄人的歧视远非只针对那些"真正需要区别对待"的老龄人,对象经常也包括"年轻的老龄人"群体,即那些年龄虽老但身心都比过去几代的同龄人健康得多的人。

《这把椅子好得很:反对年龄歧视的宣言》(*This Chair Rocks: A ManifestoAgainst Ageism*)一书的作者阿什顿·阿普尔怀特(Ashton Applewhite)认为:人们经常会有意无意地说出贬低老龄人的话。她说得没错,在与老龄人交谈或谈论到老龄人时使用这样的语言往往会给这个群体贴上落伍、过时等歧视性标签。这不仅冒犯了他们的尊严,还低估了他们的能力,"以高高在上的口吻把他们说成脆弱的、无法自理的群体,而不是独立的、坚韧的群体"[23]。社会性老龄歧视对老龄人的身心健康造成了极其负面的影响,而内化的年龄歧视会给每个人都造成负面影响。

与构成个人身份的其他元素一样,年龄只是个人身份这一整体"拼图"的一部分。促进者(Catalyst)这一非营利组织就用人单位人力资源是否具有包容性这一问题到多家一流公司做了调研,而后在其研究简报中指出,老龄歧视还体现在性别方面:"除了受毫无根据的社会偏见(年长的员工创新能力、适应能力和业务素质普遍较差)的影响外,老龄女性还会受'外貌主义'影响,或因无法达到年轻貌美的标准,而成为社会边缘人群。在一项研究中,有女性管理者坦言自己感受到社会审美标准带来的压力,社会理所当然地认为她们需要保持年轻貌美。感觉自己必须染发的女性几乎是男性的两倍,这也从侧面说明了这一问题。"[24]

男性通常不必去理会这些不切实际的要求,而且在变老这件事上,社会对男女的看法并不一致。一直以来,男性有"自然衰老"的资格,而女性却没有同等的自由。然而今天,男性也不能再这样自由下去了,越来越多的男性也开始沉迷于吸脂、收腹和整形手术——年轻健康的外表已被视为在现代世界里与他人竞争的必备武器。

在此我要申明一下,希望尽可能长时间地保持良好形象并没有错，即使利用染发剂和整形手术等手段适当掩饰岁月留下的痕迹也无妨，然而，因虚荣而为之与因现实所迫而为之还是有细微的区别。很多时候，老龄歧视会影响到我们的理性决策，进而导致糟糕的公共政策和尖锐的代际冲突；老龄歧视还可能妨碍我们在财务和健康方面做出正确的选择。

对老龄人的抵触和误解已蔓延至公共政策领域，也许已故英国记者亨利·费尔利（Henry Fairlie）所说的话最一针见血。1988年，他在《新共和》（*New Republic*）上发文，指责"贪婪的老家伙"以牺牲后代利益为代价过着奢侈的生活[25]。但事实是，大多数老龄人，尤其是最年长的老龄人，根本就不富裕。多数情况下，他们都愿意通过有偿或志愿工作继续为社会做贡献，却被贴上了"贪婪的老家伙"这样的标签，结果代际（"婴儿潮一代"与"最伟大一代"①之间）矛盾继续恶化。

对特定人群的经济攻击通常会在经济不景气时发生，在经济利好时消退。经济利好在很大程度上得益于经济蛋糕不断扩大所带来的共同繁荣；大衰退②以来的工资滞涨加剧了"千禧

---

① 1900年代至1920年代中期出生的美国人，见证且参与了美国崛起的发展过程。这一代人成长于大萧条期，受尽贫困，成年后又迎来了人类史上最残酷的二战，亲历战争锻炼了这代人的意志。二战胜利与美国的崛起给了这代人自豪与自信，他们也成为美国近半个世纪的中坚力量。——译者注

② 这里是指自2007年8月9日开始由次级房屋信贷危机引发的金融危机所导致的经济衰退期。——译者注

一代"①与"婴儿潮一代"之间的代际怨恨，其主要原因是最富和最穷阶层之间惊人的收入差距[26]。

最近的流行语"好吧，老家伙"（OK, Boomer）就是年轻人用以表达对老龄人不满的最好证明。在社交媒体平台抖音上流传开来后，这一流行语经常被年轻人用来在政治上抨击那些在收入和环境等问题的认知上与社会脱节的老龄人，或讽刺在文化上已完全跟不上潮流的老龄人。年轻人认为"好吧，老家伙"的流行是源于自身对社会现状的不满，而老龄人则认为这是对所有老龄人无厘头、赤裸裸的歧视与攻击。而诸多像抖音这样的社交媒体平台又将这样的代际冲突放大，让全球范围内的人们实时地看到了这一社会现象。

2019年年末，美国退休人员协会因其会刊主编默纳·布莱斯（Myrna Blyth）在一次采访中说的一句话而卷入了"好吧，老家伙"的争议中。当时，她就办会刊不像年轻人干事业那样容易获得经济赞助一事开玩笑说："好吧，千禧宝贝儿，谁让我们是真正的有钱人呢！"[27]但不幸的是，因为超过三分之二的抖音用户是13岁至24岁所谓的"Z世代"的年轻人[28]，布莱斯的玩笑话把事情搞砸了。迅速有人在各大社交媒体以及传统媒体上站出来批评她，认为这恰恰是老龄人与社会脱节的又一明证。虽然美国退休人员协会随后道了歉，但其负面影响

---

① 指出生于1981—1995年间、伴随着电脑和互联网的形成与发展成长起来的一代人。——译者注

已经形成。结果是，代际裂痕不仅没有得到愈合或是得到某种程度的缩小，反而扩大了。

在过去的40多年间，我们的社会形成了两种主要类型：富有、年轻、城市化的社会和贫穷、老龄、农村化的社会。在美国，这样的划分方式非常普遍，在亚洲和欧洲的国家也不鲜见，在最近的大选和全民公投中体现得更为明显。但不幸的是，这种社会划分在贫富阶层之间留出了很多灰色地带——这里的"灰色"并无双关之意。

20世纪80年代，"婴儿潮一代"开始拥护短期保守政策，主张降低社会保障水平，为代际冲突埋下了隐患。工人生活得不到保障，工会组织遭到削弱，基础设施的重建也被搁置，就连公共养老金和医疗服务也不断遭受非议。政客们言之凿凿地争辩说，为富人减税将惠及整个社会，因为减税会刺激富人消费，而他们花出去的钱会像"涓涓细流"一样最终流入其他人群的腰包。从很多方面看，美国的"婴儿潮一代"都在给自己的未来挖坑，试图破坏像社会保障和医疗保险这样非常重要的社会福利项目的基础。不过，老龄化阻碍了这一破坏进程。

历史上，很多作家都引用或改编过一句名言："不到30岁的人，如果不是自由派人士，肯定没有感情；超过30岁的人，如果不是保守派人士，肯定没有脑子。"但近年来，年龄第一次开始在选举和公投中发挥了巨大的作用。美国和英国的最新研究都表明，与阶级相比，年龄是预测投票行为的一个更好的指标。

这一预测指标对美国产生了重大的影响——最终帮助唐纳德·J. 特朗普（Donald J. Trump）在2016年的总统竞选中胜出的正是老年选民的选票。根据美国有线电视新闻网（CNN）的民意调查，在45岁以上的选民中，特朗普的支持者超过了希拉里·克林顿（Hillary Clinton）的支持者8个百分点，即52%对44%；而在45岁以下的选民中，希拉里·克林顿的支持者超过了特朗普的支持者14个百分点，即53%对39%[29]。鉴于美国政治制度的复杂性，虽然特朗普以近300万张选票之差输掉了普选，但最后来自各农业州的老年选民还是帮助特朗普获得了总统职位。

根据美国人口普查局（US Census Bureau）的统计数据，在2016年的总统大选中，71%的65岁以上公民参与了投票，而在18岁至29岁的公民中，只有46%的人参与了投票[30]。在2020年的总统大选中，老龄人高居不下的投票率仍在继续，要不是"摇摆州"出现了年轻选民激增的情况，乔·拜登很可能会在选举团投票中失利——虽然他在普选中取得了比2016年希拉里·克林顿还要大的优势。

老年投票者比重过大并不是美国独有的现象，2016年，在英国"脱欧"的全民公投中就出现了类似的现象。据《时代周刊》报道，调查显示只有约19%的18岁至24岁英国公民支持英国退出欧盟,然而,在欧盟成立之前就已成年的退休人员中,竟有多达59%的人都希望英国脱欧[31]。最终,在共计3300万张公投票中,脱欧派以超出大约130万票的微弱优势获胜。

一直以来,老龄人在民主生活中都表现得比较活跃,政客们也投其所好,比如向他们承诺提高或至少不降低社会福利待遇。然而,随着社会迈入超龄时代,新的财政保护主义也将发挥作用,因为如果领取养老金的人还一味要求保持或提高社会福利待遇,那么财政供给将难以为继,年轻人也会肩负更大的压力。由于财政支持有限,政府会优先考虑向老年选民所关心的健康和经济保障等领域投入,而缩减在教育和艺术等领域的支出。

事实上,我们在代际合作方面大有可为,如果我们团结起来,就一定能做得更好。除了社会和经济方面,在环境问题方面我们也可加强代际合作。在工作中,我们会面临很多重叠的问题,越来越多的年轻人和老龄人都在开始操持家务,而这些问题都与年龄无关。

迈步向前

今天的老龄人是参与到社会活动之中的、有创造性且富有成效且时髦迷人的一群人。以老龄女性为先锋,她们正在探索无限可能的晚年生活，拒绝拘泥于传统的角色当中。

我会经常想到这些开拓者，因为他们就是超龄时代的早期设计师。他们为抵制老龄歧视付出的努力将直接影响到我的晚年生活，因为我有超过 50% 的概率活过 95 岁，而且到那时我也不打算退休。对于我那些仍十分年轻的亲戚而言，开拓者的努力将产生更深远的影响，因为他们有超过 50% 的概率活过 105 岁。

有句话说，"人口统计不能决定命运"，但人口结构的变化不可避免，而且在大多数政府和企业领导人不一定会关注的地方，这种变化正以惊人的速度进行着。人口结构变化可能会对各个行业、劳动力市场、教育系统、医疗保健系统、公共政策甚至周边环境都产生重要的影响。如果任由这些影响持续下去，就会产生灾难性的后果。然而，如果我们能正确理解和有效控制这些影响，令人惊喜的机会也会出现在我们面前。我们几代人，为了共同的目标而共同努力，就会产生巨大的能量，但至关重要的是，年轻人和老龄人都应努力设定合理期望，避免歧视现象发生。

| 3 |

年轻人的圣坛

社会对年轻人关怀备至,在他们从出生到少年、青年直至成年的生命过程中,都会通过具有历史文化底蕴和宗教意义的仪式庆祝他们每一次里程碑式的成长。

我们也确实应该为年轻人的成长庆贺:在人类历史的大部分时间,能活过童年的人就很了不起了。在公元1世纪的罗马,大约25%的婴儿在出生的第一年就死去,多达一半的儿童在10岁之前就夭折了[1]。直到近现代,这些数字才发生了变化,活到成年成了常态,而非例外。

和我们对老龄人的态度一样,我们的文化对年轻人的重视很可能在文明发展初期就已经固定下来。被称为"历史之父"的希罗多德(Herodotus)(约前484—前425)也许是最早谈论过人类如何"迷恋"年轻人的学者之一。希罗多德描述了一个被称为"马克罗宾"(Macrobians)的部落的生活,据说在现代的非洲仍能看到马克罗宾人，他们以长寿和充满活力而闻名。从希罗多德的描述中我们可以看到：古希腊人也关注长寿和年轻的话题。希罗多德还在其著作中谈到，该部落的日常用水来自一个神秘的水池，据他推测，这个神秘的水池就是该部落永葆青春活力的源泉。

历史上一直都流传着"青春之泉"的神话，也许因为人们总是想青春永驻、长生不老。我知道，衰老和死亡总会让人恐惧万分，这是因为人们的了解还不够深入。21世纪初，我在美国养老协会（Leading Age，前身为美国老年住房和服务协会）工作，当时的首席执行官拉里·明尼克斯（Larry Minnix）经常感叹说："美国人是地球上唯一认为死亡是一种选择的人！"虽然拉里认为美国人独特的想法有失偏颇，但是在他看来，绝大多数人一直惧怕和抵触衰老和死亡，这一点倒理解得没错。不过，正如我常说的，"死神总会来敲门"。

在加那利群岛（Canary Islands）、日本、波利尼西亚（Polynesia）和英格兰的文化中都流传有"康复水"或"不老泉"的传说[2]。还有传说提到：亚历山大大帝（Alexander the Great），说自己在公元前4世纪发现了一条"天堂之河"；然而，在寻找"青春之泉"一事上，最为人熟知的莫过于西班牙探险家胡安·庞塞·德莱昂（Juan Ponce de León）了，他是克里斯托弗·哥伦布（Christopher Columbus）第二次前往美洲探险时的同伴。

到了 19 世纪，对"青春之泉"的渴望在中欧催生了许多温泉疗养胜地，专为富人和新兴资产阶级提供奢华的水疗服务。根据《中欧的温泉：阴谋、政治、艺术和治疗的历史》（*The Grand Spas of Central Europe: A History of Intrigue, Politics, Art, and Healing*）一书的作者大卫·克莱·拉格（David Clay Large）的说法，水疗中心"相当于今天的大型医疗中心"[3]。不过，与传说中的"青春之泉"一样，温泉不存在真正的疗效。

在今天看来，"青春之泉"的想法似乎有些愚蠢。然而，这并不妨碍我们追求青春永驻，不妨碍我们去购买能延年益寿、紧致皮肤或提高"性趣"的产品和服务。我们还大量摄入各种维生素，尽管它们通常没有或只有一点点临床效果。男男女女们一生中不是在脸上拉皮去皱，就是在身体上抽脂注胶，他们对青春的迷恋使许多人都忘记了他们终会变老和死亡的事实。这些与现实脱钩的做法很可能对人的身心健康造成不利影响，而且更糟的是，还会加速衰老的进程。

身处这个时代的我们见证了美容和抗衰老行业的快速崛起。科幻小说中的器官移植已成为现实；力不从心的男人们可以靠"蓝色小药片"重振雄风。

成年人总是将追求青春及其附属品视为一种时髦：光洁紧致的肌肤、柔顺飘逸的秀发；我行我素、无忧无虑、及时行乐的生活态度；"性"趣盎然、精力充沛的身体。今天，许多人不顾自己的实际年龄，不惜一切代价地想保持年轻：有的人借助健康的生活方式，有的人借助整形手术，有的人借助最新款的时装，有的人则紧追流行文化和社交媒体动向。最近，一位60岁的朋友特意来告诉我，她在抖音的短视频上出镜了，说话的神情好像她得了一枚荣誉勋章一样。

人们追逐青春的具体原因可能各不相同，但根本原因一致，即大多数人每年、每天、每时、每分都在被告知，年轻就是要比年老好。日常的信息在强化这个观点的同时，针对年轻人的市场营销更是在强化这一点。根据 Statista 的统计数据，2018年全球针对年轻人的广告费用超过了 42 亿美元，预计 2021 年将达到 46 亿美元[4]；2015 年，针对"千禧一代"的广告费用是针对其他所有年龄段群体的广告费用之和的 6 倍[5]。

让人难以置信的是，一直到 20 世纪 40 年代末，美国的年轻人市场都不成气候。然而，随着战后经济多年繁荣，人口不断增长，一个庞大且有经济影响力的年轻群体出现了，他们引起了一小批先驱者的注意。这批先驱者决定马上开发新产品，打开营销和宣传渠道去赚这些年轻人的美元，有时甚至不惜牺牲老龄人的市场。

这批开拓者发现了人口结构的变化，以及二战后社会经济转型带来的红利。在洞悉了这一代年轻人的心理后，他们通过报纸、广播和电视等媒体与之展开了有针对性的对话。他们一再宣扬，与老龄人相比，年轻人在某种程度上可能更需要特别关注,这渐渐变成了社会的主流思想。他们将标志个人进入成长阶段的那些传统习俗和庆祝仪式全部商品化,强调青少年成长过程的每一个重要时刻都需要特别纪念。

在产品开发、市场营销和价值传播方面,今天的市场开拓者们应该搞明白当时的年轻人市场是如何出现的,因为这也可以为开发其他年龄段消费者的市场提供指导。今天,中老龄人在社会人口中占比越来越高,但是他们仍在工作,拥有较高的可支配收入,能在更长的时间内影响消费市场。由于几千年来形成的老龄歧视,他们可能不会像年轻人那样引起社会关注,但他们确实掌握着更多的财富。超龄时代的市场正在到来,针对年轻人的市场不再是赚钱的唯一途径了。

传统,还是传统!

我们现在举行生日庆祝活动的传统源于不同历史时期的不同文化,最终形成了今天几乎全球通用的庆祝方式。希腊人给我们提供了生日蜡烛,波斯人为我们端上了生日大餐,罗马人给我们送来了生日美酒,德国人给我们制作了生日蛋糕,美国人为我们唱起了生日歌曲。今天,年轻的孩子们举行大型生日派对,对着到场的人宣布他们的年龄,已经是件再正常不过的事情。偶尔,超高寿的老龄人也会以这样的方式来庆祝生日。

我们通常都用年龄——生日庆典——来评判和标记社会地

位。过了一定年龄,我们就可以获得某些权利或履行某些义务,像是驾车、投票、饮酒和服兵役等。但是,生日最主要的作用还在于:某个特定的生日标志着我们已步入成年。然而,它也为定义年轻人市场提供了一定的指导。

有资料显示,基督教,尤其是早期的天主教①,借鉴了不少其他文化的仪式和传统。在天主教文化中,14岁左右的男孩和女孩均可视为已成年,可参加圣礼宣誓,正式加入教会,这里借鉴了罗马人的做法。罗马男孩到了14岁至17岁左右的年龄时,他们的父亲就会认定他们已成人。在成人仪式上,男孩们会摘下脖子上用来保护自己的项链,脱下儿童长袍,换上成人长袍。仪式结束后,他们就算是成年男人了,也成了国家的正式公民,须履行服兵役的义务;而女孩最早可在12岁时订婚,身份随即变为成年女人,这时她们就应将自己的玩具交给阿尔忒弥斯女神(Artemis)②。

在早期的东西方文化中,从童年到成年的转变惊人地相似,都发生得非常突然:头一天还是儿童的你,第二天就晋升为成年人了,这一身份的转变通常发生在青春期前后。古希腊的男孩在17岁或18岁时成人,女孩则在15岁时成人;在日

---

① 天主教全称为"罗马天主教",与东正教、新教并列为基督教三大派别。——译者注

② 阿尔忒弥斯是未婚少女之神,她和雅典娜掌管着少女的童贞时期。少女结婚时,要将其处女时期的玩具交给阿尔忒弥斯或雅典娜,而后步入阿佛洛狄忒和赫拉掌管的已婚时期。——译者注

本的平安时代，宫廷贵族和武士会为 12 岁至 14 岁的男孩举行称为"加元服"的成人礼；中世纪，东欧的犹太人也通过一种被称为"受戒礼"的方式庆祝 13 岁的男孩成年。而一直到 1922 年，这种成人礼才拓展到了女孩身上。

随着时间的推移，人口日益老龄化，这些成人礼也开始从宗教传统中脱离了出来。当然，这也要归功于教育水平的提高，皮尤研究中心（Pew Research Center）2018 年的一项调查数据支持了这一观点。该调查指出，"总体而言，在接受调查的 106 个国家中，有 46 个国家的 18 岁至 39 岁的成年人与 40 岁及以上的人相比，他们认为宗教对他们来说没有那么重要。"[6] 这并不是为了说明世界上信仰宗教的人越来越少了，而是说明老龄化社会与宗教信仰热情不高之间有较大的关联。例如，在历史悠久的日本，只有十分之一的人认为宗教很重要，而最近美国教会的信徒有史以来首次下降到了总人口的半数以下[7]。

在有的地方，社会开始启用了新的成人礼。例如，一些欧洲国家和美国的女孩在 16 岁至 21 岁时，拉丁美洲国家的女孩在 15 岁时，会参加人生的首次社交舞会，宣告自己已成年。在有的地方，传统的成人礼还被写进了法律。比如在美国，18 岁的男孩参加成人礼就意味着到了服兵役的年龄——在大多数民主国家，人们还会为 16 岁至 21 岁的孩子获得选举权举办庆祝活动；还有的地方将掌握一门新技术作为一种成人礼，比如 16 岁至 18 岁的孩子会为自己获得驾照举办庆祝活动。

青少年与"婴儿潮"

在第二次工业革命时期,社会开始抛弃儿童一夜之间便可奇迹般地长大成人的观念,引入了我们现在所熟知的青春期概念。在这个过渡阶段,儿童可以慢慢长大成人,不用再像前几代人那样,稚气未脱就被强行推入成年人的行列。

最先享受到青春期待遇的可能是富裕家庭的子女,然后是新兴中产阶级的子女,最后是穷苦人家的子女,穷苦人家的子女也不用被迫进入田间或工厂干活来贴补家用了。1938年,美国国会通过了《公平劳动标准法》,旨在"保护青少年的受教育机会,禁止他们从事损害健康和安全的工作"[8]。随着该标准法的实施,孩子们不用再去工作了,在各种厂矿之间已难觅他们的踪影,这对他们正常度过童年和青春期发挥了重要的作用。

截至1900年,美国已有34个州规定儿童必须接受义务教育;到1910年,72%的美国人都接受过一定程度的学校教育;到1918年,美国已能保证所有的孩子都接受基础教育[9];现在,据美国教育委员会称:"有24个州和哥伦比亚特区要求学生上学上到18岁,有11个州要求上到17岁,有15个州要求上到16岁。"[10] 1900年之前,美国大部分地区的人都没听说过高中,但到了20世纪上半叶,高中在美国各地已经普及开来;到1940年,有50%的青少年都取得了高中毕业证[11]。

从许多方面看，接受更高层次的教育是摆脱贫困的法宝，这不仅有助于为国家积累更多的财富，还为孩子们创造了一个前所未有的自由成长环境。教育还为人们提供了各种选择，特别是对年轻女性而言，生活不再仅仅限于抚养子女和操持家务了。社会开始认识到：青少年不再是单纯的儿童，但也非成熟的成人，相反，他们正处于两者之间的一个全新又独特的人生阶段。

二战后不久，"teenager"一词开始取代"adolescent"，成了对青少年的统称，但事实上，早在1899年，"teen"和"teenage"这样的说法就已出现。当年，在明尼苏达教育协会的第三十七届年会上，来自明尼苏达州明尼阿波利斯市中央高中的校长约翰·N. 格里尔（John N. Greer）在其发言中解释道：

> 把他们称作十几岁的男孩和女孩！这种叫法代表了心理学和儿童研究中多么重要的一个问题，但我们对此却不甚了解，也没有相关论述。他们不是男人和女人，但也不再是孩子了。这是一个希望、幻想和野心交织的快速成长期。在他们看来，未来辉煌可期，他们可以轻松主宰自己的命运。他们的自我意识刚刚觉醒，唯我独尊的思想蠢蠢欲动，还把握不住奔涌的思想[12]。

今天，我们能够轻松地抛出"青少年"这个词，要归功于战后的婴儿潮以及蓬勃发展的经济。这期间，人们有不错的工作,还有较多的可支配收入;人们发现,青少年期不只是人生的一个阶段,还是一个值得人们关注的市场。美国历史上首次生育高峰出现的这代人,即我们现在称作的"婴儿潮一代",将从根本上改变整个世界。

青少年与青少年市场

《星期六晚报》(The Saturday Evening Post)的记者德里克·汤普森(Derek Thompson)在2018年发表的一篇文章中指出:"随着教育、经济和科技日益融合的发展趋势,'青少年期'这一概念于20世纪中期应运而生[13]。高中学校成了青少年除受监视的家庭之外培养独立文化的另一阵地。经济的快速增长让他们拥有一定的收入:有的是自己挣来的、有的是向父母索取而得的。汽车(还有后来的另一种移动技术)让他们变得独立了起来。"其他技术,诸如个人计算机、传呼机、移动电话和智能手机以及社交媒体,最终将在未来几代人追求独立生活、步入成年的过程中发挥出巨大作用。

任何新生市场的出现,总会有先行的开拓者,青少年市场也不例外。尤金·吉尔伯特(Eugene Gilbert)于1945年创立了首家专注于青少年市场研究的公司——吉尔伯特青少年服务公司;海伦·瓦伦丁(Helen Valentine)于1944年创办了第一份少女杂志《17岁》,并担任主编。如果没有他们二人的开创性工作，那么就不会存在今天的青少年市场。吉尔伯特和瓦伦丁发现了青少年不同于儿童和成人的独特之处，并用心对待，最终成就了自己的事业。

1958年的《纽约客》载有一篇题为《阶层、文化、市场》的人物传记，分上下两部分讲述了吉尔伯特开拓青少年市场的故事[14]。1944年春天，吉尔伯特在一家商店卖鞋，发现当时的运动鞋卖不出去，于是向老板建议进行调查以了解原因。后来他发现，十几岁的孩子根本就不知道商店在卖运动鞋。于是，他开始针对青少年群体做起了广告，运动鞋顷刻间就售罄了。

吉尔伯特还做了两件在当时被认为是史无前例的事情：第一件是，他先知先觉地雇用了青少年去开展市场调研，因为他觉得青少年不太信任成年人的调查数据；第二件事是，他通过为美联社发行的周刊专栏"年轻人的想法"撰稿，唤醒了青少年群体的自我意识。不久之后，马歇尔百货公司、埃索、美国陆军和《17岁》杂志都成了他的客户。

海伦·瓦伦丁创办的杂志《17岁》专门服务十几岁的少女读者，她也为针对该群体的广告商提供了便捷的广告发布渠道。据《广告时代》（*Advertising Age*）报道："该杂志内容丰富，涉及时尚、名人、美容等多个方面，其发行量也在快速增长，为广告商接触年轻消费群体提供了一条完美的途径。"[15]创刊首年，《17岁》的读者人数就达到了100万，海伦·瓦伦丁也被誉为向美国公司介绍青少年市场的第一人。

这一点非常重要，在此之前，所有公司针对的消费群体主要是儿童、成人以及老龄人，市场营销的重心也都毫无例外地放在了在职成年人的身上，因为只有他们被视为具有消费能力的群体。吉尔伯特和瓦伦丁创造了一个范式转变的全新环境，这从根本上改变了企业开发和销售产品及服务的方式。

流行文化和媒体的作用

青少年意识、青少年市场及其反传统文化的特征很快就渗透到美国的民族精神之中。广播以及后来普及的电视更是将早期青少年文化以声音和图像的形式传播至千家万户和公路上行驶的每一辆汽车里，宣传青少年文化的广告也蜂拥而至。不久，比尔·哈利及其彗星乐队（Bill Haley & His Comets）、博·迪德利（Bo Diddley）、法兹·多米诺（Fats Domino）、小理查德（Little Richard）、杰瑞·李·刘易斯（Jerry Lee Lewis）、埃尔维斯·普雷斯利（Elvis Presley）和查克·贝里（Chuck Berry）等摇滚歌手便迅速进入了公众的视野。

查克·贝里于2017年去世，享年90岁。他对当时的青少年影响最大，因为他比其他艺术家都更了解青少年的生活。他不只是在为他们唱歌，他早期的一些热门歌曲，如《甜蜜的16岁》还描述了年轻人的生活经历和态度。《公告牌》评价他时写道："贝里在摇滚乐里注入了一种'我们比成年人更懂你'

的自信态度,这是他的前辈和同辈同行都没敢去做的事情。这种青少年至上的观点影响深远,摇滚乐也开始从一种音乐时尚慢慢转变为一种势不可当的态度和生活方式,很快在美国各地传播开来,感染了所有的青少年(也可以说,正是这一观点才造成了60年代的代际分化)。"[16]

需要指出的是:我们今天所认为的许多属于"婴儿潮一代"的社会文化产物并非出自那一代人,而只不过是他们的消费品而已。明白这一点至关重要,因为我们无法期望"婴儿潮一代"为自己设计产品和服务项目,或挖掘新的营销策略。上一代人和"X一代""千禧一代"以及"Z世代"一样,只要愿意探寻"婴儿潮一代"的时代精神,就都极有可能激发出广大目标人群的购买力。

该时期的许多社会变革的领袖也并非"婴儿潮一代"。路易斯·梅南德(Louis Menand)2019年在《纽约客》上发文指出:"最年轻的'婴儿潮一代'高中毕业时,美国总统是罗纳德·里根(Ronald Reagan),越南战争已经结束7年了"[17]。

"婴儿潮一代"也为社会做出了贡献,但时间基本在20世纪晚期。出生于1947年的艾尔顿·约翰(Elton John)直到1970年才有了自己的第一首热门歌曲《你的歌》(*Your Song*)①;1948年出生的史蒂夫·尼克斯(Stevie Nicks)直

---

① 原文为 Our Song,经查证,艾尔顿·约翰只有作品 Your Song。——译者注

到 1975 年才加入了佛利伍麦克合唱团（Fleetwood Mac）；出生于 1951 年的汤米·希尔费格（Tommy Hilfiger）直到 1985 年才创立了与自己同名的品牌；生于 1955 年的"微软之父"比尔·盖茨直到 1975 年才成立了自己的公司，公司于 1986 年才上市；生于 1958 年的麦当娜直到 20 世纪 80 年代才成为"流行音乐王后"；1960 年出生的波诺（Bono）直到 1987 年发行了专辑《约书亚树》后才享有国际声誉。1964 年出生的桑德拉·布洛克（Sandra Bullock）直到 1994 年才在动作惊悚片《生死时速》中出演第一个举足轻重的角色，这是 1946 年出生的第一位"婴儿潮一代"总统比尔·克林顿（Bill Clinton）上任近两年之后的事情。

20 世纪中叶拍摄的电视剧不仅体现了当时的社会法则，也反映了青少年文化以及代表社会现状的新运动。《我爱露西》(*I Love Lucy*) 探讨的是跨国婚姻话题，《蜜月新人》(*The Honeymooners*) 讨论的是种族和性别不平等问题，《天才小麻烦》(*Leave It to Beaver*) 探讨的则是青少年对美国现代家庭的影响。

毋庸置疑，这些电视剧大多讲述的是年轻人的故事，不会聚焦于老龄人的生活。有些电视剧偶尔会涉及老龄人的话题，也会穿插老龄人的客串角色，他们通常以无助、怪异乃至滑稽的形象出现，且通常偏离了自身真实的形象。这意味着，美国和其他国家都在强化和传播一些荒唐的偏见。我们全都在用消极的目光去看待老龄人这一群体，这种大众媒体传播的偏见从电视时代开始就一直存在。直到最近，对老龄人真实、理性的描述才开始普遍出现在大众文化中。

好莱坞和新媒体机构已经开始转变态度，不再只为青少年和成年人制作节目了。他们甚至开始调整对老龄人，尤其是老龄女性的描绘方式。20世纪80年代热播的《黄金女郎》就是第一批几乎完完全全以老龄女性生活为视角的电视剧之一。今天，像《格蕾丝和弗兰基》这样的电视节目更真实地描绘了60岁至80岁及以上群体的生活。这说明电视剧主管人和制片人有了清醒的认识，开始看到了老龄人市场的价值，发现了拍摄老龄人故事的潜力。

广告商和品牌的关注

20世纪中叶，发生改变的不仅有媒体，还有广告。开创性的时刻就是1963年，当时，百事可乐公司在全美国范围内发起了一场媒体宣传活动，号召年轻人做年轻人该做的事情，如游泳、骑自行车和滑雪。这是广告史上第一次只字不提产品及其效果的广告——百事可乐只是描绘了年轻人的未来，向他们大喊道："百事时代，纵情生活！"

从本质上讲，百事可乐的宣传活动利用了反广告策略，这可能是受到大众汽车1959年"小处着眼"宣传活动的启发。

这契合了新兴的反主流文化("Think Small"),让年轻人开始有了追求,最终取得了成功。其他公司纷纷效仿,以百事可乐的宣传方式与年轻人对话。近年的例子有巴塔哥尼亚2011年宣传的"不要买这样的夹克"以及多力多滋2019年打出的"另一个层次"。

面向年轻人的营销转变不仅仅是一种短期时尚。其影响已持续了几十年,给人留下深刻印象的是,转变不仅体现在向消费者销售产品和服务的方式上,还体现在产品的开发方式上。从许多方面看,我们已慢慢相信,年轻人是最有价值的群体,应该优先考虑。

20世纪60年代针对年轻人市场推出的许多品牌我们今天都耳熟能详,比如耐克(Nike)、拉尔夫·劳伦(Ralph Lauren)、卡尔文·克莱恩(Calvin Klein)、北面(the North Face)和盖普(the Gap)。在大多数情况下,年轻人市场一直都是其战略的核心。他们的广告展现的一直是能适应文化规范、不断变化的年轻人形象,而不是与核心客户一起变老的形象。

到20世纪70年代末,针对年轻人的广告和年轻人的文化已经交织在一起,成为许多发达国家日常生活的一部分。一些年轻人发现20世纪60年代最叛逆的年轻人文化被企业家和零售店商品化以后,便开始寻找无法被迅速商品化且还能培养自己特定消费者的全新文化身份。20世纪70年代末和20世纪80年代初的朋克文化以及20世纪90年代初的邋遢文化就是这种尝试的范例。

1981年8月1日，全球音乐电视台（MTV）成立了，其目标观众为12岁至34岁的人，尤其是青少年和刚刚成年的年轻人。全球音乐电视台是第一个专为该年龄段观众服务的电视频道，其目标就是要做其他电视频道从未做过的事，即24小时不间断地播放音乐视频。在这种年轻人的文化中，音乐并不是要突出的唯一元素，电视和电影也紧随其后，成了对美国年轻人和社会来说都不可或缺之物。20世纪80年代著名的青春片导演约翰·休斯（John Hughes）所塑造的角色多为聪明机智的年轻人，他们在试图寻找生活的意义，却屡屡被社会忽略或误解。

20世纪80年代至90年代，我正青春年少，那时的主导品牌有：贝纳通色彩联合国（United Colors of Benetton）、盖尔斯（Guess）和A&F（Abercrombie & Fitch），这些品牌主动追赶着我们那一代人的脚步，反对当时的社会文化规范，并将这样的理念不断商品化。我们这一代人——即道格拉斯·库普兰（Douglas Coupland）同名小说所描写的"X一代"，业余时间基本上是在溜冰场和购物中心度过的。我们是全情投入MTV的一代人，也是第一批在网上冲浪和社交的人。

尽管贝纳通色彩联合国是由卢西亚诺（Luciano）、朱利亚娜（Giuliana）、卡洛（Carlo）和吉尔伯托（Gilberto）四兄妹于1965年创立的，但在竞争激烈的全球市场环境下，直到20世纪80年代，该公司才凭借其卓越的创新和营销能力在青少年市场中站稳了脚跟。贝纳通色彩联合国的成功很大程度上要归功于奥利维罗·托斯卡尼（Oliviero Toscani）这位颇具争议的意大利摄影师，他于1982年加入该公司，出任艺术总监，负责开展诸如"反不平等""反种族主义"和"反企业伪善"等宣传活动。这些活动迎合了当时的时代潮流，吸引了众多青少年的关注。因此，未来的广告商也需付出同样的努力去开拓老龄人的市场。

青少年开始不再满足于仅仅挑战流行文化和消费文化的规范，他们掉转风头，准备表达自己的政治立场和态度。他们开始挑战性别、种族和性取向相关的固有思想，但他们的主要目的还是挑战成年人的权威。

反对权威这一念头并不是什么新鲜事，而是每一代人都想做的事。然而，在20世纪中叶这段时期里，青少年普遍不信任老龄人。用一句话总结就是：老龄人是累赘，青少年才是宝贝。不过，这种态度是有问题的，毕竟每个人都会变老，青少年的这种态度是在拿自己的未来对即将到来的超龄时代做赌注。

1964年，"我们对他们"的态度开始出现。1964年11月，24岁的环保主义者杰克·温伯格（Jack Weinberg）在加州大学伯克利分校举办的新左派和自由言论运动中，借鉴改编了一句话："不要相信30岁以上的人！"这句话后来成了"婴儿潮一代"为争夺社会、文化、政治和经济统治地位时的战斗口号。

流行音乐中也开始融入歌颂年轻和贬低衰老的信息。英国的谁人乐队在 1965 年唱道:"我希望在变老之前死去。"甲壳虫乐队在 1967 年发声:"我 64 岁的时候,你还需要我吗?你还会养我吗?"对年轻的认可以及对衰老的拒绝(包括身心两方面),成了我们信仰体系内几乎不可撼动的核心思想。

自有历史记载开始,许多传统也都是基于早衰(早亡)而形成的。一直到年轻人文化的出现,甚至在其形成的年代里,童年和成年之间都界限分明。

这一点在职场表现得尤为明显,男性的着装风格大体相同。从视觉上看,至少在 20 世纪上半叶到 70 年代中期,成年就意味着要穿灰色、黑色或蓝色的西装,打领带,涂抹发油,梳个完美的背头。成年人无论年龄大小,穿衣风格都相对统一。直到反主流文化的 20 世纪 60 年代生人步入职场,取代了年老的员工后,情况才开始有了变化。

职场上的年轻人

20 世纪 60 年代,随着大批"婴儿潮一代"参加工作,年轻人文化也开始进入职场。然而,直到 20 世纪 90 年代,"X 一代"才将"休闲星期五"这一概念注入企业文化之中。到了 21 世纪 00 年代,"千禧一代"将连帽衫和牛仔裤的风尚带入职场,这种穿搭也成了技术部门、富有创新精神的新一代员工的标配。仍然坚持在办公室穿西装的人要么是正襟危坐的当权者，要么是跟不上时代的老古板。

我们可以谴责"婴儿潮一代"，是他们推动了年龄歧视这种企业文化，是他们在倡导以适合年轻人的方式去工作。我们甚至可以追溯到最初的开端，证实这样一点：他们对老龄歧视文化的形成和推波助澜负有直接的责任。当然，之后的几代人也在丑化老龄人和美化年轻人这件事上负有不可推卸的责任。

现代的公司或企业首席执行官，无论年龄大小，也都认同"年轻优先"的观点。"千禧一代"的脸书创始人马克·扎克伯格（Mark Zuckerberg）说过一句名言："年轻人更聪明。"[18]就连阿里巴巴的创始人、前执行主席马云也持有类似的观点，他在2018年的世界经济论坛上给年长的员工提出了这样的建议："到50多岁时，你就应该去培养和发展下一代的年轻人；年过60后，你最好去照顾孙辈吧。"[19]

职场上，"年轻人是宝贝，老龄人是累赘"的思维定式源于一种毫无根据的观念：认为所有老龄人都反应迟钝、行动不灵活、不懂技术。这种对老龄人不加区分的偏见让越来越多的30多岁的年轻男女纷纷跑去做整容手术，以此来保持年轻的外表。最近，Joie de Vivre 酒店创始人、爱彼迎（Airbnb）前高管奇普·康利（Chip Conley）于墨西哥的南下加利福尼亚州创办的现代老龄人学院居然迎来了只有37岁的学员，培训内容为如何在"可以付出很多也可以学习很多的时期"成为一名"现代的长者"，培训费用为一周5000美元，两周10000

美元。在该课程中,学员将学习到如何接纳中老年时期为富有成效的人生阶段。

从古典时代到工业革命时期,人们始终都想保持青春和活力。然而,直到20世纪初,整个社会才开始投入大量精力到如何让人永葆青春或至少看上去永远年轻这件事情上。今天,单是美国的化妆美容行业每年就可以创造近6000亿美元的收益,预计到2025年将增长到8000亿美元[20]。运动健身和整形手术行业的收入据估计也将持续增长。越来越多的人开始关注自己的外在形象,希望保持年轻态,不愿任由容颜老去的我们正在向衰老说"不!"

美丽的丑陋面

没有其他行业像美容、时尚和养生保健行业那样,会经常性地、大张旗鼓地为青春喝彩、同衰老宣战。然而,大多数事情的发生都有其历史背景。根据传说,埃及艳后克利奥帕特拉(Cleopatra)每天都会用酸驴奶沐浴,当时的人们认为这样可以保持肌肤的紧致、年轻[21]。中国唐朝女皇武则天为保持年轻容颜,经常用冷水和"仙粉(用益母草精心配制的药粉)"洗脸。伊丽莎白时代①的英格兰女性用薄生肉片敷脸的方法来

---

① 由都铎王朝女王伊丽莎白一世统治英格兰和爱尔兰的时期(1558—1603),历史学家经常将该时期描述为英国历史上的黄金时代。——译者注

美容养颜；18世纪的法国女性则用陈年葡萄酒沐浴的方式护理皮肤[22]。

直到20世纪，支持青春和抵抗衰老的信念才逐渐得到强化。女性每天都在被几乎不可能达到的美丽标准狂轰滥炸，各式广告呼吁她们要与自然衰老过程抗争，而最早的广告通常都是由男性策划发起的。生产香皂的棕榄公司（Palmolive）通过提出"中年"皮肤问题，创造了可能是最早且最著名的抗衰广告。美容公司的商业机密就是贩卖衰老的羞耻感，并通过不切实际的美容标准给女性造成焦虑，借此困扰了一代又一代的女性。

这些宣传媒体的问题不仅仅在于产出了铺天盖地的抗衰老广告，还有对老龄人声音的忽视。根据美国退休人员协会的数据，超过三分之一的美国人年龄已超过50岁，但有关这个群体的媒体形象只占到了15%[23]。

我们开始内化这样的信息，并将其作为一种文化：变老是件糟糕的事，需要对其加以掩饰或降低其负面影响。广告商不仅加大了对年轻市场的投入，还利用我们对死亡的焦虑以及对长寿的期盼大做文章。

今天，在60岁以上的女性中，有超过三分之一的人表示，自己在过去的3个月中使用过抗衰老产品[24]。根据Statista的统计数据："2020年，全球抗衰老市场的价值估计约为5850亿美元；2021年至2026年期间，抗衰老市场的复合年增长率

（CAGR）预计为7%。"[25]

几十年来，女权主义者一直认为：诺克斯泽玛（Noxzema）、伊丽莎白雅顿（Elizabeth Arden）和蜜丝佛陀（Max Factor）等家喻户晓的公司的美丽标准几乎不可能达到，世界也因此被逐渐固化成一个父权制、异性恋和抗衰老的社会。一直到2017年，时尚杂志《魅惑》（Allure）才第一次提出了摈弃抗衰老的思想。其中一份声明宣称："我们正在决定停止使用'抗衰老'这个词，因为无论你是否了解，这个词其实都在强化这样一个信息：我们需要与衰老战斗，就像我们需要抗焦虑药物、杀毒软件或灭菌喷雾一样。"[26] 作为一本需要美容行业的广告费维持运转的专业美容杂志，《魅惑》的这一做法比较激进。

掺杂着消费主义的大众媒体在用大量文本和图片向公众灌输"年轻人优先，老龄人靠边"的思想的同时，还在敦促人们与衰老抗争，仿佛我们终将赢得这场战争的胜利。今天，诸如"70岁是又一个50岁"这样的口号在强调，我们应该在尽可能长的时间内保持蓬勃向上的生命力；然而，这些媒体没有为那些患有退行性疾病的人、丧失认知能力的人，还有精神上饱受孤独折磨的人提供替代性方案，他们所做的只会让这些人对未来和变老充满恐惧。

难怪我们年纪越大，就越不想过生日；难怪我们时时刻刻都在与衰老抗争。我们真应该回望罗马时代，那时的人们不仅为新生儿和年轻人庆贺，还为成熟的晚年庆贺。

所有父母都会说，把孩子从婴儿、幼儿、少年、青年一直养育到成年需要大量的时间、精力和财力。事实上，全社会的专家，包括但不限于科学家、社会学家、医生、教育家和政策制定者，都在为年轻人计划和设定成长路线图和发展标准，并通过监控他们的健康、社交和教育保证一切按照既定的方向发展。但奇怪的是：我们却没有为长寿的人做任何准备——既没有路线图，又没有标准。

人们虚构出的老龄人和年轻人之间的分界线，我们对年轻人的赞许，甚至崇拜，以及我们对老龄人负面的刻板印象，都是目前急需解决的问题。尽管在20世纪中期流行起来的年轻人文化可能会强化历史的固有观点，即年轻人在各方面都比老龄人要优越。但对我们而言，为了扭转这种局面，与衰老作战是可能的，也是必要的。

我们也需要为大器晚成者庆祝。我们应该将40岁时找到真爱并结婚的想法视为正常、我们应该为那些选择在50多岁生孩子的人高兴、我们也应该为那些在60岁或更高的年龄追逐梦想并成为企业家的勇敢者鼓掌。生命不会在25岁时就停止，从来都不是这样的。只有支持长寿并拥抱不再年轻的生活，才能准确反映我们这个时代年龄多元化的社会特征，才能利用超龄时代带给我们的社会和经济机遇。如果我们不这样做，最好的情况是，我们将失去未来的机遇；最坏的情况是，经济将发生动荡，长寿红利也会被抹去。

| 4 |

长寿收益的契机

1835年,"进化论之父"查尔斯·达尔文(Charles Darwin)随皇家海军舰艇小猎犬号(HMS Beagle)抵达加拉帕戈斯群岛(the Galapagos Islands)。在那里考察时,达尔文(也许是同行的其他人)捉到了一只陆龟,并为其取名"哈里特(Harriet)"。2006年,176岁的哈里特在昆士兰的澳大利亚动物园离世[1]。

哈里特的一生不仅见证了达尔文的环球考察,还见证了加州的淘金热、南北战争以及灯泡的发明,这些都发生于这只陆龟50岁生日之前。之后,哈里特还见证了其他重大的全球性事件。比如,自由女神像的落成、现代航空业的诞生、两次世界大战、布尔什维克革命、西班牙大流感、经济大萧条、人类登月、柏林墙倒塌以及"9·11"恐怖袭击事件等等。即便如此,哈里特也不是世界上唯一的长寿动物。

在 2016 年的一项研究中，美国科学促进会（American Association for the Advancement of Science）的研究人员发现，格陵兰鲨的平均寿命约为 272 岁，比哈里特的寿命还要高出近 100 年；根据科学推测，生活在北大西洋的格陵兰鲨的最长寿命可达 400 多岁[2]。

这意味着，那些现在已到生命尽头的格陵兰鲨很可能早在西班牙殖民者首次抵达加利福尼亚时①就已经存在了，其中最年长的甚至在英格兰朝圣者初登马萨诸塞的普利茅斯时②，或莎士比亚的《暴风雨》③和《亨利八世》问世时，就已在海洋里游弋了。

自然界中还有远比加拉帕戈斯陆龟和格陵兰鲨更长寿的生物。比如说，加利福尼亚的狐尾松寿星"玛士撒拉"（Methuselah）④已有近 4800 年的生长史，被认为是迄今地球上发现的最古老的超个体生物[3]。还有一些生长极为缓慢的生物，虽历经数百年的岁月，却几乎没有衰老迹象（也称细胞衰

---

① 虽然从 1513 年发现佛罗里达离岸的基维斯特岛开始，西班牙殖民者就开始在北美洲大陆上搜索传说中的宝藏了，并在北美洲的西南方逐渐扩展着自己的殖民帝国。然而，直到 17 世纪末，他们才首次踏入了加利福尼亚，于 18 世纪中期才开始进行大规模的建设。——译者注

② 1620 年 11 月，102 名英格兰清教徒乘坐"五月花"号抵达了今天的普利茅斯湾，他们在度过了漫长的冬季后，于 1621 年 3 月登陆，建立了普利茅斯殖民地。——译者注

③ 莎士比亚晚期创作的一部戏剧，大约写于 1611 年。——译者注

④ 《圣经》中的人物，活了 969 岁，现为长寿者的代名词。——译者注

老)。比如说岩鱼、圆蛤、龙虾和水母。

人类很难获得像加拉帕戈斯陆龟和格陵兰鲨那样超长的寿命,事实上,"万寿无疆"这一概念仍只存在于想象中,很难用精确的定义来说明。今天,人类寿命的上限大概为120岁,唯一一个超过该上限的人是法国人让娜·卡尔芒(Jeanne Calment),她于1997年去世,享年122岁零164天。

在历史的大多数时间里,医学研究一直都在致力于提高人们生命前期的健康水平。随之而来的是婴幼儿的存活率不断提高,儿童得以更健康地成长。度过青少年期后,最终长大成人,人类的平均预期寿命也因此得到了提高。今天,越来越多的医学工作者正在努力治愈与衰老相关的疾病——对生命中期和末期健康的关注很有可能进一步提高人类的平均预期寿命。

一些令人激动的研究表明,第一个活到150岁的人可能已经出现了。最近,已有科学家正在挑战人类预期寿命有上限这一概念,正如著名的SENS研究基金会首席科学家奥布里·德·格雷(Aubrey de Grey)所指出的那样,"我们正在接近长寿的逃逸速度"。这意味着,一旦我们超出目前人类预期寿命的上限,就没有什么可以阻止我们活得更久了。这就好比人类飞天一样,我们一度认为飞船载人升入太空是件不可能发生的事情,但结果是:我们不仅进入了太空,登上了月球,还建起了空间站,并且目睹了第一批"游客"飞向星空。

但如果我们对长寿及老龄人的集体态度不加改变的话,那么再长的平均预期寿命对社会来说也毫无意义。目前，大多数人仍然将老龄人视为影响社会经济发展的负担。但随着人类寿命的不断延长，不同性别、种族、地区和阶层人民之间的寿命差距不断缩小，人们终将改变这种固有的观念，并能充分地挖掘老龄群体所蕴含的巨大的经济和社会潜力，让老龄群体在社会发展的某些方面继续奉献自己的力量。

可塑的寿命

尽管人类在历史上的大部分时间里寿命都非常短，但他们总在花时间考虑死亡的事情。我们的祖先就非常痴迷于探究死亡，一度认为自己是唯一理解死亡的动物。事实上，直到20世纪70年代初，人类学家欧内斯特·贝克尔（Ernest Becker）还在其获普利策奖的著作《对死亡的否定》中这样写道："人类形成的关于死亡的知识是反思性和概念性的，而动物则不会形成这样的知识。"[4] 可我们的行为却是这样的：一边竖立纪念碑，让后世之人记住死去的人，一边却受宗教传统的影响，仍在不懈地追寻"青春之泉"。

直到最近，我们才开始明白，像海豚、鲸鱼、大象和黑猩猩等其他生物也能理解死亡[5]。尽管"人类是唯一理解死亡的物种"这一观点已经开始受到质疑，但人类似乎仍有可能是唯一关注死亡的物种，而且在许多情况下，还关注如何减缓衰老，如何延长寿命，如何避免死亡等话题。

19世纪末20世纪初，人类凭借在营养、卫生、社会福利和科学方面取得的进步，第一次显著地改善了生存状况，延长了寿命。我们一开始是为了降低婴幼儿死亡率，才在上述各领域中不断寻求创新。随着生存环境的改善，我们很快就意识到，这些方面取得的进步也有助于延长寿命。但直到最近，也就是在过去的30年间，才有少数科学先驱和资金雄厚的投资者开始相信，我们可以将人类寿命延长到在过去看来遥不可及的年龄，并为之倾注心血和投资。

而在此之前，全球的研究人员几乎把所有的精力和资源都投入到提高发达国家和发展中国家婴幼儿存活率的研发上，结果就是：整个人类的平均预期寿命提高了。将研发重点转向如何通过提高成人的健康年限来延长寿命，彻底改变了传统做法，这也是超龄时代到来的标志。同时也给投资者的下一步投资指明了方向，而因此获得的回报将非常可观。

虽说人类长寿的可能性非常大，但我们现在还不能百分之百地肯定。我们最好还是听听我的同事安德鲁·斯科特（Andrew Scott）最近常说的话吧："人类的寿命从本质上讲是可塑的。"他是给本书提供写作灵感的人之一，也是《百年人生：长寿时代的生活与工作》（*The 100-Year Life: Living and Working in an Age of Longevity*）以及《新长寿人生：变化时代如何美好生活》（*The New Long Life: A Framework for Flourishing in a Changing World*）

的共同作者。

安德鲁的观点在让人欢欣鼓舞的同时又有些惴惴不安，因为寿命可塑意味着，它既可能延长也可能缩短。历史上，特别是最近，就有一些值得我们深思的案例——因为某些人的个人行为或糟糕的公共政策葬送了提高平均预期寿命的机会。这意味着，如果我们想继续延长寿命，就得继续做出正确的决策，进行合理的投资。政府尤其需要鼓励人们平衡膳食，加强锻炼，积极参与到预防保健中。

当然，在这个过程中肯定还会发生一些小插曲，有些是我们无法控制的，比如像全球新冠肺炎大流行这样的重大公共卫生事件。美国疾病控制和预防中心（CDC）2020年的初步数据显示，由于新冠肺炎疫情的影响，美国的平均预期寿命大幅下降，降至2006年的水平[6]；2021年年初，美国政府发布报告称，美国的平均预期寿命又下降了近2岁，这是二战结束以来最大的下降幅度[7]。

我们最大的挑战是改革政府的控制领域。根据美国疾病控制与预防中心的数据，2019年美国有7万多人死于过量服用药物，这也成了身体损伤性死亡的主要原因[8]。受经济下行的影响，自杀和吸毒的行为增多，再加上处方和非法阿片类药物①泛滥，自2014年开始，美国的平均预期寿命下降了3岁[9]。

---

① 临床上常用的镇痛剂，多用于缓解癌症晚期引起的疼痛，但长期应用有依赖性和副作用。——译者注

抽烟、酗酒和不良饮食习惯也导致了癌症和糖尿病等一系列非传染性疾病的肆虐，这也是美国平均预期寿命下降的重要原因。

再举一例，2010年英国为应对大衰退而实施的紧缩政策影响了该国的寿命延长计划。在自己的开创性研究论文《公平社会，健康生活：马莫特评论》中，迈克尔·马莫特爵士（Sir Michael Marmot）和他的研究团队发现：英国政府严格削减了在社会福利和医疗保健项目上的财政投入，此举在多个方面都加剧了英国的贫富差距，包括寿命长短的差距[10]。

《马莫特评论》进一步指出，紧缩政策致使一种新的趋势出现，更多的人将在健康状况不佳的情况下生活更长的时间。而颇具讽刺意味的是，这最终会让政府再掏出更多的钱进行补救。紧缩政策不仅让英国100多年来不断提高的平均预期寿命停滞不前，还会让低收入群体的平均预期寿命下降，这也许会推迟英国进入超龄时代的时间。该报告在评估中明确指出：英国最贫穷地区的平均预期寿命已出现停滞，在贫穷榜单前10%的地区，女性的平均预期寿命还出现了下降趋势[11]。

我们在争取健康地多活20年甚至30年的过程中，也必须做好面对挫折的准备。虽然科学家对衰老机制的理解取得了突破，人类目前可能会突破寿命的上限，但我们必须做好失望的准备。虽然我们最终将突破寿命的上限，但这一进程并非总是一帆风顺，时不时会因糟糕的个人决策和公共政策而受阻——当然，全球性流行病也会阻碍这一进程。

疾病管理

第一次工业革命（1760—1840）和第二次工业革命（1860—1920）时期，对科学的重视为细菌理论的提出奠定了基础，我们制定了更高的饮用水和卫生标准，食物与水的生产及消费、废物处理等生活方式都因此发生了改变。匈牙利医生伊格纳茨·塞梅尔韦斯（Ignaz Semmelweis）在1847年发现了洗手的积极作用，但这遭到了人们的嘲笑。更具有讽刺意味的是，他因手上的伤口感染于1865年死于败血症，年仅47岁[12]。所有这些科学突破让我们开始踏上了通往长寿的道路。

政府也开始在保护人民的生命和保障社会福利方面发挥出了更大的作用。保护劳动者，尤其是禁用童工政策，全球已造成共识。各国政府开始提供清洁用水，积极处理污水和生活垃圾。也是在这个时期，各国政府开始为食品的生产、供应和质保制定了标准。我们或许可以说，这些措施是针对重大事件抑或是对厄普顿·辛克莱尔（Upton Sinclair）的小说《丛林》的回应。但不管怎么说，这些措施对提高人类的生活质量和延长寿命都产生了积极效果。

正是在这一时期，科学家们开始改进爱德华·詹纳（Edward Jenner）的天花疫苗，路易斯·巴斯德（Louis Pasteur）研制出了第一支狂犬病疫苗。这也是细菌学发展的黎明,巴氏灭菌法已得到广泛运用,即用加热的方式来消除水和某些包装或非包装食品里面的病原体,以达到延长食品保质期的目的。科学家们开始研发抗毒素和疫苗,用以防治炭疽热、霍乱、白喉、鼠疫、破伤风、结核病和伤寒等疾病,这些措施都迅速提高了婴幼儿的存活率,大大增加了他们长大成人的概率。

全球在第一次世界大战后经历了人类史上最大的流行病之一:由H1N1病毒引起的西班牙流感。西班牙流感可能起源于美国,根据美国疾病预防与控制中心的数据,全球估计有5000万人死于西班牙流感,其中包括67.5万美国人[13]。

从各方面看,当时的西班牙流感都是一场极具破坏性的瘟疫,其严重程度远超2020年暴发的新冠肺炎。二者的主要区别是:新冠肺炎对老龄人的影响最大,而西班牙流感对年轻人的影响最大。事实上,因西班牙流感而死亡的人中,有99%是65岁以下的人。与此相比,因新冠肺炎而死亡的人中,有80%是65岁以上的老龄人。

这两次疫情都迫使我们去反思对待疾病的态度以及最好的应对之策。与今天一样,在西班牙流感的暴发期间,除了一般性指导方针之外,美国没有形成各方协作的国家反应机制。在当前的新冠肺炎疫情中,虽然欧盟和世界卫生组织这样的机构让我们看到了不少应对疫情的跨国措施,但在大多数情况下,在和病毒斗争时,各个国家还是各自为营。今天,除了建议民众接种疫苗外，应对病毒最有效的办法是遵从美国标准局前有机化学主任C.E. 沃特斯（C. E. Waters）于1918年写的小诗《流感规则》中提到的建议：勤洗手，戴口罩，不聚集[14]。

根据多伦多瑞尔森大学室内设计学院劳埃德·阿尔忒（Lloyd Alter）教授的说法，我们对疾病的反应以及对卫生安全的思想也体现于现代的建筑设计中。2020年，他告诉我："现代的房屋风格也是基于细菌理论而设计的，光照、通风和宽敞是核心的设计原则。"我们今天所熟悉的浴室和排污系统就是根据病菌理论的指导思想而设计、开发的。

伊丽莎白·尤科（Elizabeth Yuko）于2020年在彭博城市实验室发表了一篇《传染病是如何影响美国浴室设计的》的文章，她在文中解释说，"现代浴室是随着结核病、霍乱和流感的暴发而发展起来的，之所以会有现在的标准装置、墙面、地板和饰面，部分原因是为了在公共卫生问题普遍存在的时代，能在家里保持良好的卫生状况"[15]这些"家里"的创新设施在降低死亡率和延长寿命方面厥功至伟。

新冠肺炎疫情结束后，我预计，我们会在生活、工作以及娱乐场所看到一些变化。手部消毒处（无论是配有肥皂和清水的洗手池，还是装有免洗杀菌洗手液的瓶子）将成为大多数家庭和企业门口的标配。我们和建筑商最终会接受日式马桶，因为它可以自行消毒，并在冲水前自动合上盖子。企业可能会要求员工及来访人员进门时测体温，以创造一个更加干净卫生的工作环境。第四种改变也许开销最高，耗时也最长——所有企业在其工作场所安装负压风机，这样便可定时从外界换入新鲜空气，从而降低通过空气传播疾病的风险。所有这些干预措施就像西班牙流感结束后几十年中采取的那些措施一样，都可以降低传染病的感染率，从而降低死亡人数，提高人口的平均预期寿命。

在西班牙流感结束后的几十年里，尤其是20世纪中期，人类在疫苗研发上取得了重大进展。借由实验室先进的培育病毒的方法，许多新发现和新发明相继诞生，其中包括1955年研制成功的脊髓灰质炎疫苗——匹兹堡大学乔纳斯·索尔克（Jonas Salk）研发的该疫苗在美国推广应用后大获成功，随着时间的推移，几乎消灭了脊髓灰质炎这种疾病。不过，在世界上一些比较贫穷的国家，如巴基斯坦、阿富汗和尼日利亚，脊髓灰质炎的病例依然存在。科学家们还对麻疹之类的常见儿童疾病进行了研究，并于20世纪60年代末研发出了麻疹疫苗，1967年研发出了腮腺炎疫苗，1969年研发出了风疹疫苗，1971年还研发出了麻疹、腮腺炎、风疹三合一疫苗（MMR）。所有这些疫苗都能让更多的儿童健康地长大成人，从而提高人类的平均预期寿命。

这一时期，器官移植技术也取得了突飞猛进的发展，对于提高人类平均预期寿命而言功不可没。1954年，位于马萨诸塞州波士顿的彼得·本特·布利格汉姆医院（即现在的布里格姆妇女医院）完成了首例人与人之间（同卵双胞胎之间）的肾脏移植手术；随后的1966年，威廉·凯利（William Kelly）和理查德·利勒海（Richard Lillehei）在明尼苏达大学完成了首例胰腺移植手术；1967 年，托马斯·斯塔兹尔（Thomas Starzl）在匹兹堡大学完成了首例肝脏移植手术；1967 年，第一例心脏移植手术也取得成果，由克里斯蒂安·巴纳德（Christiaan Barnard）在南非开普敦的格罗特舒尔医院完成。据美国卫生与公众服务部（US Department of Health and Human Services）[16] 报告，2019 年全年，美国完成了惊人的 39,718 例器官移植手术[17]。从表面上看，这些病人可能都不像是能长寿的人，但无论从短期还是长期来看，被挽救的每一条生命都有助于延长整体的平均预期寿命。

洁净的水，吃饱的胃

20 世纪 60 年代末，美国通过了大量法案，旨在通过减少有害气体污染和清理数百条河流来改善环境。为此，联邦政府还授权成立了一个永久性机构——美国国家环境保护局，并于 1970 年起开展环保督察工作。欧洲和亚洲的经济合作与发展组织（OECD）成员国也开展了类似的行动——显然，这一切都有助于提高全球人口的健康水平和平均预期寿命。

1900 年，美国开展了第一次 65 岁及以上人口的数据统计工作，结果显示，该年龄段的人数只占当年美国总人口的 4.1%，刚过 300 万人；到 1950 年，这一比例为 8%；到 2000 年，这一比例为 12.4%；2020 年，美国 65 岁及以上的人数已占到了总人口的 16.9%，约为 5600 万人[18]；到 2050 年，这一比例将攀升至 22%，超过 9600 万人。这意味着，到 2040 年前后，即美国刚进入超龄时代不久，65 岁及以上的人口数量将超过 100 多年前美国的全部人口数量。

1900 年，美国 30% 的死亡人口是 5 岁以下的儿童，而到了 20 世纪末，这一比例降到了 1.4%[19]。自 20 世纪 50 年代，联合国儿童死亡率估计跨机构小组开始收集数据以来，全球 5 岁以下儿童的死亡率总体也呈下降趋势。事实上，自 1990 年以来，全球 5 岁以下儿童的死亡率已下降了近三分之二[20]。根据世界粮食计划署的数据，儿童死亡率从 1990 年每千名儿童中 93 例下降到了 2018 年的 39 例[21]——也就是说，在 1990 年，每 11 个儿童中就有 1 个会在 5 岁前死亡，而到了 2018 年，每 26 个儿童中只有 1 个会在 5 岁前死亡。

脚下即未来

科学家们一旦解决了婴幼儿死亡的问题，就会开始关注生命的另一端，希望通过研究复杂的 DNA 结构以及其他分子生物力学①问题，达到延长人类寿命的目的。当然，这并不能明确

---

① 研究生物大分子的力学行为及其相互作用与耦合规律的学科。包括单分子力学性质（如 DNA 构象、蛋白质折叠）、分子间特异性相互作用（如受体—配体、抗原—抗体）、蛋白质组装动力学与蛋白质机器、分子力学—化学耦合、力学—电学耦合等。——译者注

证实，我们可以征服衰老本身（这种想法在主流科学界仍存在一定争议），而是在说，我们可以借助研究人员开发的新药物和新疗法来治疗心脏病和糖尿病等老年病。这样的研究得到了亿万富翁和风险投资公司的资助，他们相信这样的投资会为自己带来可观的回报。

人们普遍认为，衰老会导致我们患上许多疾病，尤其是慢性、非传染性疾病。根据美国老龄理事会的统计数据，大约80%的美国老龄人患有至少一种慢性病，将近70%的老龄人患有至少两种慢性病，最常见的有高血压、关节炎和糖尿病。兰德公司2017年的一项研究报告结果令人震惊："在目前所有的美国成年人中，60%的人患有至少一种慢性病，而42%的人患有一种以上的慢性病。"[22]

随着卫生设施的改善和科学技术的进步，传染性疾病必将被人类征服，比如天花就在1980年被彻底消灭。在不断步入老龄化社会的过程中，传染性疾病流行的概率也将越来越低，而非传染性疾病将逐步成为威胁健康的主要疾病，我们也需要调用更多的社会资源加以应对。据米尔肯研究所（Milken Institute）2018年的一份报告显示，美国用于治疗七大非传染性疾病的费用以及对所有年龄段因这些疾病而失去劳动能力的人的财政补贴每年高达近1万亿美元[23]。不过，2020年暴发的新冠肺炎疫情是一个例外，美国为此花费了数万亿美元，经济也因此开始衰退。

作为个人，为了活得更健康长寿，我们其实可以做很多事情。例如，丹·布特纳（Dan Buettner）在其2008年出版的开山之作《蓝色区域：长寿之人的长寿经验》中，试图向我们解释：为什么生活在世界的某些地区（如日本的冲绳、意大利的撒丁岛、哥斯达黎加的尼科亚）的人特别长寿且很少患病。他发现，生活在这些地区的人们拥有某些共性：社区居民彼此联系紧密，大多数人勤快且思维活跃，主要食用本地出产的健康食品。老龄人总是在想方设法与其所在社区的社会和经济组织保持密切联系，积极参与各项事务和活动。

今天，医生和公共卫生官员都会建议我们好好吃饭、坚持运动，还告诫我们不要过度饮酒和吸烟。然而，越来越多的证据表明：良好的社交关系在延年益寿方面也发挥着巨大的作用。杨百翰大学于2015年做的一项研究表明：事实上，社交隔离增加的健康风险与每天抽15支烟或过度饮酒带来的风险一样大[24]。我们与家人和朋友保持联系并融入我们所在的社区，有助于延年益寿，更重要的是，可以保持常年健康的生活。

在科学不断取得突破的今天，如果我们贯彻健康的行为习惯，保持良好的社交关系，那么我们的生命能延长多少年呢？少数非常乐观的人认为可能会延长几十年，但大多数人认为可能只会有小幅度的延长。那么生命究竟会在何时得到延长呢？是10年以后，还是20年或50年以后？如果按照目前的趋势，衰老被视为一种疾病，情况又会如何呢？据联合国估计，即使科学不再有突破性进展，22世纪发达国家的人口平均预期寿命仍可接近100岁；发展中国家的人口平均预期寿命也可接近90岁。

将衰老当作疾病

两种基本得到公认的生物学理论就衰老或细胞老化的原因进行了解释。第一种为"程序化理论"，该理论认为每个生物体内都存在"衰老时钟"，可在特定时间关闭某些功能的生物过程。第二种为"损伤理论"或"错误理论"，该理论认为随着时间的推移，细胞和组织会受到损伤[25]。两种理论都告诉我们：我们的年龄越大，就越不可能抵御各种疾病和身体衰退带来的负面影响。衰老也会给我们的身体带来变化，比如，头发变白和皮肤起皱。

健健康康活到100岁不仅仅是一个崇高的目标，还可以为解决其他更为紧迫的问题腾出资源来。如果我们不这样做，正如《返老还童：长寿时代的投资》（*Juvenescence: Investing in the Age of Longevity*）一书的合著者，几十家抗衰老公司的投资者吉姆·梅隆（Jim Mellon）在2020年跟我说过的话一样："我们可能会支付不起维持长寿的巨额成本。"但健健康康活到100岁意味着我们需要改变对老年的刻板印象。

吉姆·梅隆的观点是：到目前为止甚至不远的将来，关于长寿的许多研究将取得一定的成果,但大部分成果在进入人体试验之前就会遭遇失败。用他的话说就是:"有很多疾病可以在细胞层面或者小鼠之类的动物身上得到治愈。然而,我们的方案并没有考虑衰老的问题。我们还需要在现实生活中对这些假说进行更多验证。"

1993年,关于长寿的研究有了首个重大的实验室发现,加利福尼亚大学旧金山分校的分子生物学家和生物老年学家辛西娅·凯尼恩(Cynthia Kenyon)发现:单个基因的突变就可使健康可育的蛔虫的寿命延长一倍。她的研究发现还表明:衰老可以得到一定程度的控制。当然,如果将这一研究发现应用于延长人类的寿命,就会带来一个伦理问题,即谁应该优先获得大幅延长自己寿命的机会,这种创新是否就应该留给富人享用。

凯尼恩的发现将我们带入了未来历史学家定义为"长寿淘金热"时期,在该时期,大量的资金将投入到长寿的科学研究中,不断推动该领域的创新发展,进而有可能延长人类寿命,最终改变人类的生活方式。她的研究发现激励了一大批科学家继续探索,包括《寿命:为什么我们会衰老——为什么我们又不必衰老》(*Lifespan: Why We Age—and Why We Dont Have To*)的作者大卫·辛克莱尔(David Sinclair)。辛克莱尔在麻省理工学院做博士后研究时首次发现了导致酵母衰老的机制。他的研究表明:人体中一组名为去乙酰化酶的蛋白质的

"功能失调"会导致衰老。尽管他的研究结果令人激动,但该理论尚需进一步证实。

作为一家向种子和A轮风险公司投资的公司,长寿基金公司已向长寿科学研究领域投资了3700万美元。该公司的合伙人劳拉·戴明(Laura Deming)也受到了凯尼恩研究发现和"衰老不公平"现象(即目前大多数人还是在身体条件每况愈下中自然老去)的启发。她认为:就像人类第一次进入外太空一样,长寿科学研究也需要一个能激励我们在临床上取得成功的案例。如果成功的话,这将是人类历史上重大的开创性事件,因为到那时每个普通人都会意识到,我们可以用切实可行的方式来延长自己的寿命。

到了发展中期,即我们有生之年的某个时间段,我们可能会见证基本理论研究和临床干预将开始以真真切切的方式小幅延长人类的寿命。当然,我们也会面对一些伦理方面的问题,比如,我们是否应该在子宫内进行DNA测序。

大多数长寿专家认为,未来的几年将见证重大的飞跃。2019年,该研究领域的先驱之一尼尔·巴兹莱(Nir Barzilai)开启了以抗衰老为明确目标的临床试验,并因发现了人类第一个"长寿基因"而广受关注。他的研究证实:导致高密度脂蛋白升高或"有益"胆固醇水平升高的基因变体与健康变老和超长寿命关系密切。

巴兹莱的最新项目"二甲双胍抗衰老(TAME)"很有可能

从根本上改变我们衰老的方式。与追寻"青春之泉"不同,该项目没有承诺能让时光倒流,人们能够永葆青春。这个项目的药物治疗法是通过延迟或防止老年性疾病的发生来改变个人的衰老方式。人们虽无法返老还童,却可能过上更健康长寿的生活,这对整个社会来说都意义重大。

2020年,另一个颇具应用前景的器官再生项目也进入了临床试验阶段。该项目由专注于器官再生的生物技术公司LyGenesis负责实施,这也是隶属于匹兹堡大学创新研究所的一个项目,旨在开发利用淋巴结的功能。淋巴结是人体必不可少的生物反应器,在抵御疾病和组织复制方面发挥着极其重要的作用——我们人体大约有500个至600个淋巴结。

LyGenesis利用再生生物学方法,重新培育组织和变异器官,以达到延长生命的目的。LyGenesis的科学家们在对小鼠和猪的试验中取得了成功。他们的第一个临床试验将尝试在人类淋巴结中培育健康的肝细胞,最终的目标是培育出移植排斥风险极低(甚至为零)的人类肝脏,或者将其作为一种过渡性疗法,让病人在等待合适的人体器官的过程中能维持他们的生命。

当我问LyGenesis联合创始人兼首席执行官迈克尔·赫福德(Michael Hufford)第一次临床试验之后的前景时,他回答说:"我们人类之所以可以在地球上生存,是因为我们天生就具有一些抗感染的能力。淋巴结是遍布于我们全身的小工厂，可以为我们再生出其他可以抵抗疾病的器官，比如，可以生产 T 细胞的胸腺。"再生的胸腺可以很好地帮助老龄人抵抗像新冠肺炎这样的新型病毒，当然，也可以帮助他们抵御常见的疾病，如流感和肺炎——要知道流感和肺炎导致的死亡病例中约 78% 是 65 岁及以上的老龄人。

过上更健康长寿的生活意味着人们花在生病上的时间和金钱都会减少，他们将拥有更多健康的生活和时间去参与经济活动。这一转变必然会降低国家在医疗保障方面的支出，对提高国内生产总值有所助益。而在患病人数较多，需要较多人力照顾的情况下，社会的生产力水平便会下降，这样的情况几乎已经成为所有国家的难题。尽管病人在医疗保健方面的消费会创造一定的经济机会，但社会整体生产力水平也会因人力资源减少而降低，最终导致国内生产总值下降。在老龄人比例较高的国家，情况更是如此。

我们的目标不再仅仅是延长平均预期寿命，而是要缩小健康状态下生活与非健康状态下生活时长的差值。平均预期寿命只是对人们可能活多少年的估计，而健康的平均预期寿命则是对他们在健康状态下可能活多少年的估计。从全球范围来看，这两个衡量标准之间的差距一直在扩大——目前是 8 年。如果再考虑到社会经济条件的话，那么这一差距就更大了——而穷人的情况总是最糟糕的。

让我们忧心忡忡的一个事实在于，新型疗法和医疗干预可能非常昂贵，可能只有社会上最富有的人才可以享受，至少患病群体会产生这样的担忧。人们认为，那些不太走运的人不会得到公平的分配。这可能意味着，本来就比穷人健康长寿的富人还有可能进一步地延长他们的寿命。

吉姆·梅隆等投资者坚称，如果长寿研究的目的只是为了延长少数几个亿万富翁的寿命，那么他们就不会参与了，他们也无意去滋生这种不平等的现象。他们认为：如果我们能够治愈衰老，那么我们就能治愈癌症、心脏病以及其他所有相关的疾病，从而为社会节省数万亿美元的医疗费用。从本质上讲，这是一件人人受益的好事。

劳拉·戴明进一步对老龄人、长寿未来以及长寿基金的目标做了坦率的评估："我们想延长你生命中状况最佳的那段时期。我们想增加个人为社会奉献的时长。"[26]这种态度对于超龄时代而言至关重要。戴明认为，长寿科学研究是与老龄歧视做斗争的最佳方式："我们看到物理疗法和美容用品对人的内在心情和外在仪容均有改观。"也许目前阻碍我们将事业推进下去的因素有二：其一，缺乏一批务实高效的优秀创业者；其二，我们还不愿接受今天的人口平均年龄比以往任何时代都要高的现实。

第二部分

人口反乌托邦社会

| 5 |

感知与现实

　　谈到超龄时代的老年和退休生活时,人们脑子里通常会出现两种截然相反的场景。场景一:一对生活富足、穿着考究、身轻体健的夫妇在高尔夫俱乐部打完球后,又与同样富足的朋友们到露台上小酌;场景二:一个流落街头的女人正弯腰从垃圾筒里翻找可以回收的瓶瓶罐罐,或者别人没吃完就扔掉的三明治。不可否认,现实中这两种老年生活状态确实都存在,但都属于极端的情况。这两种极端的情况不仅会妨碍我们认识老龄人口的多样性,还会妨碍我们对超龄时代做出正确的预判。

　　对于任何希望从事与老龄人相关工作的人来说,抛开先入为主的偏见和不切实际的想法都是一种至关重要的能力。《黄金女郎》和《考斯比一家》(*The Cosby Show*)等热播电视剧以及《十六支蜡烛》(*Sixteen Candles*)、《疯狂圣诞假期》(*National Lampoon's Christmas Vacation*)和《茧》(*Cocoon*)等高票房电影中所描绘的老年生活一直在误导我们,现实的老年生活并非如此。从历史上看,安逸的退休生活对大多数人而言都是可望而不可即的。当然,也有人主动拒绝过那种生活。每个人的生活经历都不可能一模一样,晚年生活尤其如此,过去是如此,现在仍然如此,所以,我们对老龄人退休生活的各种偏见根本就站不住脚。我们总认为退休的老龄人一定经济宽裕,这种观念一经形成,又随时间推移在家庭、媒体和职场等场合中不断得到强化,偏见由此产生,而我们通常对此毫不自知。

在社会中,这种偏见早已根深蒂固。如果在谷歌上输入"退休"一词进行搜索,屏幕上马上会出现许多富人(大多数为成双成对的白人夫妻)的微笑,他们很有可能不是在佛罗里达就是在地中海沿岸悠闲地度假——当然这些都是假想的场景,也许杜撰自20世纪中叶纽约麦迪逊大道的会议室中。正如《广告狂人》(*Mad Men*)[①]中的唐·德雷珀(Don Draper)所做的一样,该设计在过去的几十年里不停地被再加工和再销售。因此,现在一谈到退休生活,我们就会想到这样的场景。然而,我们如果认为退休生活就只有这种模式的话,就会错过长寿以及超龄时代带给我们的真正机会。

和所有的事情一样,早在《广告狂人》描绘的那番场景之前,舒适且充满活力的退休生活概念就已经形成于人们脑海中

---

① 美国AMC电视台于2007年推出的关于美国广告界的一部电视剧,讲述的是20世纪60年代广告业黄金时期残酷的商业竞争。——译者注

了。在美国，最早的退休生活概念可以追溯至20世纪20年代，当时，兄弟会、工会和一些宗教团体在全国各地建起了一些社区，目的是为老龄成员提供舒适便捷的生活环境。这也是对源于17世纪的救济院、疗养院和护理院等机构性养老模式的一种有益补充。

直到20世纪中叶，少数富有创新精神的人才意识到，和青少年群体一样，退休人员这一全新群体必将在社会中占据特殊地位，因此也向他们宣传这样一种观念：人人都可轻松享受退休生活。事实上，目前所有在职的美国人中，仍有57%（几乎创下了历史新高）的人认为：自己退休后将获得充足的收入，可以过上舒适的生活。他们之所以这么乐观，是因为目前的老龄人可以领取到丰厚的国家养老金和企业养老金，拥有比前几代的老龄人多得多的可支配性财富。而且他们还有大量可支配的时间，其中大部分人要么是因为政府采取强制退休措施而离开了工作岗位，要么是因为企业为节约成本而被裁员。

与开发年轻人市场一样，一批市场嗅觉敏锐的人认为这一新出现的有钱有闲的群体可以为他们带来商机。于是，他们为老龄人描绘了一幅理想的退休生活画卷：可以不用再工作，不必担心失去经济或医疗保障、可以在休闲娱乐中度日，可以追求他们喜欢干的事情——他们塑造了现代退休人员的生活模式。

退休行业缔造者

我们目前关于退休和老年生活基本理念的形成，主要受到三位退休行业缔造者的影响，他们分别是：埃塞尔·珀西·安德鲁斯（Ethel Percy Andrus）、罗纳德·戴维斯（Leonard Davis）和德尔伯特"德尔"·尤金·韦伯（Delbert "Del" Eugene Webb）。安德鲁斯是全国退休教师协会（NRTA）的创始人兼执行董事，也是美国退休人员协会（AARP）的共同创始人兼执行董事；戴维斯是美国退休人员协会（AARP）的共同创始人兼执行董事，也是最早涉足为65岁以上老龄人提供保险服务的殖民潘人寿保险公司（Colonial Penn Group）的首席执行官；韦伯是位于亚利桑那州的"太阳城"的开发商——"太阳城"也是世界上第一个精心规划的退休社区。

1947年，退休教育工作者、曾担任过高中校长的安德鲁斯发起并成立了全国退休教师协会。据传，她有一次去拜访自己的导师时，发现导师生活困顿，居然住在一个简陋的窝棚里。就是在那一刻，她有了成立一个保护退休教师权益的组织的念头。她的导师当时因身体患病，不得不在救命药品、食物和房子中做出取舍，最终选择放弃自己的房子。无法接受这一现实的安德鲁斯后来成立了一个协会，主要目的是为老龄人争取权利，并促使政府制定像社会保障和医疗保险这样的大规模财政支出计划。

1955年，在寻找愿意为全国退休教师协会的老年会员承保的保险公司时，安德鲁斯遇到了当时在纽约波基普西（Poughkeepsie）担任保险经纪人的戴维斯。戴维斯不仅帮助安德鲁斯找到了一家总部位于芝加哥的保险公司为其会员承保，还在1958年出资5万美元作为种子资金①帮助她成立了美国退休人员协会[1]。

戴维斯后来还创建了殖民潘人寿保险公司，开始为65岁以上的老龄人提供保险服务。该公司后来发展成为美国最大的保险巨头之一，这与它很早就与美国退休人员协会关系密切并独家为其会员承保不无关系。后来，美国国税局（Internal Revenue Service）与个人达成协议（也称私人信件裁决）后，它们之间的合作关系才被打破。

美国退休人员协会成立后便开始向会员销售大量为其量身定制的产品和服务，这些产品和服务已超出了殖民潘人寿保险公司的业务范围。今天，该协会向会员提供的可享受折扣价的产品和服务有：旅游（航空、游轮、铁路、汽车租赁和酒店等）、邮购药品、信用卡业务、助听设备、手机、餐馆就餐券、电影票以及WW减肥中心（Weight Watchers）会员资格等等，这些基本上是退休人员最需要的东西。

美国退休人员协会还迎合时代潮流，通过自办杂志、通讯

---

① 也称种子资本，指在技术成果产业化前期就进行投入的资金。——译者注

简报和报纸等媒体向老龄人提供信息,其全美受众目前已达近3600万人。当然,这些媒体也会为其合作公司以及其他公司打广告,从而为协会创造更多的收入。

戴维斯坚信,自己可以从服务退休人员的事业中获利,结果证明他的预判是正确的。正是在他的坚定支持下,才有了今天如日中天的美国退休人员协会。但该协会如若不把销售产品及服务作为其商业模式中的核心业务,也就无法延续其成功和影响力。今天,美国退休人员协会的会员人数约为3800万,年营业收入接近18亿美元。由于非凡的商业能力和影响力,美国退休人员协会也被称为商业巨无霸。根据《福布斯》(*Forbes*)杂志的估计,保险推销员出身的戴维斯在1980年之前就已经积累了2.3亿美元的个人财富,换算成今天的财富值大约为7.5亿美元[2]。后来,他拿出部分财富投资建起了美国第一所老年学学院——南加州大学伦纳德·戴维斯老年学学院,并在该学院资助成立了埃塞尔·珀西·安德鲁斯老年学中心。

美国退休人员协会成立几年后,房地产开发商、纽约扬基棒球俱乐部的共同所有人韦伯有一天突发奇想,想要设计和建造一个专门面向退休人员的、可开展休闲娱乐活动的全新社区。1960年1月,德尔韦伯开发公司(DEVCO)在亚利桑那州建造了"太阳城",这也是世界上第一个精心规划的退休社区。公司原本计划在前三年内销售1700套住房,但不可思议的是，他们仅在第一年里就售出了2000套[3]！

韦伯开发的"太阳城"之所以大受欢迎，主要是因为当时的人们已经接受了舒适的、积极的退休生活理念。"太阳城"的成功引来众多开发商纷纷效仿，他们在美国南部的整个阳光地带开发了众多类似的社区，其中就包括佛罗里达的别墅区（Villages in Florida）。很快，韦伯的退休社区模式就传遍了全球。韦伯也因此声名大噪，并于1962年登上了《时代》杂志的封面，巩固了其作为在退休行业富有远见卓识及变革精神的领袖地位。

将老年退休生活等同于安逸舒适的生活是那些从老龄人身上不断获利的大型机构竭力主张的理念，但很显然，该理念是有问题的。事实上，能够享受安逸退休生活的老龄人越来越少，造成这种情况的主要原因如下：企业养老金在消失、国家养老金在缩减、个人银行储蓄在下降。但像美国退休人员协会这样的机构却仍在不遗余力地宣传老龄社会积极的一面，忽略了真正的现实情况。他们描绘出的是一幅超级美好的生活画面，但那只是大多数富裕者才有条件去选择的生活。

这些机构没有意识到，变老在世界上的有些地方并不是那么美好的事情，甚至从来都不是。他们也没有意识到，变老几乎会给所有的人带来身体上、情感上和精神上的挑战，富人也不例外。他们不愿承认，走向衰老和死亡就是生命的一部分——也许是因为大众也都不愿意接受这样的事实吧！

今天，随着政府不断削减退休福利，企业选择用成本较低的固定缴费养老金计划代替丰厚的固定收益养老金计划，人们并不一定都能过上舒适的退休生活。当前的职场人普遍认为：自己晚年的退休生活会是另一种情况，应该和社会福利计划实施前的 20 世纪的情况类似，即需要尽可能长时间地工作下去。

将承担退休收入的责任和风险从政府和公司转移回个人身上是超龄时代的一个标志性特征。"千禧一代"及再下一代的年轻人能够理解这样的现实，他们也许要比任何 40 岁以上的人都容易接受这一点。所以，虽然经常会遇到金融发展的逆风期，但他们仍在拼命工作，希望能够积攒足够多的财富，为以后舒适的退休生活做准备。近四分之三的"千禧一代"都在为自己的晚年生活积极储蓄，比"婴儿潮一代"的父辈们提早了整整 10 年。超过三分之一的"千禧一代"认为：他们可能会工作到 70 岁以上。

个人需承担更多的责任，这意味着我们越早应对社会和经济不平等现象越好。不平等现象会导致收入差距加大，而有计划的储蓄有助于在一定程度上缩小这一差距。要想创造一个更加公平的世界，我们就有必要了解一下历史上被边缘化的各个群体的生活经历，尤其是他们晚年的生活经历。

通往长寿过程中的不平等现象

大多数人晚年时期的社会地位与其出生时的社会地位往往不会有太大的差别,当然,也确实存在向上层社会跃迁并最终实现"美国梦"的机会。然而,在不平等的社会中,实现阶级跃迁则要困难得多,对那些历史上一直被边缘化的群体而言,更是难上加难。这些一直被边缘化的群体有:BIPOC(黑人、原住民、有色人种)、女性和LGBTQ+(女同性恋、男同性恋、双性恋、变性人以及其他既非双性恋又非异性恋的特殊群体)。现实情况是,如果一个人在生活中被贴上了贫穷和短寿的标签,那么他要想拥有舒适的退休生活简直就是天方夜谭,因为在长期系统化的种族、性别和性向偏见基础上形成的这种标签几乎无法根除。

然而,社会上关于老龄人的主流说法仍然是,他们是坐拥财富的人生赢家,所有的信息都在宣传:老龄人——尤其是老年白人,掌握着国家的财富,过着舒适的生活[4]。然而现实的情况却是,在55岁以上的人中,有29%的人根本就没有为退休生活储蓄一分钱,大多数人也只有很少的储蓄[5]。

"超过1500万65岁以上的美国人在经济上没有安全保障,收入水平处于联邦贫困线(FPL,2021年为25760美元)的200%以下。"[6]随着住房和医疗费用的上涨,他们的储蓄也在不断缩水、身体需要的营养得不到保证,再加上出行不便、社会帮扶力度降低、找工作困难，他们的生活日趋艰难。对他们来说，积攒足够的钱去享受舒适的退休生活已经变得越来越困难，甚至已成了遥不可及的事情。对于生活水平刚超过贫困线的老龄人来说，生活中只要发生一次重大变故，他们的未来就会由充满希望变为绝望。

新冠肺炎疫情给社会带来的冲击就完美地诠释了这一点：穷人——尤其是有色人种的穷人，大多在被认为是"最基本"的一线岗位和服务性部门工作，是这次疫情中高感染率和高死亡率的群体。他们有的是肉类加工工人、有的是杂货零售店员工、有的是餐馆和酒吧服务员，都属于近距离、高接触性工作场所人员。然而几乎可以肯定是，那些没有在上述高风险岗位工作的穷人也不会有太好的结果，因为很多公司受疫情影响而大幅缩小经营规模，甚至直接宣告倒闭，这样势必造成大批工人失业。结果，那些低收入的工人要么得冒着生命危险去工作，却只能拿最低工资或临时工资，要么就得接受被迫下岗的现实，然后在所谓的"K型"复苏[①]过程中，被抛到社会的最底层。

"K型复苏"这一术语被用来描述不同部门、行业和群体在经济复苏过程中的非平衡性发展趋势。像从事技术行业的人，在经济复苏过程中，其收入会表现出强劲的反弹，有些人的财

[①] 其特征是，有产者首先迎来复苏，而无产者却日益贫穷，贫富差距越来越大。——译者注

务状况甚至比经济衰退之前还要好。而像从事旅游行业的人，在经济复苏过程中，其收入则会远低于原先的水平，要恢复到原先的水平很难。比如，自疫情暴发以来，全美 630 位亿万富翁的财富实际增长了近 5 万亿美元；而与此同时，也有 4000 万人丢了工作。截至 2020 年 5 月，美国最富有的 400 人所拥有的财富相当于三分之二美国最贫穷家庭的财富总和[7]。

为了更好地说明这一点，我们来看一下我的第二故乡华盛顿特区的情况。在我撰写本书时，白人占据着大多数的工作岗位，其人口约占总人口的一半，但在新冠肺炎阳性病例中，白人只占到了 20% 左右。而约占人口总数一半的黑人大多在所谓的一线工作岗位上工作，他们感染新冠病毒的概率是白人的两倍多，而且在所有因感染新冠肺炎而死亡的病例中，黑人的占比超过了 74%。

那些一生都循规蹈矩、节衣缩食的人发现，在自己或家人感染新冠病毒后，或在经济下行情况下被解雇后，生活也被彻底打乱了。昂贵的医疗开销，再加上收入的断流，宛如一场剧烈的风暴，许多安安分分过日子的人脱离了正常的生活轨道。新冠肺炎这场前所未有的瘟疫给黑人、原住民和有色人种造成了更大的伤害——更糟的是，这种伤害还在继续。

造成目前悲剧的主要根源是：自 1619 年第一批黑人奴隶被运至弗吉尼亚州的詹姆斯敦（Jamestown）以来，美国黑人就一直遭受系统性的不平等待遇。由此产生了种族隔离，黑人的公民权也被剥夺,因此从概率上讲,黑人更有可能去从事那些"基本工作",拿着不超过国家规定的最低工资水平的薪水,住在不达标的、需要政府补贴的集体住宅中,而且这些住宅往往位于所谓的"食物沙漠"地区——即在这些地区很难见到能买得起的、富含营养的食物。黑人男子与同年龄的白人男子相比,更有可能遭遇监禁的命运,他们每服刑一年,平均预期寿命就会减少两年。所有这些都导致了黑人在年轻时的死亡率高于同龄白人的死亡率,二者之间的寿命差距(不同群体之间平均预期寿命的差值)也在不断扩大。

黑人所遭遇的种种不平等待遇已达到了无以复加的程度,这不仅造成了种族间平均预期寿命上的不平等,还拖累了美国的整体平均预期寿命,最终还有可能对美国的经济增长产生巨大的负面影响。贫穷的白人和拉丁裔群体也面临着与黑人同样的命运。斯坦福大学的哈吉·柴提(Raj Chetty)利用大数据技术对不平等现象进行研究后发现:美国目前的寿命差距为 20 岁,达到了自 19 世纪 70 年代以来的最高值。1980 年至 2014 年间,美国有 11.5% 的县出现了 25 岁至 45 岁居民死亡风险增高的情况,将来还会有更多的县出现这种情况[8]。

在前人所做的关于美国人寿命差距的研究中,从未发现过接近 20 岁的差距,寿命差距如此之大的原因可能是经济、政治等各种不稳定的因素。研究所得的寿命差距结果是基于所有美国人的平均预期寿命计算出来的。如果只考虑极端情况的话，所得结果可能会更糟，这也进一步否定了过舒适退休生活的愿景。只有少数人才能享受到舒适的退休生活，大多数人只是拥有退休生活而已。个人寿命的缩短，尤其是有色人种寿命的缩短，可能会对美国的经济增长带来灾难性的影响。各种人口变化迹象均表明：到2045年，也就是进入超龄时代大约15年后，美国将成为一个少数族裔人口占多数的国家。种族不平等的指数级式发展可能会使问题更为严重，到时候更多的人将无法享受到舒适的晚年生活。

这不是美国独有的现象，不同的国家之间，不同的市镇之间，甚至存在着更大的平均预期寿命差距。例如，世界上平均预期寿命最低的国家是乍得，仅为50.6岁，而平均预期寿命最高的国家是摩纳哥，高达89.4岁，两者相差38.8岁；在美国，平均预期寿命最低的地区是俄克拉荷马州的斯蒂尔维尔（Stilwell），为56.3岁，而平均预期寿命最高的是北卡罗来纳州的费林顿村（Fearrington Village），高达97.5岁，两者相差41.2岁。从这两个例子我们可以看出，最短寿命与最长寿命竟然能相差两代人，这足以说明不平等现象对社会，尤其是对经济会造成多么严重的影响。

上述的寿命差距意味着，费林顿村的人民在世上生存的时间更长，有更多的机会去创造财富，尤其在事业黄金期（女性为34岁至54岁，男性为45岁至64岁）可以创造出更多财富，最终还能将这些财富传给他们的后代。更长的生命年限还意味着有更多的人可以为家庭和社区做出更多的贡献，比如，看护儿童和参与志愿服务。费尔林顿村的人民将越来越富有、越来越长寿，而斯蒂尔维尔的人民将继续贫穷下去，寿命仍然不会太长。

纽约大学医学院人口健康系的研究人员基于城市健康仪表板（City Health Dashboard）这一应用软件提供的数据发现：在美国的同一座城市内也可以看到不平等现象造成的巨大的寿命差距。根据他们在 2019 年发布的分析报告，在芝加哥，最富裕的白人社区和最贫穷的黑人社区的平均预期寿命最大差距为 30.1 岁；华盛顿特区和纽约市的情况也好不到哪里去，最大平均预期寿命差距分别为 27.5 岁和 27.4 岁[9]——众所周知，这几个城市也是全美国种族歧视程度最高的城市。

上述平均预期寿命的差异在很大程度上是非传染性疾病激增造成的，比如会影响所有种族与性别的糖尿病和药物滥用。然而，越来越多的证据表明：平均预期寿命也会受到经济地位与经济机会的影响，即通常所说的健康的社会决定因素。健康的社会决定因素指的是人们在出生、成长、生活、工作和衰老的过程中的各种环境条件，往往会呈现出一定的系统性特征，主要包括：社会经济地位、教育水平、社区邻里、物理环境、就业环境、社会支持网络以及医疗服务便捷度等因素。

由于种族原因而得不到平等机会的问题由来已久，且有日趋严重的倾向，这注定会极大地影响到老龄人的健康状况和经济状况。众所周知：长寿与财富密切相关，而财富又与能否获得医疗保健服务并保持健康的状态密切相关，而能否获得医疗保健服务并保持健康的状态又与种族情况密切相关。和美国国内平均预期寿命最低的地区一样，世界上其他最低预期寿命的国家几乎都是一些一直居住着边缘化的群体的地方。居住在乍得的几乎全是非洲人，居住在斯蒂尔维尔的几乎全是美洲原住民，他们的生活都异常贫穷；而在摩纳哥和费林顿村定居的几乎全是白人，他们的生活非常富足。

这种差距让穷人，尤其是黑人、原住民、有色人种的穷人群体越来越没有竞争优势。他们有可能在大好的年龄早逝，丧失赚钱的黄金期，从而无法积累更多的财富留给自己的后代。也正是这一原因，能够享受20世纪中叶由安德鲁斯、戴维斯和韦伯构想出来的积极而舒适的退休生活的那些老龄人，与那些享受不起这种生活的老龄人之间的差距会越来越大。

性别与性向歧视

性别也是影响寿命长短的重要因素之一，在世界上不同的国家和地区，女性几乎总是比同一地区的男性能多活6年至8年。在美国，亚裔女性最长寿。在少数国家，比如俄罗斯，女性甚至可以比男性多活10年[10]。这种性别上的寿命差距大约从100年前开始慢慢扩大，到今天仍在继续，尽管有研究预测,在某些国家这一差距将缩小,因为那里的男性正在改变自身的某些行为,比如减少吸烟量和饮酒量、改善饮食结构、加大运动量等等。

从表面上看,拥有较长的寿命对女性来说是件好事,但事实上并非如此,这是因为我们基本上还生活在一个父权社会里,还没有彻底抛弃长期固有的性别歧视。具体来说,女性虽然也有工作,但不稳定,收入也几乎总是低于男性;工作之外,她们除了要做家务(做饭、打扫卫生等),还要担负起几乎所有抚养孩子和赡养父母的责任。尽管许多发达国家一直在努力缩小女性与男性的工资差距,但这个差距仍然客观存在,长期来看可能会严重影响到许多女性的经济收入。

在美国等国家,全职家庭主妇将遭受双重惩罚:她们不仅在一生中都无法获得财务自由,而且老年时的财务安全也完全依赖于自身婚姻状况以及丈夫的经济状况——社会体系就是这样运作的。事实证明,女性依靠自己丈夫的收入过退休生活是极糟糕的选择。

即便是美国退休体系中的安全网——社会保障制度也充满了性别歧视政策,这些歧视性政策到底是否有意而为值得探讨。社会保障制度是20世纪30年代由大多数白人男性立法者制定的,于1935年正式实施的社会保障法只对工人提供保障,而工人又几乎全都是男性。直到1939年的修正案才增加了对女性提供保障的条文。制定这样的社会保障制度主要是基于当时美国的传统家庭模式，即男性是养家糊口的人，或主要收入者，女性为家庭主妇。因此，法律规定女性至少要在结婚10年后才有资格享有配偶的福利，而与离婚和死亡有关的各种福利计算规则就连最老练的保险精算师也很难一下弄明白。

今天，在美国，虽然女性不必再依靠男性才能获得有保障的退休生活，但她们所获得的平均社会保障也只是男性的80%。这是因为女性的收入仍然低于男性：男性每挣1美元，女性只能挣82美分。因此，虽然社会保障机构声称其制定的规则是性别平等的，但从本质上讲仍然带着性别歧视的味道。

总而言之，无论是异性恋还是同性恋的女性都会比过去寿命更长，但她们占有的经济资源却相对较少，晚年生活可能会在经济保障方面存有较大的风险。在美国这样的国家，这就意味着女性将占到所有贫困老龄人口的近三分之二，而在所有65岁以上的女性中贫困者将占到16%。而黑人、原住民和有色人种的老龄女性贫困概率是白人老龄女性贫困概率的两倍不止。在美国，有将近一半的双性恋和跨性别老龄女性收入水平处于联邦贫困线200%以下[11]。这一统计数据确实令人不安，这意味着就收入保障而言，老龄女性是最容易受到打击的群体。如果再将生活区域（是农村还是城市）因素考虑在内的话，差异会变得更加明显。在性向少数人群体中，白人男同性恋群体的经济水平最好，甚至优于异性恋白人男性的水平。

如果一位女性在生活中同时遭遇了种族和性别歧视，那么她与其他人的经济差异就会更加明显。根据美国妇女法律中心的数据，在新冠肺炎疫情暴发之前，同样的工作，美国白人男性赚 1 美元，黑人女性只能赚 62 美分[12]。这意味着，黑人女性平均每年要多工作 8 个月才能赶上白人男性的收入水平，但这几乎是不可能做到的，她们在 2020 年的经济衰退期受到的打击尤为严重。将这些工时收入差以 40 年的工作时间计算的话，总差距将高达 941600 美元[13]，而这还是根据疫情暴发前的情况测算出来的——要知道，新冠肺炎疫情让许多低收入者都失去了工作。

严峻的退休前景

今天，美国生活在贫困线及以下水平的老龄女性多达 461.84 万人，这一数字与爱尔兰全国人口总数相差无几。从目前的人口增长态势看，美国在 2030 年进入超龄时代后预计会有约 7310 万名老龄人。如果美国人还维持现状，不采取任何措施去解决老龄人晚年收入无保障这一系统性问题的话，那么到 2030 年，美国生活在贫困线及以下水平的老龄女性人口将增加近两倍，达到约 1169.6 万人[14]，而生活在贫困线及以下水平的老年男性也将达到约 872.2 万人[15]。

因失业或未充分就业，大量人员将生活在贫困线及以下水平,这对一个经济体来说绝对不是什么好兆头,如果这一群体的人数还有不断上涨的趋势,那就更糟糕了。这种趋势至少表明:该经济体的运行效率低下,没有发挥出最大的生产潜能。最坏的情况是:越来越多的人会生活在贫困线水平以下,无法购买更多商品,结果支出减少,社会产能也随之降低,最终导致整体经济增长乏力。任何事情的发展都存在乘数效应[①],如果我们现在不采取行动去创造一个更具包容性的经济环境,那么随着时间的推移,我们将遭遇更大的经济挑战。

根据金融健康网(Financial Health Network)的调查数据:只有29%,即7300万的美国人认为自己的财务状况是健康的,即便在这些人中,也还有一部分人认为自己没有为退休生活做好准备[16]。根据西北互助人寿保险公司(Northwestern Mutual)公布的数据,竟然有高达22%的美国人的退休储蓄不足5000美元,5%的美国人的退休储蓄在5000美元至24999美元之间,只有16%的美国人的退休储蓄达到了20万美元以上,还有46%的美国人不知道自己有多少储蓄[17]。根据泛美退休研究中心(Transamerica Center for Retirement Studies)2019年的年度报告,美国"婴儿潮一代"平均每人只有15.2万美元的积蓄,只有40%的"婴儿潮一代"有25万美元以上的积蓄[18]。

---

① 乘数效应是一种宏观的经济效应,也是一种宏观经济控制手段,是指经济活动中某一变量的增减所引起的经济总量变化的连锁反应程度。——译者注

然而，退休问题专家建议，大多数美国人要想过上舒适的退休生活，需要有大约 100 万至 150 万美元的积蓄。计算需要多少退休积蓄有很多种方法，但人们普遍接受的一个算法是，个人在退休后的前 10 年里，每年至少要花掉其正常年收入的 70% 至 80%，即便如此，这样的开销可能都不算多。

根据美国社会保障局的数据，从平均水平看，现在 65 岁的男性会活到 83 岁，而女性会活到 86 岁[19]。但他们中至少有一半的人会活得更长久，要比平均寿命长得多。如果这次新冠肺炎疫情结束后人类的寿命还在延长（我预料会是这样的），那么今天出生的孩子有可能活到 2100 年以后。

生活在如此长寿的世界里，还在为退休生活做各种准备就显得没有意义了。20 世纪中叶形成的退休概念如果今后依然存在的话（我认为不会存在了），那么根据社会和经济的发展趋势推断，这一所谓的退休年龄可能要远超今天美国的平均预期寿命，即新冠肺炎疫情暴发前的 78.7 岁（2020 年下降到了 77.3 岁）。

那些执着地为自己规划着舒适退休生活的人，往往低估了自己的长寿潜质，还在不辞劳苦地计算着不再工作后要生存下去所需的费用。尽管头牌金融机构、主要非营利组织和政府部门都免费提供了大量的"退休生活成本计算器"，但人们还是得根据自身情况去做计算。那些"计算器"往往掩盖了这样一个事实：即那些有幸可以为自己的退休生活做规划的人更有可能活过社会平均预期寿命;那些"计算器"也没有考虑到寿命可塑的事实,即寿命是可以随健康状态或积极或消极的改变而改变的。实际上,死亡率在 80 岁以后便开始下降,105 岁以后开始趋稳。对于富裕的人来说,活到 80 岁已不再遥不可及,反而成了常态。

以我个人为例。我是生活在美国的一个相对健康的中年白人男性,根据目前状况来看,我大概可以活到 80 岁出头,还有超过 50% 的机会活到 2061 年,再看一次哈雷彗星划过地球的盛景。当然,要想实现这个目标,我就需比自己 1977 年出生时的全国平均预期寿命再多活 13 年。

如果我积极调整饮食结构,并合理锻炼身体,那么即便以后的社会发展及科学技术还维持在当前的水平,我也可以将寿命再延长 10 年。当然,这种预测并没有考虑到我在上一章中所讨论的科学探索取得的成果。和我们这一代的许多人一样,我可能会活得更长、活得更健康,但经济状况会变差,因为财务预测并没有考虑到科学进步对我们寿命的影响。我会赶上一场"长寿海啸",虽然寿命会有延长,但经济状况却会下降。

遇到这种情况的不只有美国人,世界各地的平均预期寿命都在上升。那些拥有健全养老金计划的国家已在警告说,无法持续发放高额的退休金,全社会要么提高退休年龄、要么降低退休福利。无论如何,生活在超龄时代,我们更多的人需要比前几代人工作得更久。

反退休的现实

大多数与我同龄或比我年轻的职场人都非常清楚,等活到 65 岁时,我们无法过上父辈、祖父辈和曾祖父辈的那种舒适的退休生活——比我们年长一些的人也开始清醒地认识到了这一现实。有数据显示:我们中的许多人已无法负担退休生活的成本,雪上加霜的是,现在美国的许多职场人还遭遇了两次经济衰退(2008 年和 2020 年)的打击。两次经济衰退给他们造成的影响是:退休积蓄缩水、工作机会丧失和赚钱年限缩短,这就导致了越来越多的人在过了退休年龄后为了维持生计还需继续工作。

即使是那些有足够积蓄、没有遭受过重大经济打击的人,也开始选择延长工作时间。这其中的主要原因是,工作可以让他们保持积极的社交生活,不至于与社会脱节;此外,延长工作年限还可以带来经济上的好处,包括多赚些零用钱,这样就可以推迟动用为退休而攒下的积蓄;当然,还有一些人是真心喜欢工作。这两种情况赋予一个老话题新的含义——"为了活着而工作,还是为了工作而活着?"

全球已经有数百万人在早已过了传统的退休年龄后还在继续工作,这也让我们看到了我们的未来—— 一个需要工作更长时间的未来。在新冠肺炎疫情暴发之前的美国,65 岁、75 岁,甚至 85 岁以上还在工作的人数已经是大衰退之前该年龄段工作人数的两倍。根据美国劳工统计局 2018 年的预测数据，该年龄段的劳动力到 2030 年将至少增长 50%。让人难以置信的是，在新冠肺炎疫情暴发之前的美国，已经有超过 25.5 万名 85 岁及以上的老龄人在正规劳动市场上从事着某种工作[20]。虽然 85 岁以上的劳动力群体相对较小，他们也不来自某一特定种族和地区，但他们所从事的工作一般对体力要求较低。

在这个群体中，越来越多的人要么主动退出了原来的工作岗位，要么是被裁员，然后以企业家、小企业主和临时工的身份开始独立创业。几乎在每个领域都可以看到他们工作的身影，其中一些人甚至会让你刮目相看。

2018 年，西北大学凯洛格商学院（Kellogg School of Management at Northwestern University）发布了一份名为《年龄与高增长企业》的研究报告。研究发现：那些发展迅猛的科技创业公司创始人的平均年龄为 45 岁——更重要的是，50 岁的创业者比 30 岁的创业者取得重大成功的可能性高出了一倍[21]。

根据摩根大通研究所（JPMorgan Chase Institute）2019 年的一份报告，老龄人创办小企业的成功率也比较高[22]。60 岁创业者所创办的企业在第一年倒闭的概率仅为 8.2%，而 30 岁创业者的这一概率为 11.1%，45 岁创业者的这一概率为 9.6%。老年小企业主占比最大的行业有：金属和机械行业（47%）、高科技制造业（43%）、房地产（41%）和医疗保健服务业（40%）[23]。

临时工经济也为老龄人提供了诸多就业机会。根据行业专家、"搭车人（the Rideshare Guy）"平台的博主哈里·坎贝尔（Harry Campbell）于 2019 年做的一项调查，在美国，54%的网约车优步（Uber）司机年龄超过 50 岁，大约 25%的司机超过 61 岁；在日本，出租车司机的平均年龄为 59.9 岁；在韩国，37%的出租车司机年龄超过 65 岁，最年长的为 93 岁。

此外，全球各地还有无数这样年长的人在默默辛劳、不事张扬地工作着，他们是集市和夜市的小商贩、单位服务员和门卫、杂货店店员和装袋工、场地管理员和服务员、前台接待员和客服人员。虽然有些人可能会认为这些工作的技术含量低，不值一提，但正是这些工作让社会保持正常运转，现在每年都会有更多的老龄人加入到这样的工作岗位中来。

这些例子可以让我们对超龄时代的新常态有个初步了解，像你我这样的普通人在超龄时代将比前几代人活得更久，学习和工作的时间也会更久。我们将在更长的时间里积极生产与消费，而不像现在的老龄人靠领取企业和政府养老金过活。到晚年还继续工作不仅可以让我们衣食无忧、居有定所，还可以让我们在更长的时间内保持身心健康。个人的经济贡献年限延长还带来三重保障：税收增加、消费群体扩大、健康问题减少及健康成本降低。这些过了传统退休年龄后仍在工作的人是主动适应新现实——反退休社会以及超龄时代——的先驱。

| 6 |

年龄歧视

  巨大变革时期遇到的问题需要全社会通力合作来解决，超龄时代也不例外。在过渡的初期乃至整个过程中，我们不同时代的人必须团结起来，且每个人都应发挥自身的作用，以迈入代际划分比以往任何时代都多元细化的未来。让年轻人和老龄人联手看上去似乎前途渺茫，甚或显得愚蠢可笑，毕竟，在过去的一个世纪里，代际冲突一直都是社会和经济生活中的主流话题。不过，现在是改变这种状况的时候了。首先，年轻人和老龄人都可能受到年龄歧视的影响，无法发挥出各自的潜能；其次，老龄化及长寿问题往往还与其他的社会和经济公平问题交织在一起，美国乃至全世界都必须面对这一难题。

  在追求社会、经济以及种族平等与正义的运动中，年轻人往往被视为像矛头一样冲锋在前的排头兵。他们不安于现状，要求社会为自己做出改变。他们将"清醒意识"(wokeness)①像荣誉勋章一样"佩戴"在自己身上,经常通过公开抗议的方式向他们所认为的由老年意志统治的国家表达不满情绪或变革想法。确实,在"黑人的命也是命"的维权运动发生之时,美国第116届国会中,众议员平均年龄接近58岁、参议员平均年龄接近63岁、特朗普总统为74岁[1]。难怪年轻人不相信会有人倾听自己的声音,尤其是2020年美国的年龄中位数达到38.2岁以后,他们就更不相信这样的事情了。

根据Mobilewalla的移动数据分析,在参加2020年亚特兰大、洛杉矶、明尼阿波利斯和纽约的"黑人的命也是命"的抗议活动中,18岁至34岁的抗议者约占抗议总人数的三分之二[2]。让人没有想到的是,在新冠病毒仍然威胁着人类健康的情况下,55岁以上的抗议者竟然位列总抗议人数的第二位,在洛杉矶、亚特兰、明尼阿波利斯和纽约的抗议者中,其占比分别为20%、23%、23%和24%。而35岁至54岁这一年龄段的抗议者人数不足总抗议人数的10%,所以年轻人和老龄人成了参加街头抗议最活跃的群体。[3]

在那个特殊时期,年轻人和老龄人并肩作战有着异乎寻常的意义,这表明认为他们之间价值观不相容的传统观念已经过

---

① 2013年,非裔美国人在参与美国反种族歧视运动Black Lives Matter时使用了一个俚语"Stay woke",意思是要大家"保持清醒",睁大眼睛看看社会上存在的不平等现象。这里的"清醒意识"就是借用了"保持清醒"这一俚语,指年轻人对社会、经济和种族不平等现象有着清醒的认识。——译者注

时。我们一直认为：不同年代的人，如果没有共同点，就无法团结在一起，尤其是在应对一些极具挑战性的社会问题时，但是我们错了。代际联盟的力量不仅在"黑人的命也是命"的运动中发挥了重要作用，而且在 2020 年美国总统大选中也起到了至关重要的作用，许多年轻人踊跃投票，一些老年选民弃投唐纳德·特朗普，这些都成了乔·拜登最终获胜的重要因素。美国的大多数公民表示：他们相信未来将是一个更加团结与公平的社会，而不是一个激起分裂与恐惧的社会。

对年轻人的偏见

年龄是个人身份的一个重要组成部分。我们在描述自己时，除了提到性别、种族、职业、国籍和祖籍等信息外，通常还会提到年龄或出生年代。有些人认为：年龄还事关人权运动，同时也是社会、经济及种族正义运动的组成因素。事实上，自 1948 年开始，联合国就一直在讨论与老龄人权利高度相关的年龄问题（但令人失望的是，至今都未见一份具有约束力的老龄人权利公约通过）[4]。年龄歧视是一种仅因年龄因素而以非平等方式对待他人的行为，也是一种违反人权法的行为。年龄歧视尽管往往不像其他形式的歧视那样受到社会关注，但也会给人造成同样的经济、社会和心理影响。

我们在谈论个人权利时往往会忽略掉年龄因素，也许是因为我们认为只有老龄人才会受此影响,所谓年龄歧视就是基于某些个人或群体的年龄而对他们形成的刻板印象或歧视,通常被认为只针对社会中的老龄人。年龄歧视体现在很多方面,比如,那些认为健忘代表衰老的说法,为产品冠以"抗衰老"的营销方式,认为老龄人说话一定傲慢或幼稚的思想、认为老龄人与社会脱节或缺乏技能的想法,或仅仅是对年轻人的偏爱等。然而更为严重的是,年龄歧视可能会导致失业、信贷被拒,无法在商店或餐厅享受优质服务,失去临床试验机会,甚至得不到较好的专业医疗保健服务等等问题。近年来,年龄歧视这一术语的施用对象也在发生变化,慢慢覆盖了包括年轻人在内的其他年龄群体,但这不是代表老龄人利益的机构愿意接受的事情。

年轻人也可能会遭遇年龄歧视。尽管很多严重的年龄歧视问题都发生在老龄人身上,但年轻人遭受歧视的问题也不容忽视。我们不能想当然地认为,社会对年轻人的歧视不会像对老龄人那样造成严重后果。其实,在职场上,这两个群体都会因年龄因素而受到歧视。2006 年《人力资源管理杂志》(*Human Resource Management Journal*)上的一项研究发现,由于"太年轻"而受到歧视的情况和由于"年纪太大"而受到歧视的情况一样普遍[5]。这种偏见不仅会对员工的身心健康造成不良影响,还会影响到他们的工作成果。

年轻人,尤其是年轻员工,在职场受到语言上的诋毁或侮辱是件司空见惯的事。常见的情形是：经理会单独批评某个年轻人，将其经验不足归咎为太年轻，或者把年轻人称为"小孩儿"或"小娃娃"，或将其叫作"新来的小子"或"新来的丫头"。有年龄歧视倾向的雇主可能也不愿意雇用 30 岁以下的人，认为他们的工作态度不好预测，或"不知道如何工作"，又或者，他们只是单纯不愿帮助年轻人获得其成长过程中所需的经验和技能。一些雇主还利用给年轻人提供实习的机会获取免费劳动力或低成本劳动力，因为很多专业岗位都要求员工具有一定的实习经历。

拿我自己来说，作为一名职业人士，我也曾遭到过非常离奇的年龄歧视，我想大多数人都遇到过这样的情况。我 30 岁出头时，在美国退休人员协会工作过一段时间，负责为协会策划更容易让人获取且易于理解的数字化宣传内容。我建议协会每周都制作几个关于全球老龄化创新业态的视频短片，通过 YouTube 或其他社交媒体平台向国内外观众发布。

协会首席内部制作人并没有对我的提议嗤之以鼻，相反，他还很欣赏我的这一提议。但他在发布会结束时说的一句话让我至今记忆犹新。他说："小伙子，要不是你这么年轻的话，你一定会是个优秀的发布人。"这意味着，无论我的想法和执行策略有多好，我都不能上台发言。只有那些看起来"更像退休人员协会"的年长者才有这样的资格，不管他们的能力如何。也就是在那个时候，我第一次尝到了因为年轻而被人歧视的滋味，同时也意识到，无论年龄大小或出生年代的情况如何，对任何人的羞辱都会造成实实在在的伤害。

对老龄人的歧视

2020年，《老年学杂志》(Journals of Gerontology)上发表的一篇研究论文——《被忽视与被低估：年轻人、中年人和老龄人所遭遇的年龄歧视》表明：年轻人在职场上遭遇年龄歧视时，主要施事者是他们的同事；而中老龄人除了在职场外，还经常在零售场所购物或享受服务时遭遇年龄歧视，施事者涉及的对象更广[6]。无论针对哪个年龄段，年龄歧视无外乎"缺乏尊重"或"错误推断"这两种表现形式。比如，我们会以跟不上时代为由解雇员工，或者武断地认为年长的员工一定缺乏技术能力。

新冠肺炎疫情蔓延期间，老龄群体遭受了空前的侮辱和歧视。无论我们是否愿意承认，整个社会都将老龄人，尤其是那些疾病缠身的老龄人，视为用完便可扔掉的消耗品。像得克萨斯州副州长丹·帕特里克（Dan Patrick）那样的政客们甚至建议老龄人"主动选择死亡"，以使经济重新运转起来[7]。这一做法不仅助长了老龄歧视的歪风，还使一种可怕的基于年龄的优生学思想开始传播，让许多人看不到事情的真相：与年龄因素相比，健康与否是影响死亡更为重要的因素。现在，随着年轻人感染、住院和死亡人数的增加，整个国家正在吞食自己酿下的苦果。

虽然统计数据显示老龄人更容易感染新冠病毒而死亡,但是从伦理上讲我们没有理由让他们放弃自己的生命。美国领导人的态度都是:不管老龄人是死是活,经济必须先运转起来,这种态度延迟了我们应对疫情的速度。结果,我们付出了沉重的代价,数十万人失去了生命,其中既有老龄人也有年轻人,还有数千名死者是在饱受病痛折磨长达数周,甚至数月或更长的时间后才撒手人寰的(写作本书时,全球因新冠肺炎疫情死亡的人数已经超过 400 万)。

与 1918 年主要感染年轻人的西班牙流感病毒不同,新冠肺炎病毒一开始被认为只会感染老龄人[8]。最初,美国因感染新冠肺炎病毒而死亡的人中,80% 是 65 岁以上的老龄人。这一统计数据让许多人产生了一种虚假的安全感,让他们忽视了许多因素。如肥胖、糖尿病和心脏病等等,这些因素本可以让他们更好地预测新冠病毒感染和死亡率。

乔治·凯撒家族基金会(George Kaiser Family Foundation)发现,尽管 65 岁以上人群的死亡比例明显偏高,但养老机构的染病死亡人数却更为惊人,高达 40% 的新冠肺炎死亡病例都来自养老机构[9]。这一统计数据尤其让人担心,因为入住养老院的人员已不再受社会重视了,他们中的大多数人是因为无法照顾自己,也负担不起上门服务的费用,才决定以这种方式度过余生的。

尽管几乎所有关于新冠肺炎死亡病例的报告都用到了65岁以上死者的统计数据,但在这些死亡病例中,约有60%为75岁以上的病例,33%为85岁以上的病例。在所有的死亡病例中,65岁至74岁的病例占比为21%,而64岁以下的病例占比为20%。本书前面各章所讨论的用于延长预期寿命的许多科学手段也可用来缩小总的预期寿命和健康预期寿命间的差距。我们希望未来不仅能缩小因新冠肺炎所导致的死亡率的差距,而且也能缩小因其他疾病导致的死亡率的差距。比如对老龄人有同样超高致死率的流感。

除了在新冠肺炎和其他疾病的治疗上会遭遇年龄歧视外,人们在职场也会因年龄歧视而遭到侮辱。根据2018年美国退休人员协会的一份报告,美国每5名员工中就有一名年龄超过了55岁[10],而且这一比例预计在超龄时代还会大幅增长。在这些员工中,有近65%的人表示自己在工作中遭遇过年龄歧视;大多数人(58%)认为,年龄歧视是从50岁左右开始的——该报告没有谈及年轻员工的情况。

受到年龄歧视的影响,老龄人在努力保住自己的工作。劳动力市场上存在的年龄歧视也是人们在失去工作后无法再找到同样待遇的工作的原因之一,有的人甚至再也找不到工作了。ProPublica和城市研究所(Urban Institute)于2016年联合开展的一项研究发现,"56%的老龄员工至少被解雇过一次,或者在经济萧条的情况下离过职,但他们大多是被迫而非自愿离职的"[11]。在找到新工作的人中，也只有10%的人能拿到和以前差不多的薪水，其余90%的人的薪资水平都大不如前。

"婴儿潮一代"通常被视为"废柴"，他们中有成千上万的人遭到了公司的辞退。就连"X一代"现在也到了简历可能被随手扔掉或岗位可能被随时换掉的年龄，年纪再大一些、现在四十岁出头的"千禧一代"可能是下一批被裁员的人。企业在激发员工敬业度和制定福利政策时，考虑对象往往是年轻劳动力，更多关注的是"我们如何才能在未来五到十年内留住你"，而不是"我们如何才能让你在这里的最后五到十年发挥自身的最大价值？"所以，年龄较大的员工遭遇裁员的情况愈演愈烈。

我在为人力资源管理协会（SHRM）撰写的一篇文章中指出：老龄员工，尤其是公共部门的老龄员工，往往比年轻员工更能坚守岗位。这意味着，他们就是工作单位潜在的巨大资产，但是他们也需要接受继续教育。我的同事兼好友布赖恩·埃尔姆斯（Brian Elms）是一位研究公共部门创新的专家，也是畅销书《巅峰表现：丹佛的巅峰学院是如何节约资金、鼓舞士气和改变世界的》（*Peak Performance: How Denver's Peak Academy Is Saving Money, Boosting Morale and Just Maybe Changing the World*）的合著者，他说过一句很有道理的话："员工就像基础设施资产一样，需要持续关怀和追加投资。当我们重新起用最强大的资产——我们的员工时，就会激发出整个劳动力的创造力和创新力。"[12]

我们对老龄人，尤其是对老龄女性的歧视，在娱乐行业体现得尤为明显，老年影视明星鲜有在荧幕上大放异彩的机会。南加州大学安纳伯格传播与新闻学院（USC Annenberg School for Communication and Journalism）的研究人员于2019年发表了一份研究报告——《从1200部热门电影中看不平等现象：对2007年至2018年间电影中所涉及主演的性别、种族/民族、特殊性向以及残障情况的调查》，该研究发现：在2018年最热映的前100部电影中，只有11部电影的领衔主演或联袂领衔主演为45岁或以上的女性。虽然这一数字已经是2017年的数据（5部）的两倍多，但还不到2018年由45岁或以上男性领衔主演或联袂领衔主演电影的半数（24部电影）；在2018年最热映的前100部电影中，只有4部是由45岁或以上的有色人种女演员领衔主演或联袂领衔主演的[13]；到2021年，情况有了较大改观，四个奥斯卡最佳演员奖项中的三个奖项得主均为扮演老年角色、年龄稍长的演员：弗兰西斯·麦克多蒙德（Frances McDormand，《无依之地》，*Nomadland*）、安东尼·霍普金斯（Anthony Hopkins，《困在时间里的父亲》，*The Father*）和尹汝贞（Youn Yuh-jung，《米纳里》，*Minari*）。尽管如此，由于电影和电视屏幕上长期较少见老龄人的身影，人们还是在不知不觉中强化了一种感觉——人过了一定年龄后就会在社会中销声匿迹。

的确，老龄人遭受的年龄歧视最为明显，而且绝大多数人都是到了晚年才会遭受到最严重的年龄歧视。这主要是因为我们都是在度过了一段时间之后才迈入老龄人行列,与性向、性别或种族不同,老年是随时间推移慢慢形成的一个人生阶段。我们中的许多人都有过这样一种特别扎心的经历,即自我感知的年龄与我们的实际年龄(我们随地球绕太阳转的次数)之间存在着较大的出入,一般为10年至15年,而他人对我们年龄的认定让这种情况变得更加复杂。

我们每个人都会犯老龄歧视的毛病,我们对老龄人的偏见几乎总是从一个看似"无害"的玩笑开始的。年轻时,我们会因老龄人过时的行为或衣着瞧不起他们;中年时,我们会因自己犯"老年病"而自嘲;晚年时,我们则会受到他人的嘲笑,更糟的是,还会被社会彻底抛弃。几乎在各个方面,年轻的我们都在拿自己的未来做赌注,所以晚年注定会付出非常大的代价。

老龄人经常不得不忍受一些司空见惯的玩笑话,而这些玩笑话常常带有歧视的意味,可是年轻人就喜欢以嘲弄老龄人为乐。我现在要向所有阅读本书的读者发出挑战:你能否在一天内不要有年龄歧视的举动、不开年龄歧视的玩笑、不对比自己年长(或年轻)的人说歧视性的话语?

年龄歧视的代价

年龄歧视无处不在,日常生活中,朋友、家人、熟人或同事不经意的言行以及大众与新闻媒体的一些言论都有可能对我们造成微小的伤害。此外，在产品和服务设计、公共政策、劳动力及职场、市场营销及传播和医疗保健政策等方面，我们都能看到某种年龄歧视的迹象。在 #MeToo①、#LoveWins② 和 #Black Lives Matter 的时代，我们已经能够理解他人在这些方面所面临的挑战与偏见，甚至会对他们表示同情，但我们却对年龄歧视的现象毫无察觉——我们并不关心年长于自己的人的感受。

这种偏见可能是个人和内部化的，也可能是社会化的，还有可能是系统和制度化的。它不仅放大了年龄增长对身体健康造成负面影响的程度，还加剧了不平等现象的发生，进而导致年长者失业、寿命缩短；这样的结果反过来又会影响几乎全世界每个国家整体的经济与社会发展。如果我们放任当前这种极具破坏性的年龄歧视存在的话，那么我们曾经繁荣的社会与经济体系可能会遭到重创。

2007 年，《老年学杂志》刊登的一项研究表明：与那些生活目标明确的年长者相比，觉得自己毫无价值的老龄人失能的概率是前者的 3 倍多，早逝的概率是他们的 4 倍多[14]。如果再赶上公司裁员，他们就更容易出现健康问题，直接影响到寿命的长短。耶鲁大学流行病学家贝卡·利维（Becca Levy）及其同事的研究成果给我们提供了相关数据，推算出了我们会因

---

① 2017 年 10 月，美国发起的一场反性骚扰运动。——译者注
② 2015 年 6 月 26 日，美国最高法院裁定同性婚姻在全美合法。——译者注

老龄歧视而付出多么巨大的社会和经济成本。

利维博士和她的研究团队在2018年的一项研究（2020年又开展了后续研究）中发现：年龄歧视会导致老龄人出现各种健康问题，而为了解决这些健康问题，美国一年的开销就要超过630亿美元[15]。有证据表明：年龄歧视会导致包括抑郁症在内的心理疾病和影响寿命的身体健康问题。但老龄人往往并未得到必要的医疗服务和救治，即便有时他们确实享受到了医疗服务，但治疗时间与频次也远不能满足他们的需求。利维博士的研究还表明：老龄人无一例外会受到年龄歧视的影响，不管他们年龄多大、性别或种族是什么。

年龄歧视导致的这630亿美元的成本相当于所有60岁以上的美国人每年在最烧钱的八大健康问题上开销的七分之一。这些健康问题涉及心血管疾病、精神障碍和慢性呼吸系统疾病。想想这样的事情有多么滑稽吧：年龄歧视已让全世界数以百万计的人患上了疾病，但它同时又阻止医生和其他卫生专业人员去给那些受到年龄歧视影响的老龄人提供适当的照顾。其结果就是，我们陷入了一个恶性循环的怪圈、一个代价昂贵的恶性循环怪圈，而这样的代价将由造成极具破坏性的年龄歧视的社会来承担。

在利维博士开展了这项具有里程碑意义的研究之后，世界卫生组织邀请她主持开展全球性年龄歧视问题的研究，作为该组织发起的"全球反年龄歧视运动"中的一部分，该运动得到了全球194个国家的支持。这项研究的结果发布于2020年，是迄今为止对年龄歧视导致的健康问题所做过的最大规模的研究。研究发现：年龄歧视对来自五大洲45个国家的老龄人的身体健康造成了伤害。这项研究总共对700多万名参与者进行了调查，对全球各地的422项研究成果做了系统性综述，发现96%的研究成果都表明，年龄歧视会对老龄人造成不良影响[16]。

世界卫生组织进一步得出结论称：年龄歧视会导致心血管疾病、自我效能降低和生产能力下降；年龄歧视还会对老龄人的身心健康造成影响。比如，继续生活的意愿降低、对健康生活方式的渴望减少、从疾病中康复的能力减弱、压力不断增加以及寿命缩短。对衰老过程持消极态度的成年人的最终寿命可能会缩短7.5年之多。不过好消息是：如果整个社会都与年龄歧视做斗争的话，以上的情形可能会发生逆转，人们的健康状况会向好的方向变化，至少不好的状况会大幅减少。今后的老龄人将更加健康，而不像现在这样体弱多病。

美国心理学会对上述研究结果表示认同：认为年龄歧视确实是一个严重的问题，应该像性别、种族和残障歧视一样得到社会的重视；但事实上，它们又不完全相同。该学会还指出，虽然提高公众对年龄歧视所造成问题的认识有助于减轻一些负面影响，但这也只是迈出了解决问题的第一步。随着老龄人口在超龄时代的持续增长，寻找方法以减少或消除对包括年轻人和老龄人的年龄歧视将变得日益重要[17]。

职场上的年龄歧视让我们付出的代价甚至超过了不断增长的医疗支出。普华永道（PwC）在其2018年的一份报告《普华永道黄金时代指数：从更长的工作年限中获得3.5万亿美元的潜在回报》中指出，如果经合组织成员国放弃现行的基于年龄因素而裁员的政策，转而制定出更具年龄包容性的用工政策，那么它们就会在经济上获得3.5万亿美元的回报[18]。制定这样的政策并不复杂，我们可以在招聘启事上加入鼓励所有年龄段员工申请的语言表述、避免使用"数字原生代"等歧视性字眼、或者取消申请表上出生日期和大学教育这样的信息。我们还可以鼓励在雇主和雇员之间建立年龄包容的团队，或开创灵活的工作方式，比如远程办公、共享工作、分阶段入职或退休等，还可以从人才管理战略上考虑，允许员工兼职工作。

我们每一个人几乎都对劳动力市场和整个社会中扩散与传播的年龄歧视负有不可推卸的责任。因此，无论是在公共部门还是私人部门，我们都必须做更多的努力以阻止其进一步恶化。很多时候，我们需要先解决已内化了的年龄歧视问题。然而，我们遇到的最大障碍是，与其他形式的歧视一样，年龄歧视虽然给我们造成了巨大代价，但无论在过去还是现在仍得到了国家的默许。由此可见：在抗击年龄歧视的战役中，世界各国首都的立法机构的权力大厅必然成为最前沿的阵地。

公共政策

边缘化群体在文化上得到认可几乎总是滞后于公共政策的作用，而公共政策又几乎总是滞后于企业创新。历史上，在类似今天的人口快速增长期，公共政策一般都倾向于边缘化最年长的劳动力。这样的政策虽然在当时看上去近乎完美，但放到今天却会阻碍未来社会的发展。

许多地区已经从法律上取消了退休年龄概念，即人们必须从有偿工作岗位上退出的年龄。然而，在像日本和韩国这样的国家，雇主有权以年龄为由强制员工退休，在有些行业，员工甚至不到55岁就被要求退休。这种强制性退休制度会创造一个两极化的劳动力市场，即人们退休后会去从事一份技术含量和薪资都较低的新工作，这种做法会造成人力资本的巨大损失。

这些政策最初是为了向更年轻的人开放劳动力市场而制定的。然而，我们现在很清楚，在大多数情况下，强制实行退休年龄政策并不像我们当初预想的那样会给年轻人创造就业机会，反而会削弱老龄员工这一劳动力资本，从而削减社会中具有生产能力人员的数量。

实行强制退休的不只有日本和韩国两个国家。包括亚洲开发银行、经济合作与发展组织、联合国和世界银行等在内的国际组织也都强制要求员工在65岁之前退休，当然，有权协商延长工作年限的高级行政领导人除外。尽管年龄与工作能力并无关系,但是包括美国在内的许多国家仍然对飞行员和警察等特殊职业规定了年龄上的限制。

包括美国在内的一些国家已经采取行动,将大多数职业中的年龄歧视定为了非法行为。诞生于1967年的《就业年龄歧视法》(ADEA)是世界上第一部反年龄歧视的法律,旨在保护40岁以上雇员在就业条款、条件或权利等方面免受任何歧视,其中包括了受雇、解雇、晋升与调动、裁员、补偿、福利、任务分配和培训等各个方面。具体而言,该法案的出台意味着雇主不能在招聘广告和招聘启事中标明优先考虑某年龄段应聘者的话语、不能为员工培训项目设置年龄限制、不能在员工提出年龄歧视指控或协助政府调查时对其进行报复、也不能强迫员工在某个年龄必须退休,但上文提到的少数特殊情况除外。

年龄歧视体现在:企业偏向于招聘年轻的员工,在裁员或部门重组时倾向于留下年轻的员工而放弃年长的员工,这完全是从用工成本角度考虑问题的,雇主宁可放弃经验丰富的年长员工而留下经验欠缺的年轻员工。但不管怎么说,公司在计划裁员时都应该始终将损失员工的专业技能(以及理论知识)的因素也考虑在内,应该考虑为年长且工资较高的员工提供共享工作或渐进退休的机会,允许他们在减少工作量的情况下继续工作,让他们从全职工作逐步过渡到完全退休的状态。这种做法对雇主和雇员双方都有利,过去的10年间,越来越多的公司都选择了这样的用工计划。对许多雇主来说，随着传统的工作年龄人口在超龄时代不断减少，这将是一种必然的用工模式——灵活用工将成为时代的主流模式。

组织机构的歧视行为也可能体现在如下方面：为年轻员工提供更好的就业条件、仅向年轻员工提供选择工作任务的机会、未将年长员工纳入新的培训计划，或在制定此类计划时根本不考虑他们的需要。各种职场倾向于强调与其职业密切相关的技能培训，例如关于公司文化或组织程序的课程。年长的员工虽然可能已经具备了这些技能，但他们还可以从其他诸如技术或通信领域的技能培训中提升自我，但这些技能的培训并不总会面向他们，这就导致了他们落后于年轻员工的尴尬局面，在职场上处于相对劣势的地位。

尽管有反年龄歧视的法律存在，美国退休人员协会2018年的一项调查发现：45岁至74岁年龄段的员工中仍有三分之二表示，自己在职场目睹过或亲身经历过年龄歧视[19]。在某些地区以及某些经济组织中，年龄歧视现象尤为严重。以被称为"技术兄弟"之家的硅谷为例，在这里工作的大多数年轻白人已构筑起了一种亚文化圈，他们在业余时间也只与同龄的同行交往。过去10年间，硅谷里150家最大的科技公司遭到老年歧视的投诉实际上要比遭到种族或性别歧视的投诉多得多。这一现象很奇怪，因为北卡罗来纳州立大学一项对Stack Overflow员工的调查研究发现：50多岁的程序员在很多领域都要比年轻的程序员拥有更多的专业知识[20]。

2020年夏，美国史上最严重的系统性年龄歧视行为被正式曝光，平等就业机会委员会指控在全球拥有38.3万名员工（2010年开始不再报告其在美国本土的员工数量）的世界科技巨头、全球第二十八大雇主的IBM于2013年至2018年间存在系统性的年龄歧视行为，美国地区有数千名年长的员工在此期间被解雇[21]。

平等就业机会委员会的调查发现：IBM高层逐级下发指令，要求各级管理人员采取激进措施，大幅减少年长员工人数，以便给年轻员工"腾出位置"。此举可能导致大约6000名前IBM员工失去工作，IBM也会因此而支付数百万美元的费用[22]。平等就业机会委员会代理主席维多利亚·利普尼克（Victoria Lipnic）说："为纪念《反就业年龄歧视法》，我们在过去的一年中就年龄歧视的现状展开了调查，结果发现：年龄歧视和性骚扰之间有许多相似之处。与性骚扰一样，所有人都知道年龄歧视每天都在发生，各行各业的从业者都会遇到，但却很少有人说出来——这是一个公开的秘密。"[23]

欧洲国家关于年龄歧视的立法要远远晚于美国。然而，它们对年龄歧视的理解却更加全面，将其视为会对年轻人和老龄人都产生影响的一种偏见。

例如，德国于2006年出台了《一般平等待遇法》，该法允许那些认为自己遭受了年龄歧视的人，无论年龄大小，对其雇主提起民事诉讼，或委托就业法庭审理其案件，这种独特的做法让人们可以更方便地去抵制年龄歧视行为。但这项法律首先遇到的重大考验就是，联邦劳工法院需要否决根据公务员的年龄计算其浮动休假天数的传统做法。在此之前，30 岁以下的员工每年可以享受 26 天的假期，30 岁至 40 岁的员工可以享受 29 天的假期，40 岁以上的员工可以享受 30 天的假期；但现在，公共部门的雇主必须为每位员工都提供 30 天的假期。对年长员工有利的是，法院还否决了仅凭年龄因素就强制让诸如飞行员等职业人员退休的做法。

英国政府也在 2010 年新的《平等法》中宣布：所有年龄歧视行为均为非法行为，废除了强制退休年龄，并从 2011 年起禁止雇主再强制员工退休。《平等法》除了呼吁雇主在职场上不要剥夺老龄员工的就业机会外，还特别要求他们不能歧视年轻员工，因为他们的薪酬往往过低，还经常在工作中受轻视。

为营造一个包容各种年龄段员工的社会，新闻报道、诉讼和立法行动已经发挥了重要作用，但我们仍需付出更多努力。其他曾被边缘化的群体为了争取自身在社会中应有的地位，奋斗了几十年，甚至上百年。为老龄员工争取权利也不例外。我们需要记住一点，权利所包含的远不止法律规定的那些内容，我们只有在不断宣传和增强意识的过程中才能消灭偏见，才能看到旧有观念永久改变的那一天。

包容性用工

美国公司的高管们常常因为不接受有色人种、女性和特殊性向员工而饱受批评,有时候他们也确实应该挨批评。不过,在 20 世纪 40 年代和 50 年代,一些颇具远见的人就看到了雇用不同种族员工的价值,尽管他们是从公司的商业利益或道德声誉这两个完全不同的角度去考虑问题的。

保证商业利益是公司发展的底线,为了在超龄时代的竞争中立于不败之地,现在所有的公司都必须考虑就业平等的发展理念,搞就业歧视只会损害其商业利益。由于肤色原因而故意排斥员工或消费者的做法是极不理性的,这就等于直接放弃了潜在的利润;搞年龄歧视也会带来同样的后果。

斯基德莫尔学院(Skidmore College)的詹妮弗·德尔顿(Jennifer Delton)在其 2009 年出版的《美国企业中的种族融合:1940—1990》(*Racial Integration in Corporate America, 1940-1990*)一书中探讨了美国劳动力中的种族融合这一棘手问题。她举例说,一位广告公司高管曾为自己在 1952 年雇用一名非裔美国人的决定辩护道:"我又不是十字军,我只对赚钱感兴趣,没有人强迫我这么做,我只考虑如何能赚到更多利润。"[24] 尽管在当时,因为实施成本较高,有人对包容性雇员到底能不能为公司盈利表示过疑问,但是美国最大的公司都支持这一做法。美国企业界(Corporate

America)也为种族融合开了绿灯。

今天的统计数据证实了当初的预见,即非裔美国人市场变得日益重要,有必要使非裔男女员工融入美国职场以尽早迎合这一消费群体的需求。波士顿咨询集团(Boston Consulting Group)的调查数据显示:与管理团队成员构成多样性低于平均水平的公司相比,管理团队成员构成多样性高于平均水平的公司的收入高出了19%,利润率也高出了9%[25]。但令人迷惑的是,虽然高达83%的全球高管都认为年龄构成多样化的员工队伍是业务增长和企业获得成功的关键因素,却只有6%的高管在实施无年龄偏见的员工招聘政策。

聪明的公司已不再将代际差异视为一种负担,而是将其视为一种资产。它们已接受了超龄时代的现实,即与社会生活和商业市场相一致,劳动力构成也需要呈现出代际平等的特征。爱彼迎甚至聘请了已退休的酒店企业家,"现代长者"奇普·康利(Chip Conley)任公司的高管,让他负责制定向酒店公司转型的发展战略。随着越来越多的公司开始研究老年消费群体,雇用老龄员工也将成为它们产品及服务设计与开发的秘方。

在美国,整合使用不同年龄段员工的举措不像海外国家推行得那样快。这也许是因为政府没有出台明文规定,也许是因为许多企业高管认为美国的劳动力和经济市场还相对年轻,没有看到即将到来的员工技能缺乏的问题。随着劳动力中年长员工比例的不断增加，美国和其他一些国家也会经历这样的变化。

在美国退休人员协会工作期间，我有幸接触了世界上一些最具创新精神的组织和经济体，对它们在招募、选用和支持老龄员工方面的政策进行了研究，并负责完成了对我个人而言具有标志意义的一项美国退休人员协会项目——"最佳国际雇主研究"（Best Employers International）。项目公布了一些组织的优秀做法，并对它们予以了奖励。这些获奖组织的规模大小不一，有像位于德国亚琛只有25名员工的木工专业小公司布拉默茨木工和窗户建造公司（Brammertz Schreinerei&Fensterbau）、还有像新加坡的政府机构国家环境署（National Environment Agency）以及英国电信巨头英国电信（BT）这样的大型组织和公司。虽然这些组织以及一些其他组织的规模和业务范围各不相同，但它们都认为：年龄排斥性政策对企业发展不利，而年龄包容性政策才对企业发展有利。

我们以德国汽车制造商宝马公司为例来说明这一点：2009年，该公司的领导层意识到他们会在未来10年内面临劳动力短缺的情况，主要原因是该国劳动力已出现了老龄化的迹象。他们没有逃避问题，而是就如何在丁戈尔芬（Dingolfing）建造一座更适合年长者工作的工厂向员工们征询建议。他们进行了适度投资，让工作变得容易了些，工作环境也更符合人体工程学特点。这一举措改善了工作条件，延长了员工的工作年限，同时也提高了生产质量。宝马公司的这一年龄包容性工厂设计现在已成为其在世界各地建造分厂的全球性标准。

日本零售业巨头永旺（AEON）是亚洲最大的零售集团，也是世界超级零售集团之一。该公司的领导人认识到：永旺集团对待老年消费者的态度已经完全过时。为了改变这种状况，永旺集团将旗下的三家商店改造成了"辉煌一代"（Grand Generation）购物中心，将面向老龄人的产品从商店的最后面搬到了最前面。此外，购物中心在白天还提供社交和健康规划服务，并在杂货区推出了单人份包装食品，大大方便了所有年龄段的单身人士。除了这些变化外，购物中心还形成了欢迎老年顾客的员工文化，这些措施让购物中心的利润提高了10%，这也说明面向老龄人的营销投资能带来可观的利润回报。

还有些优秀的案例涉及个人的非凡魅力，就比如说弗兰兹·豪伦赫姆（Franz Haurenherm）吧：弗兰兹1934年生于德国，从1994年开始到他去世前不久一直都在布拉默茨木工和窗户建造公司工作，他2016年去世，享年82岁。弗兰兹60岁时，他原先供职的公司倒闭了，失业后的他才到了布拉默茨工作。公司管理人员艾丽斯·布拉默茨（Alice Brammertz）最近回忆说，有一天弗兰兹来敲门，问公司是否需要一位"老木匠"，公司当场就雇用了他。

弗兰兹在布拉默茨的员工中非常受欢迎,被视为完成所有项目的"关键先生",这不仅仅是因为他拥有高超的技术和良好的修养,还因为他对工作充满了激情,总是在孜孜不倦地追求工艺上的至善境界。布拉默茨公司在用人方面不存在年龄歧视,充分发挥了弗兰兹的价值,通过让他指导年轻的学徒(有的年仅17岁),最大限度地发挥了他的"传帮带"作用——当然,弗兰兹在传授给学徒们传统手艺的同时也从他们那里学到了现代技术。

还有一些时效性很强的案例,比如芝加哥"老娃娃"(Old Dolls)的事例。"老娃娃"是志愿进驻西北纪念医院(Northwestern Memorial Hospital)抗击新冠肺炎疫情的老年女护士团队,团队成员平均拥有40年的工作经验。她们虽然知道,从概率上讲她们要比非医务工作者更容易感染病毒,并有可能因此而死亡,但还是甘愿冒着生命危险来做有益于社会的事情。她们与年轻护士并肩作战,用她们的精神与经验不断激励和指导着年轻的护士们。

我们不应该再认为老龄化是一件坏事了,事实上,我们有可能因此遇上绝佳的社会与商业发展机遇。今天,美国50岁及以上的人口有1亿;而中国的这一数字为4.4亿多。根据布鲁金斯学会的一项研究,"他们的消费支出预计将从2020年的8.7万亿美元上涨至接近15万亿美元(2011年不变价/PPP)"[26],65岁以上人口的消费支出预计在10年内也将达到这一数字。只有把老龄人也纳入进来，我们的经济才能继续繁荣下去。如果不抵制年龄歧视现象，不建立代际融合的团队，不开发年龄包容性强的产品和服务，我们的经济发展就可能放缓，甚至衰退。比如，经合组织国家在未来 30 年内的经济平均增长率预计会从近 3% 下降至近 2%。这是因为，越来越多的人需要依靠社保和医保生活，而能够供养他们的适龄劳动人口却变得越来越少。这些领取社保和医保的人要么是被裁员了，要么是过早退休了，基本没有其他的经济来源。我们若不改变目前的做法，必将面对这样的现实。

7

矿井中的金丝雀

我们已经进入了这样一个时期，感到农村地区还生活在过去，而城市地区正在迈向未来，这一点在社会和经济生活的各个方面都有体现。然而，农村地区可以作为矿井中报警的金丝雀①，向我们预示管理良好与否的超龄时代所带来的积极或消极结果。农村地区可以作为年龄包容性创新思想的实验室，为不同年代的人寻找合适的经济机会，并让我们预览未来的样子——一个老龄人口远超年轻人口的社会。

美国的城乡差距看上去非常明显，但存在城乡差距的国家并非只有美国。2007年，联合国发布报告称，全球城市人口首次超过了农村人口。而农村人口与城市人口之间的摩擦也随处可见，

---

① 金丝雀对瓦斯气体十分敏感，空气中有极微量的瓦斯，金丝雀就会停止歌唱，空气中瓦斯含量超过一定浓度时，金丝雀就会中毒身亡。所以，过去的煤矿工人下井时都会带上一只金丝雀，当作"瓦斯检测仪"。——译者注

并且日趋严重,给全球的稳定带来了极大挑战——英国争议不断的脱欧公投和法国动荡不安的"黄背心"运动就是典型的例子。在阿根廷、马来西亚和日本等国的国民选举中,农村人口与城市人口发生冲突的事件也相继上演,在这几个国家中,老年选民和农村选民在选举中拥有巨大的发言权[1];在澳大利亚,受极右民族主义、反城市化思想影响的政客们则在竭力拉拢大批农村地区的"头发花白的投票人"。农村和城市之间明显的社会不和谐现象只是现代社会的部分问题,我们往往忽略了社会发展的一些其他趋势——如全球化、城市化、数字化以及老龄化等,对它们是如何相互影响的这一问题缺乏研究。

例如在中国那样的国家,城市化和人口老龄化的速度非常惊人。随着适龄劳动人口纷纷离开农田走向工厂,许多农村家庭几乎成了空巢,只有老龄人和学龄儿童还在留守。面对这种迅猛而剧烈的变化,中国政府于 1996 年出台了《中华人民共和国老年人权益保障法》,规定成年子女必须承担起在身体和情感上照顾和关心其年迈父母的责任[2]。

中国政府的反应说明了该国向老龄化、城市化社会的转变有多么迅速。在这两种趋势的共同影响下,中国传统的家庭结构和养老模式已经发生了很大改变。

世界各地的农村社区都面临着被现代社会冲击的严峻现实,在自动化、整合化、全球化、气候变化和低出生率的大背景下,农村人已经很难再维持以前的家庭农场模式或过传统的乡村生活了。以美国为例,在全国 220 多万个农场中,96% 的农场为家庭私有。美国农业农村部国家食品与农业研究所（National Institute of Food and Agriculture of the USDA）预测：在未来的 20 年内，70% 的农场会易主，但许多家庭农场"缺少熟练掌握耕作技术或愿意继续务农的下一代"[3]。这意味着，这些农场可能会被卖给像嘉吉（Cargill）和孟山都（Monsanto）这样的大公司。

农村社区还必须面对这样一个现实，即在现代化、年龄和种族多样化以及增加税收支持基础设施和公共机构建设的竞争中，它们已经落后了。虽然有些农村地区的人口出现了正增长，但这些增加的人口主要是想在农村过田园生活的退休人员，他们并不会像劳动人口那样为当地的公共财政做贡献，这也让许多农村社区处于濒临消失的境地[4]。

超龄时代在未来的几年内就会到来，解决农村地区所面临严峻的人口问题（包括过度老龄化和人口数量减少）将至关重要。农村人口所面临的社会不平等现象和经济差距必须引起社会的注意，尤其是与城市人口的情况比较后，我们就再也不能忽视这一问题了。至少在短期内，农村社区需要更多的直接支持。不过，一些农村社区可以作为理想的创新试验场，为我们顺利向超龄时代过渡做好充分的准备——农村地区是迎接这些新挑战的前沿阵地。

逐渐收缩的农村社区

世界各地的农村社区正面临着超龄时代带来的严峻挑战。

农村社区正在经历快速转型，必须在克服各种资源不断缩减的情况下求生存，随着劳动年龄人口不断外迁，诸如医疗、教育和金融服务等资源也在进一步枯竭，地方政府将面临巨大的财政压力。这里需要明确的是：这种资源紧张的局面并非只在农村社区发生，只不过是农村社区首先遇到了而已。所以，我们目前能否成功解决这些问题将决定我们最终能否成功应对来自郊区和城市社区同样性质的问题。

美国有超过三分之一的县已经符合超龄时代的标准了，即65岁以上人口占总人口的20%，不过，将近90%的这些县都位于农村地区[5]。这意味着，许多这些经济已落后的农村县域正在遭受人口负增长的巨大冲击，人口负增长还会带来其他的负效应。在这些农村地区的县域中，有几十个县的65岁以上人口超过了总人口的25%，而且越来越多农村地区的年龄中位数超过了50岁。

在两种趋势的影响下，农村社区正在逐步走向老龄化。年轻劳动人口离开农村前往城市，到制造业和服务行业工作，这一趋势是人们的消费观念发生转变后形成的，而老龄人留在农村，逐渐变老，最终走向死亡。三分之一以上的美国农村县区正经历着显著且持续的人口流失，其中流失最严重的地区是中部的一些县区[6]。例如，在艾奥瓦州的99个县区中，多达三分之二的县区都遭受着人口流失的困扰[7]。这些趋势预示着，农村社区的老龄化将日趋严重，人们将越来越穷，乡镇和社区将慢慢消失。

在美国，许多生活在农村地区的人主要集中在一些半数以上老龄人口居住在农村地区的州。根据2012年至2016年的人口统计数据平均值，农村人口中65岁以上者占比为17.5%，而城市人口中的这一占比为13.8%，这一差距还有进一步扩大的趋势。南部和中西部地区四分之三的老龄人生活在农村地区，缅因州和佛蒙特州三分之二的老龄人生活在农村地区。（参见图7-1）在这些地区生活的老龄人大多已经退休或从事着薪水较低的工作，由于就业人口带来的税收收入在不断减少，当地的服务和基础设施也在不断恶化。随着人口密度的大幅降低和劳动力资源的日渐枯竭，要满足老龄人复杂的医疗需求将变得十分困难，成本也会大幅提高。

美国并不是唯一一个经历这种变化的国家。从2018年至2030年的12年间，德国的农村人口预计会下降7.3%，而意大利的农村人口预计将下降15%；预计到21世纪40年代，日本农村人口减少的速度将超过世界上几乎所有的其他国家。有人预测，随着时间的推移，地球上会有数以百计的小城镇将被人们完全遗弃。按照今天的标准，还有更多的城市将变得不再适合居住。

日本农村地区目前的严峻现实让我们看到了一幅真实的未来图景——社会老龄化已势不可当。距离东京约350英里的四国岛（Shikoku）地区有个叫名顷（Nagoro）的村子，几十年来，这里的人口不断外迁，留守人口老龄化非常严重。大约从20年前开始，村子里就再也没有小孩出生过。现在，只有大约25个人还居住在那里，最年轻的村民也将近60岁了。

百分比(%)	乡村	城市	佛蒙特州
缅因州	65.3	34.7	61.3
密西西比州	62.7	37.3	61.5
西弗吉尼亚州	54.7	45.3	50.3
阿肯色州	52.5	47.5	50.9
蒙大拿州	50.5	49.5	43.3
南达科他州	49.6	50.4	43.7
北达科他州	49.4	50.6	42.8
亚拉巴马州	46.5	53.5	39.5
肯塔基州	45.0	55.0	40.7
新罕布什尔州	44.4	55.6	40.9
爱荷华州	43.3	56.7	39.8
怀俄明州	41.1	58.9	35.6
俄克拉何马州	40.6	59.4	35.3
田纳西州	39.8	60.2	33.3
北卡罗莱纳州	39.2	60.8	33.2
阿拉加州	39.2	60.8	33.2
南卡罗莱纳州	37.1	62.9	34.1
爱达荷州	36.1	63.9	32.8
威斯康星州	35.7	64.3	28.7
内布拉斯加州	35.1	64.9	29.8
密苏里州	35.0	65.0	26.3
弗尼吉亚州	34.2	65.8	29.3
明尼苏达州	32.7	67.3	24.1
堪萨斯州	32.4	67.6	26.3
乔治亚州	32.3	67.7	25.5
印第安纳州	32.3	67.7	24.3
密歇根州	31.0	69.0	27.2
路易斯安那州	29.9	70.1	25.4
俄勒冈州	28.9	71.1	26.6
新墨西哥州	26.8	73.2	18.5
俄亥俄州	25.6	74.4	22.1
宾夕法尼亚州	23.5	76.5	21.9
美国	23.5	76.5	21.1
德克萨斯州	22.9	77.1	18.9
华盛顿州	21.5	78.5	15.2
特拉华州	20.6	79.4	15.5
科罗拉多州	20.6	79.4	17.3
马里兰州	18.6	81.4	13.7
伊利诺伊州	15.8	84.2	12.6
纽约	14.7	85.3	11.3
亚利桑那州	14.2	85.8	11.9
犹他州	13.1	86.9	10.2
康涅狄格州	13.1	86.9	9.5
罗德岛州	13.0	87.0	11.9
马塞诸萨州	9.9	90.1	9.2
夏威夷州	9.3	90.7	8.7
内华达州	9.1	90.9	8.0
加利福尼亚州	8.8	91.2	7.5
新泽西州	8.2	91.8	5.7
	7.1	92.9	4.9
	5.8	94.2	5.3
哥伦比亚特区		100.0	0.0

图 7-1 2012—2016 年美国各州城乡中 65 岁及以上人口的比例

注：数据为基于样本的估算。有关机密性保护、抽样误差、非抽样误差和定义等信息，请访问 www.census.gov/acs。

资料来源：美国人口普查局，2012 年—2016 年美国社区调查，5 年估算。

为了让名顷村看上去有些人气，留守村子的人们制作了许多栩栩如生的儿童和成人模样的稻草娃娃，将它们摆放到了包括学校在内的那些遭遗弃的建筑物中，以营造出村子昔日的生活景象。他们当然希望村子能恢复过去的正常生活，但这一做法只能给人留下一种不真实的感觉。名顷村现在成了名副其实的"娃娃谷"，因为这里的稻草娃娃比真正居民的10倍还多，村子也因此得到了媒体的广泛关注和报道[8]。

名顷村人口螺旋式的下降现象虽然能给我们带来一定的警示，但同时也掩盖了一些问题，因为许多报道者只是在猎奇，并未将其视为对未来社会的一种预兆。关于名顷村的报道很少会谈到一点，即正是工作岗位不足和基本服务（包括学校、医院、金融和零售等）的缺失才导致了这里的人口不断流失——在许多情况下，人口流失还会导致药物滥用和自杀事件的发生。

农村社会面临的挑战可归结为：年轻人由于缺乏机会要离开农村社区，而留在农村的老龄人却没有能力离开。美国农村地区的许多老龄人虽然都拥有自己的房子，但随着这些地区的人口不断减少，房产价格也随之大跌。即便这些老龄人能够卖掉自己的房子，但卖房所得很可能会低于他们搬到繁华城市居住的开销，或者低于长期医疗护理的基本费用，他们因此最终会花掉一生积攒的大部分乃至全部积蓄。

总体而言，无论在美国还是欧洲，农村老龄人比城市老龄人数量多的更有可能是受教育程度较低的白人。在美国，五分之四的农村人口为白种人，他们极可能是独自生活或住在养老院的男性。研究发现，农村社区的老龄人更容易患上慢性病，这是受教育程度低、收入低、享受医疗服务机会少的群体的通病。超过四分之一的农村男性和近五分之一的农村女性称自己每月与他人的社交活动不到一次，这会让他们产生较强的社交孤立感，而孤立感也是引发健康问题的一个社会诱因[9]。

农村地区的出生率也在下降，尽管要比城市地区慢一些。2007年至2017年期间，美国所有县的总体生育率都在下降：农村地区的县下降了12%，中小城市的县下降了16%，大城市的县下降了18%，现在这一差距还在扩大[10]。抛开这些数据不谈，农村地区和城市地区人口状况的主要差异仍然是：农村的人口迁出量大而迁入量小，老龄化趋势更明显。在过去的20年中，农村地区总共净减少了38万人——如果没有近60万外来移民补充的话，农村地区的净流出人口更多，达到了近100万人[11]。

移民约占农村人口的4.8%，占城市人口的16.6%，这一比例还在上升[12]。然而，由于农村繁荣程度降低，控制移民政策收紧，以及国界因疫情而关闭，是否会有那么多移民进入美国，这还是一个问题。流入人口减少可能会带来灾难性的后果，因为国外移民的进入是应对人口外迁地区人口下降最有效的办法。

远离城市（无论中小城市还是大城市）的偏远农村地区

的县域人口减少现象更为普遍。纽约州的哈德逊谷（Hudson Valley）和科罗拉多州的米纳勒尔县（Mineral County）的现实情况完全不同：前者是纽约市富人周末的度假胜地，而后者离最近的人口超10万的中型城市普韦布洛市（Pueblo）尚有4个多小时的车程。这种差异表明，用一刀切的方法去解决所有农村老龄化县域的问题是不明智的。

人口流失问题

以城市利益为主导的国家往往会忽视人口老龄化和人口减少的农村地区所面临的困难。然而，精力充沛、身体健康的农村人口对一个国家思想与文化的多样性而言至关重要。农村的传统在城市人眼里可能已经过时，但无疑都归功于国家的发展。农村地区不应只被视为提供食物和能源的地方，许多国家在这点上都做得不好，美国表现得尤为明显。

随着农村生产的自动化，经营农场、砍伐树木和加工食品所需要的人越来越少。那些之前从未考虑过要搬往城市的人，为了更多的高薪机会而移居城市。2008年"大萧条"过后的发展趋势表明：农村和城市地区的繁荣进程并不同步。随着育龄青年长期外迁，留守在农村社区的老龄人口比例越来越高，吸毒和自杀导致的死亡率也在逐年上升。

近10年来，每年都有数万人"死于绝望"，导致了平均预期寿命下降的趋势,这种现象不仅发生在农村社区,在整个美国都一样[13]。"死于绝望"这一说法最早由安妮·凯斯(Anne Case)和安格斯·迪顿(Angus Deaton)这对夫妻研究小组提出,安格斯·迪顿还于2015年获得了诺贝尔经济学奖。这样的趋势始于21世纪初,几乎是与"大萧条"结伴而行,一直持续到2016年。

美国农业局联合会(American Farm Bureau Federation)和美国农民联盟(National Farmers Union)2017年的一份联合报告称,有近四分之三的直接从事农业生产的人"深受阿片类药物的影响,他们要么是认识某个服用该类药物的人、要么是有家人服用该类药物成瘾、要么是自己服用非法药品、要么是自己与药物成瘾做斗争"[14]。然而,只有三分之一(34%)的农村成年人表示,药物成瘾治疗很便捷。只有三分之一多一点(38%)的人表示他们可以找到有效、便捷、有保险承担或负担得起的医护服务。

根据美国疾控中心(CDC)的统计数据,2007年至2015年间,农村地区的药物过量致死病例数量远高于城市地区[15]。而2016年至2017年间,城市地区的药物过量致死病例数量超过了农村地区,尽管农村地区女性药物过量死亡的比例仍然高于城市地区女性。

从美国国家生命统计系统(NVSS)上的死亡数据中,我们除了可以看到2001年至2015年期间的死亡人数和死亡方式外,还可以看到农村地区的县域、中小城市的县域以及大都市的县域各自的自杀率发展趋势。总体而言，农村地区县域的自杀死亡率（每 10 万居民中 17.32 人）高于中小城市的县域（每 10 万居民中 14.86 人）和大都市的县域（每 10 万居民中 11.92 人）[16]。

2018 年，45 岁至 54 岁的成年人以及 55 岁至 64 岁的成年人的自杀率较高，前者为每 10 万人中 20.04 人，后者为每 10 万人中 20.20 人，而这其中又以 52 岁至 59 岁的成年人自杀率最高，为每 10 万人中 21.56 人[17]；年轻人的自杀率一直低于中年人和老龄人。根据《美国医学会杂志》网络版（*JAMA Network Open*）上的一项研究统计：25 岁至 64 岁美国人的自杀率上升了三分之一多；农村地区的自杀率比主要大都市高 25%[18]。

农村社区的这些问题造成了工作年龄人口的流失，加剧了其老龄化的程度，而人口结构的变化让农村社区再难提供有效的基本生活服务。结果，所有的这些变化就产生了多米诺骨牌效应，至今仍未能得到有效遏制，大量的农村社区变成了不再适合生活的地方，那些曾经生机勃勃的小镇似乎没有什么东山再起的机会了。

对教育和医疗系统的破坏

当人口开始下降，尤其是年轻的创收家庭中的人口减少时，公共基础设施将遭到重创，而学校往往首当其冲成为牺牲品。这是人口螺旋式下降的早期迹象之一,在这一时期,无论公立学校还是私立学校都开始纷纷关闭,且复学无望。在过去的几十年里,农村地区在不断将小城镇的学校合并到较大地区的学校中,或者干脆关闭所有学校。这种情况在中西部、西南部和南部腹地的农村地区尤为普遍,那里的孩子现在不得不长途跋涉,有时要走几小时才能赶到学校接受基础教育。

农村社区的学校通常会因为公共资金缩减和入学率偏低而停止办学,或者为降低成本而与其他学校合并。但具有讽刺意味的是,众多研究表明:小型社区学校的学生除了课外活动参与率更高外,考试成绩往往也更优秀,毕业率也更高——这些学校对普通的年轻家庭也更有吸引力。

学校一旦停止办学,其所在村镇也就失去了一个主要的社区活动和交流中心,村镇之前的身份也将不复存在。在许多情况下,这会加速人口结构变化,导致医院和卫生中心等其他基础设施关停。医院和卫生中心的关停对老龄人的影响巨大,因为他们比年轻人更需要医疗卫生服务。如果附近没有了医疗机构,老龄人就得长途跋涉去看病,而让他们驾车(尤其是长途驾驶)又极不现实,所以他们的生活会因此而备受影响。

根据总部位于芝加哥的查蒂斯农村卫生中心(Chartis Center for Rural Health)的一项研究标明:在过去的10年中,全美有120多家农村医院关闭。截至2020年1月,美国还有1844家农村医院,关闭的农村医院约占之前医院总数的 7%。该研究还发现,近年来农村医院的关闭速度在不断加快,仅在 2019 年就有 19 家关闭,这也是过去 10 年中最糟糕的一年[19]。这些医院的关闭让在医疗服务上本就捉襟见肘的农村社区雪上加霜。

毫无疑问,这些关闭了的医院大多位于不能为高危人群(老龄人或穷人)提供足够公共资金(医疗保险和医疗救助)的州,而且这一趋势根本没有好转的迹象。(参见图 7-2)这种状况与自费看病人数和选择性手术数量的减少也不无关系,这都是已在走下坡路的医院的主要收入来源。新冠肺炎疫情阻断了许多医院通过选择性手术增收的渠道,所以全国范围内可能会有更多的医院关闭。面对这种情况,美国医院协会(American Hospital Association)于 2020 年向联邦政府提出了 1000 亿美元紧急拨款的申请,理由是大量的农村医院无法再承受巨大的损失,或将面临关闭的命运,而这些医院一旦关闭,当地的老龄人就必须开车数小时前往其他医院才能获得基本的医护服务[20]。

根据查蒂斯农村卫生中心的统计数据显示:在新冠肺炎疫情暴发之前,从业务水平看,有 453 家农村地区的医院(急重症医院和农村及社区医院)有可能最终关闭[21]。急重症医院是由美国卫生与公共服务部(Department of Health and Human Services)指定的医院,有资格获得更多联邦政府资金的资助。这些急重症医院约占美国所有农村医院总数的

20%，若将它们都关闭，后果将不堪设想。

	农村（%）	城市（%）
潜在健康问题（20~84岁）	23.7	3.0
老龄人口规模	15.9	4.0
缺少医疗保险（25~64岁）	20.2	10.5
距离有重症监护的县级医院较远	11.3	0.3

图 7-2

资料来源：美国农业农村部经济研究服务处

https://www.ers.usda.gov/amber-waves/2021/february/rural-residents-appear-to-be-more-vulnerable-to-serious-infection-or-death-from-coronavirus-covid-19.

新冠肺炎疫情期间，重要卫生基础设施缺失的严重后果也开始显现。在美国最初的 10 万新冠肺炎死亡病例中，绝大多数病例还是来自城市中心地区，农村社区的死亡病例只占到了总死亡病例的 5% 左右；然而，第二批 10 万死亡病例的情况就发生了较大的变化，来自农村社区的死亡病例占到了总死亡病例的近 15%。事实证明：生活在农村地区的人由于潜在健康问题、年龄较大和缺少医疗保险等因素的存在，在感染新冠肺炎病毒后更容易发展为危重病人或死去。

在 2020 年 9 月下旬开始的最新一波疫情中，农村县区的发病率最高，那些全部由人口少于 2499 人的村镇组成的县区尤其严重。在这波疫情中，南部和中西部的农村社区受到的冲击最大,有些社区每10万人的死亡比例追平甚至超过了2020年上半年全球疫情中心纽约市的数据。由于疫苗接种率远远滞后,中西部和南部的许多州在整个2021年仍然处于疫情旋涡之中,还有一些州甚至经历了第三波感染,达到了疫情暴发以来最严重的程度——虽然沿海的各州已经开始在恢复某种意义上的正常生活。(参见图7-3、图7-4)

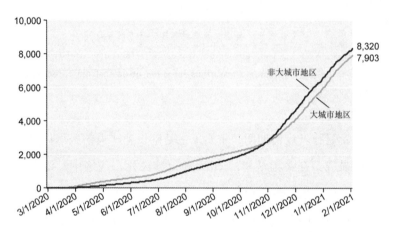

图7-3 大城市地区和非大城市地区每10万名居民中新冠肺炎累积确诊病例数
2020年3月1日至2021年2月2日

注:基于2013年管理和预算办公室所确定的大都市和非大都市地区的数据。
资料来源:美国农业农村部经济研究所,引自约翰·霍普金斯大学系统科学与工程中心的数据。(访问日期:2021年2月3日)

处于风雨飘摇的危险境况中的不仅仅是医疗基础设施,还有医务工作者队伍。根据《新英格兰医学杂志》(*New England Journal of Medicine*)2019年的一份报告:农村医务工作者队伍正在迅速老龄化，这也反映出了年轻医生普遍不愿到农村地区就业的客观现实。从 2000 年至 2017 年，农村地区的医生数量只增长了 3%，而 50 岁以下的医生数量则减少了 25%[22]。这就意味着，在其他条件不变的情况下，到 2030 年，农村地区平均每 1 万人中只有 9.4 名医生。

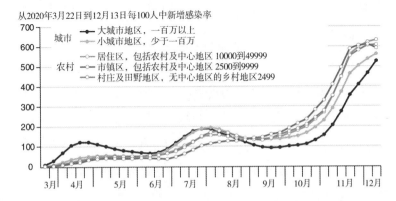

图 7-4 2020 年夏季，农村（非大城市）地区的新冠肺炎病例率激增，最终超过了城市（大城市）的比率

注：图表显示的是每 10 万名 20 岁及以上的成年人中新出现新冠肺炎病例的三周平均值变动情况，过去三周的平均周发病率值。县际通勤量较大时，微型城市包括邻近的农村县城。

资料来源：美国农业农村部经济研究所，引自约翰·霍普金斯大学的数据，以《纽约时报》"美国冠状病毒"数据库的数据代替了缺失的信息。

农村地区医疗卫生机构面临的挑战不只是招不到、留不住医生的问题，想保持一支稳定的护士和助理队伍也很困难，这些人员配备是否到位也会直接影响到整体的医疗服务质量。可问题是,那些合格的、能通过药物测试的医务人员,有谁愿意拿着低薪到农村地区的医疗卫生机构工作呢?而人员短缺问题可能会使管理部门的监管概率(比如,作为监督过程的一部分,政府会对养老院进行调查,发现问题就会起诉疗养院违规经营)上升。结果,工作人员的流动就会增多,医疗服务提供者的运营成本增加,病人、居民和家庭护理人员的满意度也会随之降低。

因为2020年新冠肺炎疫情的暴发,美国的许多医护人员可能提前了退休时间,正常情况下,他们享有比平均水平更长的职业生涯。2020年夏天,非营利组织医生基金会(Physicians Foundation)对3513名医生进行调查后发布了一份报告称,4%的医生表示,考虑到新冠肺炎带来的健康风险,不会返回工作岗位,28%的医生表示会"继续工作,但会严重担心新冠肺炎对他们健康的影响"[23]。考虑到农村医疗工作者的年龄因素,提前退休的情况可能会更快地出现在农村地区。

主街的消失

20世纪90年代,大型零售商开始进入市场。随后的几十年里,村镇主街上的"夫妻店"就一直备受打压。过去10年来,随着像杰西潘尼百货(JCPenney)和梅西百货(Macy's)等家喻户晓的品牌零售企业纷纷倒闭,美国的零售业遭受重创,而农村地区零售业则受到更为严重的冲击。就连沃尔玛这个曾经的零售市场破坏者,这个在许多州都是最大雇主的大型零售商,在过去的10年里也关闭了近200家门店,其中许多门店都位于极小的乡村小镇。

美国进步中心(CAP)发布的报告《美国农村地区的经济复苏和商业活力》表明:大萧条以来,小型公司的增长一直集中于城市及城市周边地区。而在同一时期,几乎所有农村地区都失去了数以千计的工作岗位,而且创业公司在不断减少[24]。旨在鼓励农村创业的公共政策并未发挥出预期的作用,如果得不到联邦政府或州政府财政支持的话,那么因2020年第一波疫情冲击而关闭的小型公司可能会在第二次封控中彻底倒闭。

零售银行是遭受重创的领域之一。美联储2019年的报告《主街视角:农村社区的银行支行》表明:将近800个农村地区的县区失去了1533个支行,占到了银行支行总数的14%。报告称,尽管城市地区的县也失去了一些支行,但只占总数的9%[25]。这一研究发现突显了一种趋势:即农村地区与服务更好、更繁荣的城市中心之间的差距正在扩大。有些人可能会对此不屑一顾,因为网上银行正在兴起,但对于农村社区而言,除了对数字技术不了解外,宽带接入不畅也会构成问题,而这两点都是获得网上金融服务的必备条件。

包括农村地区在内的老龄人口还有为社会做贡献的潜能,但是我们必须重新进行资源配置,以支持那些能够刺激经济增长的小型企业的发展。这就要求我们不仅要调整对待农村人口的集体态度,还要调整对老龄人口经济潜力的旧有态度。

如果我们不进行必要投资,不在农村社区重建主街企业和公司的话,那农村社区早晚会崩溃消亡。结果就是,各种生活服务将不复存在、企业将陆续关闭、剩余的健康人群将搬往距城市中心更近的地方,留在农村社区的就只剩下疾病缠身和老无所依的人了。

未来之路

遗憾的是,政府并没有制定出明确的政策去解决农村社区老龄化和空巢化的问题。然而,如果我们认可农村社会的文化和传统,就必须通过公共基础设施项目进行投资,同时尽可能通过私营部门将技术和创新带到这些地方。

如果想让农村社区重新站稳脚跟,我们就必须坚持目前一些最好的做法。幸运的是,许多最好的项目都以现有的基础设施为依托而开展。我们在考虑当前农村实际困境的同时,还必须设法消除城市对这些地区的偏见。

我们也可以向过去学习,从中获得启发。历史上,伟大领袖为了造福民众,就曾建立非凡伟业。大萧条爆发几年后的1933年,富兰克林·德拉诺·罗斯福(Franklin Delano Roosevelt)总统开始推进立法工作,创立了新政(New Deal),创建了田纳西河流域管理局（TVA）。田纳西河流域管理局是一家由政府支持的大型私营企业，承担在田纳西河流域修建水坝发电的任务，为1000多万美国农村居民提供用电服务。该公司目前仍在运营，而且仍在盈利。

当初把美国从大萧条中拯救出来的是果敢的行动，现在实施美国救援计划（American Rescue Plan）同样也需要采取迅速果敢的行动，这也是美国历史上规模最大、影响最为深远的支出计划之一。2021年3月，美国总统乔·拜登签署了一项具有标志性的立法决议，决定拨款1.9万亿美元以重振美国经济，向农村社区加大投资：扩大互联网覆盖率并建立房主援助基金以帮助因新冠肺炎疫情陷入困境的房主支付抵押贷款、财产税、财产保险、公用事业费和其他与住房有关的费用。该计划还试图帮助解决无家可归者和通过网课学习的学生的实际需要，包括食品安全问题，以及新冠肺炎测试和疫苗接种的需求。该计划还将部分资金用于美国农村地区[26]：

•5亿美元用于帮助农村医院和社区获得新冠肺炎疫苗和食品援助。

•1亿美元用于帮助低收入和老年租房者减轻租金压力，援助持续到2022年9月。

•3900万美元用于"单户住房担保贷款计划"和"单户住房维修贷款与补助金"的直接贷款再融资，援助持续到2023年9月。

在农村社区基础设施的未来投资和创新问题上,美国也可以借鉴世界其他各国的做法。在农村人口老龄化速度最快的日本,政府通过发起日本邮政守望服务(Japan Post's Watch Over Service)计划,调动邮政员工为农村的孤寡老龄人提供急需的产品和服务[27];法国邮政于2017年也推出了一项类似的名为"照看我的父母"(Veiller Sur Mes Parents)的服务[28]。其他国家的邮政服务机构也在研究类似的方案[29],甚至有越来越多的人要求美国邮政也将银行业务纳入其服务清单[30]。这些都是利用现有资源和基础设施解决超龄时代农村社区所面临挑战的可行办法。

英格兰纽卡斯尔建房互助会(Newcastle Building Society)正在填补大银行撤离后农村社区的金融服务空白,主要通过社区中心为农村地区提供服务。这种服务农村社区的方式是纽卡斯尔战略的主要组成部分。此外,和邮政等服务性机构一样,纽卡斯尔的银行也在农村社区开设有营业网点,但规模通常较小,不像传统零售银行那么大[31]。

像学校这样已不再被投入使用的基础设施正在被改造为老年日托中心。"日托中心"一词虽然很贴切,但我不喜欢这样的表达,因为这会让人产生错误的联想,以为服务对象是儿童和幼稚的老龄人。世界上一些社区的实践表明:我们可以将学校教育和老年护理的功能整合到一起,这样不仅可以降低运营成本,还能让儿童和老龄人都受益。1976年,位于东京郊区的甲东园（Kotoen）就开创了这样的一种运营模式，将年轻人和老龄人的需求结合了起来。每天，学龄前儿童被送到甲东园，迎接他们的是这里的老年居民，其中不乏百岁老龄人。孩子们一整天都在与长辈们互动，和他们一起锻炼、一起用餐，从他们身上学习人生经验，包括关于死亡的知识[32]。如今，包括美国和欧洲在内的世界各地都在复制这种社区模式。

德国政府正在努力利用电子医疗技术为医疗服务水平落后的农村地区提供诊疗服务，以确保那里的老龄人也能享有与城市地区相同质量的服务[33]。最近，政府通过立法的形式要求医疗保险公司在医疗资源匮乏的农村地区建立远程医疗咨询服务站，最终的目标是为生活在农村地区的人提供远程诊疗服务。

对于美国的农村地区来说，利用技术也不失为一种好的办法。退役军人事务部的互联护理办公室正在努力将数字技术送到偏远社区的退役军人和医疗保健专业人员那里，让他们在传统办公室以外的地方也能够享受到优质的医疗服务[34]。互联护理办公室致力于通过技术手段提高医疗保健服务质量，让退役军人和护理团队除了访问传统的医疗机构外，还能参与到包括远程医疗在内的医疗服务项目中来。

许多像爱彼迎这样的移动服务平台正在帮助日本乡村的老龄人将他们的房子出租给来自世界各地的游客，以此来增加收入。此举不仅有助于振兴偏远地区的经济，还能遏制那里的人们向城市移民。吉野杉之家（Yoshino Cedar House）就是东京的一位建筑师长谷川豪(Go Hasegawa)与当地社区的一个合作项目,旨在应对日本人口迅速老龄化、农村人口急剧减少的问题[35]——爱彼迎与韩国和中国台湾农村地区的老年房东也有合作关系。

优步已将服务日本农村地区及其老龄人作为该公司在日本的核心业务。2015年,该公司从北海道和京都府的一些农村地区开始渐次进入日本市场[36],极大地方便了行动困难的老龄人的出行需求,也为喜欢到偏远地区旅游的人提供了极大的便利,因为没有汽车,要想深入这些地方会非常困难。优步的员工来自社会各阶层,有退休人员、学生,甚至还有家庭主妇或家庭"煮夫"。优步下一步还计划通过与现有的出租车平台合作,尽可能在日本全国范围内拓展业务。

位于意大利西西里岛内陆的卡马拉塔(Cammarata)等市镇的做法或许能为那些即将消失的农村社区提供一种解决问题的思路。不久前,卡马拉塔和意大利一些其他地区的政府开始推出了一欧元起价的房屋售卖计划,以此吸引年轻买家前来定居,消除人口老龄化和人口减少给当地带来的影响[37]——卡马拉塔也是意大利百岁老龄人最集中的地方。通常情况下,买家需要在购房的一年内进行装修,卡马拉塔市长称,这一举措引发了强烈反响。

卡马拉塔政府的决定是否能阻止年轻人外迁、人才外流的趋势,我们拭目以待。与其他人口结构相似的小镇一样,在新冠肺炎疫情肆虐期间，不断有年轻人返乡，卡马拉塔也看到了命运转变的希望。此外，"新农村人"（首次选择迁入农村生活的外地人）的加入也可能变为现实。新冠肺炎疫情或许正在加速改变人们的思想，人们想在城市以外的地方生活，或者至少开始向往这样的生活了。房产网（Redfin）的调查数据显示：疫情暴发之前，只有十分之一的购房者称自己打算在农村地区买房。现在，有五分之一的购房者表示会考虑在农村地区安家。这一变化与传统的工作时间及办公模式被迫改变不无关系，疫情期间，人们几乎全部都在虚拟的世界中工作。那些经济宽裕的人会选择在农村和城市都留有住所，而有的人则可能永远放弃城市生活。

一些地理位置偏僻、人口结构失衡的美国城市也在采取经济激励措施积极吸引人才。迁出人口数量常年超出新生人口和迁入人口数量的俄克拉荷马州的塔尔萨市（Tulsa）出台了一项经济激励政策，为每位到该市工作的技术人才提供 1 万美元的安家费。除此之外，凯撒家族基金会还会为他们提供 1000 美元的住房补贴，一年内付清[38]。美国一些已迈入超龄时代的州（比如，缅因州和佛蒙特州）也已经明确表示：希望招募更多的年轻工人，以缓解人口老龄化造成的纳税人口减少的状况。为此，这些地区同时通过税收优惠和直接发放现金补贴的方式吸引年轻人前来就业。

为了解决农村社区人口结构比例失衡的问题，我们必须先摒弃过去的一个观念——向老龄化的农村社区投资不会产生商业利润。我们太容易认为：只有在城市地区投资才能取得较好的回报，毕竟那里的年轻人更多，消费者基数更大，利润率更高。但事实上，扎根农村的企业也可以发展得非常好，不论是农业公司、农业技术公司、家庭手工业、农村外包公司、个体户、小型咨询公司，还是面向社区的合作零售店。扎根农村的企业尽管往往规模较小、发展速度较慢，却有可能比城市企业赚取更多的利润、获得更高的生存率。而且，目前企业家在农村地区发展也更容易获得投资资本[39]。

微软首席技术官凯文·斯科特（Kevin Scott）在其所著《重塑美国梦：从农村到硅谷——让人工智能服务所有美国人》（*Reprogramming the American Dream: From Rural America to Silicon Valley—Making AI Serve Us All*）一书中提出了一个乐观的观点：即我们在未来可以利用技术弥补年轻劳动力短缺的问题。他认为：机器人技术可以延长劳动密集型企业工人的工作寿命，这一点毋庸置疑。处于超龄时代的德国等国家为了解决制造业技术工人短缺的问题，已经开始推广应用机器人技术。斯科特指出：随着宽带接入投资力度的加大，以及对企业利好的税收激励政策的出台，人工智能驱动的制造业便可在美国的中心地带蓬勃发展起来。

小型企业在老龄化农村社区如何继承也是一个全球性的热门话题。重新定义您的退休（Redefine Your Retirement，简称 RedTire），是堪萨斯大学商学院的一个民间组织，主要业务就是免费为堪萨斯州农村地区提供企业继承的相关服务。位于内布拉斯加州林肯市的农村创业中心（Center for Rural Entrepreneurship）是美国和加拿大一些社区的合作伙伴，其业务是为这些社区做宣介活动，从而吸引新一代潜在的小企业主来这些社区创业。

日本在企业继承方面遇到了一些棘手的难题，于是政府委托日本中小企业协会（SMEA）制定了一个"企业继承五年计划"，鼓励企业领导者培养良好的企业继承意识，并为下一代人企业继承人创造一个良好的环境[40]。如果没有任何继承计划的话，日本的许多传统手工业或许在未来的十年内将不复存在。

私募股权公司开始越来越关注日本以及世界各地其他农村地区的一些中小型企业，因为这些企业可能有优质的产品，只不过一直没有得到发展所需的资本而已。对那些没有家族继承人或买家接手的企业，私募股权公司尤其感兴趣，它们要么会直接收购这些企业、要么会先购得部分股权，然后再伺机获得这些企业的实际控制权。事实证明：这是一种有利于企业主和投资者的双赢关系。

这些政府和企业清醒地认识到了超龄时代的现实，采取了务实的行动，他们正在利用公共资源和私人创新结合的方式来满足人口情况迥然不同的未来的需求。但是，仅仅采取应对变化的措施并不足以让我们走向卓越，我们还需彻底消除蒙蔽我们双眼的偏见。

无论隐性还是显性的偏见都是客观存在的事实，一旦针对老龄人或农村人等历史上被边缘化的群体的偏见形成，就会产生极大的破坏性，给社会进步造成巨大障碍，让社会无法发挥真正的潜力，进而阻碍经济的增长。我们应该以一种全局观看待目前的社会问题，在强调公平和包容的同时，要发挥不同群体和不同地区的人的独特优势，这样，一幅蔚为壮观的超龄时代画面就将呈现在我们的面前。在超龄时代，我们大有可为，但我们必须马上行动起来，激发所有群体、各年龄段和不同地区的人们为社会多做贡献，携手迈向更美好的未来。

我们过去一直都未能尽早解决不平等的问题，所以今天才会经常碰到更大的社会矛盾和经济问题。未来的寿命差距或许比现在还要大，社会财富或许会继续集中在少数高收入者手中，城乡差距或许会大到无法逾越。如果再这样发展下去，未来人口结构就会出现反乌托邦状况，再难恢复到理想状况了。

第三部分

人口新秩序

| 8 |

面对新现实

人们对超龄时代有个最大的误解,即认为它始终只关注老龄人的生活。诚然,现在全球65岁以上的人口比以往任何时候都要多,但该群体数量指数级式增长也掩盖了一个事实:即人类寿命的延长正在改变着每一个人的生活。据联合国估计:2022年全球至少有四分之三的人口寿命可达65岁(1960年的这一比例不到该比例的一半),越来越多的人都能活过传统的退休年龄[1]。现在,八旬以上的老龄人是世界上增长最快的人口群体。

寿命延长并不意味着风烛残年的延续,而是鼎盛春秋的延展。与20世纪出现的青少年阶段和退休阶段拉动经济发展一样,这一新延展的生命阶段也会给企业带来绝佳的商机。科学进步推动人类进入了超龄时代,让人们能比祖辈们更长时间地保持身心健康；科学进步还创造了更好的社会经济条件，让年轻一代推迟或根本不必去完成诸如买房买车或结婚生子这样的传统里程碑式的任务，所有这些因素正叠加到一起，让我们不得不重新思考：到 30 岁、50 岁、70 岁，甚至 70 岁以后，我们会过一种怎样的生活？

新的产品和服务也在开发和部署之中，我们不仅要服务好老龄人口，还要服务好想长久健康生活的各年龄段的人群。随着人口的大量增加，社会和经济现实也在发生改变，许多公司也在重新考虑其发展方向。一些创新技术不仅让患有慢性疾病和非传染性疾病的人感觉到自己很"正常"，还让人们对"老年"一词的所指进行了修正，因为越来越多的人不愿给自己贴上"老年"的标签。一些优秀的企业正在研发新的产品和服务，试图以一种不会让人恐慌的方式应对人们所担心的衰老问题。它们摆脱了基于年龄的产品设计和营销模式，在设计满足消费者需求的产品和服务与迎合他们想留住青春、不想与社会脱节的心态之间巧妙地"穿针引线"；它们在产品和服务的设计过程中考虑到了不同年龄段群体以及老龄群体的实际需要，在人力资源开发和市场营销及传播计划的制定过程中将老龄化和长寿当作了核心考虑要素。

超龄时代第一波浪潮

我父亲加里·舒尔曼（Gary Schurman）就是一位典型的超龄消费者，他一直都在积极寻找合适的产品和服务以保持身体健康和正常生活的能力（比如说驾车）。他虽然在2017年圣诞节中风，但未因此而自怨自艾，而是积极配合完成治疗①过程中的各项任务，并主动选择和购买了一些产品和服务。这些产品和服务让他不久便重新获得了独立生活的尊严，并让他在整个恢复过程中都保持着良好的心态和精神面貌。

我的父亲并非个例。每年，美国都有成千上万的人受到中风的影响。据估计，到2030年有3.88%的美国人口，即大约1400万18岁以上的人将受到中风的困扰。这是一个很大的群体，他们需要考虑一个问题——是放任身体衰老下去，还是利用合适的产品和服务来帮助自己继续过有意义的生活？

我父亲购买的第一件产品是一辆安全性能较高的新款汽车，非常适合像他这样身体状况的人驾驶。当时，他的周边视觉感知能力略有下降，而他购买的保时捷麦肯（Macan）是一款高配版的运动型跨界车，配备了许多适合老龄人驾驶的安全功能，包括一键启动、前后摄像头、360度全景影像和行车辅助技术等等。

---

① 应用有目的的、经过选择的作业活动对丧失生活自理和劳动能力的患者进行治疗和训练的一种康复治疗方法。——译者注

和大多数成年子女一样,我也很担心老父亲的安全。一想到他要从以生产跑车著称的公司购买汽车,我就有些担心。不过,那辆保时捷确实非常棒,让驾驶它的父亲再次充满了自信。更为重要的是,这辆车在让父亲保持出行能力的同时还充分保证他的安全。后来,父亲又购买了一辆配置有自动驾驶技术的特斯拉 Model S,因此可以轻松舒适地开车去更远的地方。

虽然寿命在不断延长,但健康问题依然存在,人们仍有可能经历某种身体上或认知上的障碍,比如我父亲就得过中风。活到 50 岁时,大约一半的人会患有一种疾病,五分之一的人会患有两种疾病,大约十分之一的人会患有三种疾病。而活到 80 岁时,患病人数的比例就会急剧上升,百分之九十的人至少会患有一种疾病,超过三分之一的人会患有三种或更多种疾病。

从统计意义上讲,人的寿命越长,生病或出现健康问题的可能性就越大,因此而死亡的可能性也就越大。但这并不能说明:现在人们的健康状况就要比前几代人的差。相反,今天的长寿老龄人看上去在生理年龄上要比前几代的同龄人显得更加年轻。这也意味着,他们的身心更为健康;这也说明,我们对老龄人持有的许多偏见,尤其是认为他们体弱健忘的观点,可能与现实完全不符。

2020 年,芬兰于韦斯屈莱大学(the University of Jyväskylä)的研究人员发现,现在的老龄人在身体状况和认知能力上明显好于上一代人。他们对两组出生相隔28年的75岁至80岁年龄段的对象（第一组出生于1910年或1914年，第二组出生于1938年或1939年和1942年或1943年）进行了调查，结果发现第二组调查对象"在最大身体机能测试中表现出了非常明显的优势。这表明：芬兰现在75岁至80岁的老龄人比上一代老龄人拥有更好的身体机能"[2]。

这样的研究不仅表明今天的老龄人可能比上一代老龄人更"年轻"，还表明某些生命阶段可能在改变或延长，新的生命阶段可能正在出现。研究还表明，人们即使患有一两种疾病，仍然可以健康生活。这意味着：与前几代人相比，今天更多的人一生中将拥有更多可以健康工作和生活的日子。因此，我们有必要去纠正过去针对老龄人的许多错误观念和偏见。也许"50岁又是一个30岁"的说法不无道理，至少从身体机能上讲是对的。

生命历程在变化

岁月流逝，生命衰老，这是不可抗拒的自然规律。但是，每个人在生理、经济与社会生活方面的衰老还会受到许多因素的影响，包括个人行为和个人选择、就业状况、医疗和科学干预、政府项目以及私人部门创新等等。所有这些因素都可能提高或降低个人的生命质量，进而延长或缩短其一生的健康时长。

人们很少讨论，也不太明白，寿命延长会对个人整个一生而非生命最后几年里的社会及经济情况产生多么深远的影响。如今的年轻人不仅会活得更久，而且在生活方式上也会与父辈和祖父辈有很大的不同。他们的收入会减少，会推迟甚至放弃去完成生命旅程中具有里程碑意义的事情。他们未来还有可能享受不到前几代人享有的各种政府福利，比如社会保障和医疗保险。

彭博社最近的一份报告显示，现在"千禧一代"在美国的劳动力中占比最大，但他们拥有的财富只占全国总财富的4.6%。在未来的两年内，他们必须将自己的储蓄翻两番，才能达到"婴儿潮一代"在20世纪80年代和他们年龄相仿时所拥有的财富水平。现在的年轻人还需要在其工作岗位上工作更多年头，除了因为他们和上一代人有较大的收入差距外，还因为他们会比前几代人活得更久，他们生命最后几年的养老金来源可能就是个人的积蓄或家庭成员的资助。这些现实在给社会带来潜在商机的同时，也给年轻人在做未来规划和长寿规划时带来了挑战。

家庭模式也在发生改变。在人类历史的大部分时间里，人们一直是以大家庭模式生活的，即包括祖父母、父母、兄弟姐妹、姑姑、叔伯和堂兄弟姐妹在内的几代人共同生活在一个屋檐下。现在，全球仅有三分之一左右的人口还在以这样的家庭模式生活。这样的家庭模式历史上是以农村社会为基础形成的，从本质上讲，一个家庭就是一个经济单位。直到1800年，四分之三的美国人还在农场生活和工作，四分之一的人在家族企业工作。随着社会不断向现代化迈进，家庭模式也在发生改变，除了由双亲及其子女组成的"核心家庭"模式外，还有越来越多不同年龄段的人选择了不结婚、不要子女的独居家庭模式。

独居模式不仅会影响家庭的收入和购买力、社区的住房和服务类型、卫生资源的分配方式，还会改变消费者的行为，因为单身人士根本就不需要购买那么多东西。在人们长寿但少子的现实环境下，我们就会看到经济生活各个方面彻底转型后所造成的多米诺骨牌效应。家庭规模正在缩小，酒类和食品等灵活的单件包装产品已经出现了指数级增长，受到了越来越多独居者的欢迎。

但最近一些年来，一种与独居生活相反的趋势开始出现：越来越多的单身年轻人回归到了与父母同住的模式，而且同住的时间也越来越长，因为他们发现自己已无法承担独自生活的成本。出现这一现象的主要原因是年轻人的工资水平一直较低，而医疗和住房等方面的成本却在不断上涨。这一趋势在新冠肺炎疫情期间以及随之而来的经济衰退期更为明显，现在美国大多数18岁至29岁的年轻人都选择与父母同住，这是2008年大萧条以来第一次出现这样的情况[3]。独立生活的年轻人数量减少意味着房屋空置率可能会上升，租金可能会下降，这虽在一定程度上会减轻人们的租房压力,但同时也会对周边社区的经济产生负面影响。

不过,至少人们的家庭和生活经历正在变得日益多样化。一方面,能够负担得起保洁、烹饪和护理等各种服务的富人继续独自生活,或以核心家庭的模式生活。另一方面,穷人则倾向于选择传统的大家庭生活模式或数代同堂的家庭生活模式,这样才能形成更具凝聚力的社会和经济单位——移民家庭的情况尤其如此。

还有一些人,尤其是在城市里生活的少数群体正在以"选择的家庭"(chosen family,19世纪末由性少数群体创造的一个术语)这种模式试图创造一个类似于传统意义上的大家庭:在这种家庭里,成员可以是没有血缘关系的朋友和邻居。无论是主动选择还是迫于无奈,人们都在调整家庭模式和生活经历,以适应超龄时代的新现实。"选择的家庭"这一术语的最早使用时间虽然不是很确定,但可以肯定的是,该术语是在19世纪60年代的哈莱姆舞会(Harlem Ball)中出现的。"选择的家庭"这一表述在20世纪末得到了普及,很可能是在1991年《巴黎在燃烧》(Paris is Burning)上映后流行开来的。

生命里程碑在变化

年轻人的新常态在很大程度上可归结为基本的经济问题:

他们不仅收入比父辈们低,还因为教育、住房和医疗费用不断上涨而债台高筑。财务负担直接影响到了他们所有的经济决策,尤其是一生中最重大的决策。

2020 年,男性的平均初婚年龄将近 30 岁,女性的将近 28 岁。虽然历史上女性的初婚年龄要比男性的初婚年龄小三岁,但这一差距一直在慢慢缩小,到现在只相差两岁。半个世纪前的 1970 年,男性平均初婚年龄为 23 岁出头,女性平均初婚年龄为近 21 岁。现在,在 18 岁至 34 岁的年轻人中,大约三分之一已婚;而在四十多年前的 1978 年,这一年龄段的年轻人中,已婚者占到了三分之二。

年轻人在推迟结婚的同时,也就相应地推迟了生育。自 20 世纪 80 年代以来,美国女性初为人母的平均年龄从 21 岁上升到了 26 岁,男性初人为父的平均年龄则从 27 岁上升到了 31 岁[4]。受教育程度较高的人首次做父母的平均年龄会更高,他们往往会在结婚较长一段时间后才决定生育。2020 年,新冠肺炎疫情暴发,许多人又推后了生育计划,结果美国当年的出生率达到了有历史记录以来的最低值——当然,在其他困难时期也经常发生同样的情况。

推迟首次生育的不只有美国人。其他发达国家的女性也在推迟首次生育的时间,她们现在初为人母的平均年龄达到了 31 岁。这意味着,越来越多的人选择了在工作多年之后再生儿育女。这样的选择会影响到人口出生率,正如前面所讨论的那样,大多数发达国家和部分发展中国家的人口出生率都在急剧下降。

年轻的房主也逐渐从市场上消失,那些没有搬回家与父母同住的年轻人不得不靠租房生活。美国房地产经纪人协会(National Association of Realtors)的数据显示:自1981年以来,首次购房者的平均年龄已上升至33岁。然而这只是一个侧面[5],所有购房者的平均年龄也在上升,而且在过去的三年内连续上升,达到了目前的47岁,远高于1981年购房者31岁的平均年龄;多次购房者的平均年龄也从40年前的36岁上升到了现在的55岁[6]。这也许意味着,越来越多的人能够接受在晚年承担一定的抵押贷款和债务,因为他们知道,他们会比前几代的人生活和工作更长的年限。

与前几代人相比,现在的首次购房者为单身的情况也更为普遍。这些购房者的平均收入为54340美元,扣除通胀因素后与20世纪70年代的首次购房者的收入大致相当,但现在的房价相对于当时却大幅上涨[7]。现在的年轻人很少能买得起房子,这意味着他们会失去晚年财富增值保值、安享金融保障的绝好机会;这也说明,目前更多的社会财富都集中到了老年白人群体的手中。

现在的年轻人更愿意参与到共享经济中,如此选择或是出于经济原因,或是出于便捷性考虑。过去,考取驾照买一辆属于自己的汽车是年轻人迈入成年的标志。现在,年轻人推迟了这一人生进阶仪式,主要还是因为家庭经济条件不允许。当然,越来越便捷的网上购物和服务可以让人们足不出户就得到自己想要的东西,根本无须开车外出购买。需要用车时,他们可以从服务平台轻松地叫到提供点到点上门接送服务的汽车,根据需要也可长租。现在,许多城市还推出了共享自行车和滑板车的服务。

网上购物和按需提供产品和服务的行为习惯很有可能改变许多长寿产业的经营模式,因为这种方式可以让人们在不同生命阶段非常方便地去预订和退订不同的产品和服务。老年住宅行业将这些行为称为"工具性日常生活活动"(IADLs),事实上人们在不同的年龄段确实是需要某些特殊的产品和服务的,人生的后半段也不例外。

关于后事

我们可能也必须重新思考死亡这一话题了。活着就有开销,活得时间很长但健康状况欠佳的人开销更大。如果不允许人们选择安息的方式和时间,就会引发严重的社会和经济公平问题。很多例子表明,一个人的晚年医护费用可能会花光其一生积蓄,甚至拖垮整个家庭。荷兰等国家已经开始允许人们选择安乐死(又称医生协助式自杀),让饱受病痛折磨的个人以及深受精神折磨的家人都得到解脱。

2020年12月，荷兰医生在《美国医学会内科杂志》(*JAMA Internal Medicine*) 上发表的一篇文章中指出，大多数申请安乐死的人是癌症晚期患者，但越来越多患有多种老年综合征（MGS）的人也开始申请安乐死[8]。医生们发现，仅仅身患老年综合征并不足以构成申请安乐死的理由，申请者还遭遇了某些重大健康问题或心理问题的打击。比如摔倒瘫痪、配偶或至亲离世等等。遭遇这样的变故后，老龄人往往需要他人照顾，心理孤独，他们不想过这样的生活，才会选择安乐死。

越来越多（几乎90%）的美国人希望能拥有人生最后那段时光的自主权。预定临终护理计划（ACP）就是实现该目标的一种方法，实施该计划的过程包括申请者、家人和医生三方就护理的价值和目标、护理方案的制定和执行等方面达成共识，以此达到尊重和满足申请者临终护理愿望的目的。预定临终护理计划的主要形式是在生前立下遗嘱和／或医疗委托书，遗嘱和委托书中通常会写明，"在发生重大医疗事件时，请勿抢救（DNR）"。

预定临终护理计划的通常都是85岁以上的老龄人，他们大多比较富裕，以白人居多，往往在护理机构集体生活。然而，年轻人、黑人、原住民和有色人种以及低收入者也应该考虑这一计划，因为对健康及健康相关决策的个性化控制越来越重要。预定临终护理计划不仅可以让人们避免日后做出痛苦的决定，还可以让他们避免重大医疗事件带来的巨大经济负担和情感困惑。新冠肺炎疫情期间，数十万美国人就遇到了这种情况，因为只有三分之一多一点的美国人提前写过"请勿抢救"的医疗委托书。

今天，个性化的遗体处理方式也越来越流行，未来还将会继续流行下去。人们现在可以不走传统的土葬和火葬程式，也不必到殡仪馆举行告别仪式，完全可以选择新时代的服务方式。2019年，华盛顿州成了全美第一个立法将遗体堆肥列为合法的遗体处理方式的州。根据美国殡葬董事协会（National FuneralDirectors Association）发布的信息，回归自然（Recompose）是第一家提供该项服务的殡葬公司，该公司负责让死者的遗体回归大自然，不使用任何破坏环境的化学物质，其服务价格为5500美元[9]。2019年举办一场传统葬礼平均要花费7640美元[10]，相比之下，回归自然的价格便宜了不少。

殡葬业的新变化还体现在其他方面。2019年，服务业企业家奥利弗·佩顿（Oliver Peyton）在英国伦敦推出了一家突出概念设计的殡仪馆，将其命名为"从这里离开"（Exit Here），旨在帮助人们以轻松的心态接受死亡的事实[11]。他的第一家殡仪馆开在了伦敦西部，馆内装饰现代化，光线明亮，配有舒适的家具，给人以温暖的感觉。这里提供经典殡仪馆的所有传统服务项目，只不过棺材和骨灰盒更为"时髦"。

凯特琳·道蒂（Caitlin Doughty）是一名殡葬师，也是殡葬创意公司善终要诀（the Order of the Good Death）的创始人。她认为，死亡也是人生的一部分，我们应该以开放、坦诚的心态去面对死亡。她说，更多的人应该解决对死亡的恐惧问题，并接受死亡本身是自然的，而现代文化中关于死亡的焦虑却不是自然的事实。了解和接受死亡可以帮助更多的人珍惜自己的日常生活，这对个人的健康状况和寿命都会产生积极的影响[12]。

人人都需保持健康

不言自明，各个年龄段的人都希望通过优质的产品和服务来保证较高的生活品质。随着越来越多的人希望一生都能更好地监测自己的生命体征、控制自己的健康状况，健康类产品和服务也应运而生，并进入了健康领域。人们逐渐明白：除了使用技术手段外，包括控制饮食和加强锻炼的行为习惯不仅可以让他们拥有健康的生活，还可以减少身体机能衰退给他们造成的生活不便。老龄人越来越多，需要借助好的产品和服务保持健康状态，于是一些优秀的企业便率先在市场上推出了过去只会在科幻小说中出现的创新产品和服务，以满足他们的需求。

比如，像苹果手表（Apple Watch）这样的设备就可以帮助使用者更好地控制自己的健康。近80%的使用者利用该设备来追踪他们的健康数据，但越来越多的人也在使用类似可穿戴设备来监测他们的生命体征，对一些慢性病进行管理。如睡眠呼吸暂停、心房颤动、糖尿病和高血压等等[13]。出现这样的统计数据也是有道理的，因为虽然大约半数的苹果手表用户是年龄在 35 岁至 55 岁的人，但 55 岁以上的用户也占到了用户总数的三分之一 [14]。撇开年龄不谈，美国智能手机用户中使用健身应用软件的人数在一年内跃升了 25% 以上，从 2019 年的将近 6900 万人增加到了 2020 年的 8700 多万人 [15]。

2020 年，苹果公司再接再厉，将服务用户健康纳入了其核心发展战略，新增了包括测量用户血氧饱和度在内的新功能，可以让用户更好地了解自己的整体健康状况。血氧饱和度，即 SaO_2，指的是红细胞从肺部向身体其他部位输送氧气的百分比，能说明含氧血液在全身输送的情况。感染新冠病毒后，患者的血氧水平下降，甚至会危及生命，所以苹果公司推出的这一新功能非常及时，意义重大，可以让用户尽早发现自己是否感染了病毒。此外，苹果公司还推出了苹果健身＋（Apple Fitness+）课程（包括直播和录播课），用户可在各种苹果终端设备上学习这些课程。

关注健康指标和健康监测是苹果产品的一大卖点，这可能是为什么美国 65 岁以上的消费者比其他年龄段的消费者更愿意购买苹果设备的原因之一，他们还有可能是在为自己的子女、孙辈，甚至曾孙辈购买这些设备。无论是哪种情况，我们都不应忽视这样一个事实：即老年客户的确存在，他们正在为自己和家人做出非常重要的购物决定，展示了超强的购买力。

苹果并不是唯一一家进入健康和生命体征监测领域的公

司。派乐顿（Peloton）是一家成立于2012年的健身设备和媒体公司，也是智能健身领域的新军，因其2019年圣诞节的一则动感单车广告涉嫌性别歧视而遭到过网民的攻击。但不久后的2020年，随着许多健身中心因新冠肺炎疫情影响而暂时或永久关闭后，派乐顿竟然成了家喻户晓的名字[16]。该公司2019年9月还在苦苦挣扎，公开募股（IPO），可目前的市值竟然已经超过了100亿美元，其产品也走入了千家万户，甚至进入了白宫。派乐顿目前拥有300多万用户，其中100多万是购买硬件的用户，同比增长了113%，这一增长率预计到2021年年底会翻倍。

很少有人意识到，派乐顿的目标用户不是年轻人，尽管其产品从外观上可能给人一种"年轻"的感觉。派乐顿首席执行官约翰·福利（John Foley）在2016年接受采访时说：一般来说，二三十岁的年轻人时间充裕，他们更喜欢到健身房锻炼或到精品健身班上课[17]。统计数据也印证了这一点，在美国所有的健身房会员中，"千禧一代"占33%、"X一代"占24%、"婴儿潮一代"占22%、而"Z世代"和"沉默一代"一共占21%[18]。

年轻人可能会对派乐顿的价格望而却步，其起步价大约为2000美元，每个月还要外加一定的课程费。所以，派乐顿的目标客户是跨年龄段的群体，一般为35岁至65岁（甚至以上）的人，他们有工作、有孩子、收入高、房子大；他们通常都非常关注自己的健康,也愿意为了健康花钱投资,却很少有时间去健身房,即使非疫情时期也没有时间去。

苹果公司和派乐顿公司都将发展年长的客户视为其商业核心战略。此外,他们在瞄准消费群体时的思路也与众不同,并没有将消费者与特定年龄或出生时代挂钩,而是根据消费者的消费能力以及其保持健康目标的愿望进行分类。越来越多像它们一样的公司意识到了老年消费者的重要性,摒弃依据年龄确定消费群体的观念,转而开始拥抱不同年龄段的消费者。

开发各年龄段消费者市场

即使我们可以改善自身行为,在更长的时间内保持身心健康,我们的视力仍然会早早地出现问题,我们中有四分之三的人需要一定程度的视力矫正。随着年龄的增长,需要佩戴眼镜矫正视力的概率也在增加,老龄人一般都会有老花眼,这时就需要佩戴老花眼镜来矫正视力。

一直到最近,老花眼都只在40岁以上的人群中出现,因为眼睛的内部结构会随着个人年龄的增长发生自然变化,晶状体灵活调节视距的功能在慢慢衰退。这也就是为什么许多人会认为矫正视力的老花镜只适合老龄人使用,也是为什么大多数老花镜都可以在药店买到的原因。

对像老花镜这种曾经被认为是老龄人专属产品的正常

化设计、制作和销售是进入超龄时代新兴消费市场的一种途径。卡迪斯眼镜（Caddis Eye Appliances）这家新创立的眼镜公司正在打破"老花镜不时髦或不应时髦"的传统观念，他们精心设计产品外观，精工制作，希望能"打破老花镜的年龄刻板印象"。不过，自从13世纪威尼斯工匠开始制作"矫正视力用的圆形玻璃片"以来，老花镜的功能在过去的八百多年里几乎没有发生过任何变化[19]。卡迪斯眼镜令人称道的一点是，它除了在市场营销上下功夫外，还用心研究现实生活中的老龄人（而非美国广告公司宣传资料中的老龄人）的实际需要，并据此设计满足他们需要的产品。卡迪斯眼镜甚至在其产品宣传广告中采取了一种嘲讽年龄刻板印象的极端做法。让我印象最深的是，其公用电子邮件地址竟然是helpivefallenandicantgetup@caddislife.com，这是在模仿Life Alert在20世纪80年代的广告宣传语。Life Alert是美国一家知名的应急响应和家庭医疗警报系统生产和服务公司，至今仍然在为老龄人提供联系消防或警察等紧急情况的服务。这家公司有一条经典的宣传语："救命啊！我跌倒了，我站不起来了！"在这样的广告宣传中，和这句宣传语相配套的是这样一幅画面：一位老龄女性正趴在地板上无助地挣扎着。40多年来，这幅画面让所有的老龄人都心生恐惧。

卡迪斯眼镜的创始人兼首席执行官蒂姆·帕尔（Tim Parr）跟我有相同的感受，他说让他和团队感到惊讶的是，还没有人意识到当前社会人口结构和文化方面的变化。他说："我们是在分析社会（作为一种文化）是如何走到今天这一步的过程中，慢慢产生了推出目前这一品牌的想法。企业文化，当然还有流行文化，究竟发生了什么，才出现了这样的市场空白？"蒂姆·帕尔不仅找到了眼镜生产和营销的解决方案，还找到了其他种类产品的营销和品牌定位的解决方案。

视力矫正眼镜不再是老龄人的专属产品了。随着科技的推陈出新，电脑和智能手机先后进入了人们的生活，人们几乎不可避免地需要目不转睛地盯着电脑或手机屏幕，年轻人患近视的情况也越来越普遍。长时间盯着数字设备看会导致眼肌过度紧张，眼睛基本上处于"锁定"状态，很难松弛下来。盯的时间越长，眼睛就越容易疲劳，视力就会模糊起来。

这也许就是为什么不止卡迪斯一家眼镜公司在服务老年客户的同时还在吸引其他年龄段消费者的注意。曾在十多年前颠覆过眼镜行业的千禧年品牌沃比帕克（Warby Parker）如今在销售老花镜的同时，还在销售渐进式眼镜①。也许是为了吸引更广泛的消费者群体，总部位于新奥尔良的新生代眼镜公司 KREWE 也于 2020 年年底推出了超级时尚的老花镜系列，碧昂斯（Beyoncé）、塞雷娜·威廉姆斯（Serena Williams）、吉吉·哈迪德（Gigi Hadid）、布莱克·莱弗利（Blake Lively）、艾玛·沃特森（Emma

---

① 一种多焦点镜片眼镜，可以帮助人们在不更换眼镜的情况下既能看远又能看近。——译者注

Watson)、肯达尔·詹娜（Kendall Jenner）、塞琳娜·戈麦斯（Selena Gomez）、大卫·伯恩（David Byrne）和李尔·韦恩（Lil Wayne）等名人都曾佩戴过 KREWE 眼镜。

上述眼镜公司都在其经典产品的基础上升级换代，他们不仅克服了某些产品系列可能存在年龄歧视的问题，还增加了一些对各年龄段消费者都有吸引力的性能。

晨询（Morning Consult）每年都会发布不同类型公司涉及跨年龄段用户的调查报告，报告发现，2020 年 Zoom 在各年龄段用户中的使用率都位居前列，这可能主要是因为新冠肺炎大流行期间，人们都需要借助网络办公和社交。报告还显示，其他一些公司吸引不同年龄段用户的能力也非常出色，2020 年疫情期间表现优秀的明星公司还有：基于在线和应用程序的杂货配送服务公司 Instacart 和美国国家广播环球公司（NBCUniversal）下属的媒体流服务公司 Peacko[20]。

2019 年的情况则有所不同。"婴儿潮一代"喜欢的大品牌中也出现了通常被认为是与年轻消费者挂钩的品牌，包括植物肉 Impossible Foods、智能门铃与家庭保安 Ring、直销床垫 Purple 和汽水酒 White Claw。而年轻消费者也喜欢一些传统的大品牌，如哈根达斯冰激凌（Häagen-Dazs）、积福花生酱（Jif）、都乐果蔬（Dole）、拜耳医药（Bayer）、沃尔格林连锁药店（Walgreens）以及国家地理（National Geographic）杂志等等。

所有这些研究都表明：吸引老年和其他年龄段用户和消费者有可能创造令人难以置信的价值。在这个历史转型期，所有企业都面临三种选择：什么都不做还希望生存下去、重新定位目标客户群体、主动吸引更多用户和消费者。谁愿意在产品和服务的设计及营销方面考虑所有年龄段用户和消费者的需要，谁就会成为最大的赢家。

活跃于社交媒体的年长者

我们对待老龄人的态度要有所改变，他们已经不再满足于待在传统的"保守"空间里，而是越来越频繁地融入了流行文化之中，变得新潮起来了。这一点在社交媒体上表现得尤为突出，最近新出现的"风采奶奶"（Instagranny）一词就是用来专门形容在社交媒体照片墙（Instagram）上表现活跃的老龄女性用户的。尽管她们中的许多人并不是真正的祖母或外祖母，但她们中的一些人还是欣然接受了这一称谓，不怕暴露自己的年龄。

我最早是通过纽约的摄影师阿里·塞斯·科恩（Ari Seth Cohen）和他之前的博客"长者风采"（Advanced Style）接触到"风采奶奶"的。阿里手持相机穿梭于纽约和世界各地的繁华街头，专门寻找并拍摄身着色彩鲜艳、炫目华服的老龄女性。他创作的与其博客同名的《长者风采》一书一经上市便成了畅销书。他的照片墙账号 @advancedstyle 有近 30 万粉丝。正因为传统媒体,尤其是时尚媒体,多年来都很少关注老龄女性,所以科恩的做法才极富开创性,从很多方面向人们展示了老龄女性的美丽风采和积极生活的态度。

琳恩·斯莱特(Lyn Slater)是一位很有影响力的时尚博主,她的照片墙账号"Accidental Icon"(@iconaccidental)下有众多粉丝。斯莱特是福特汉姆大学社会服务研究生院(the Graduate School of Social Service at Fordham University)的教授,在"日常的"教学科研工作之余,她还是照片墙的一名大 V,拥有超 75 万粉丝。她在时尚圈的地位举足轻重,不仅经常做模特、写关于时尚的文章,还有偿为一些市场上的主要品牌代言,有权"明确"披露所代言公司将要发布的新产品。她代言的品牌有拉玛卡(La Marca prosecco)[①]、莱珀妮(La Prairie skin care)[②]、加拿大干姜啤酒(Canada Dry ginger ale)、凯特丝蓓(Kate Spade)[③]、维萨(Visa)[④] 和巴利(Bally)[⑤] 等众多国际著名品牌。

[①] 意大利高档红酒品牌。——译者注
[②] 瑞士高奢护肤品品牌。——译者注
[③] 美国著名时尚生活用品品牌,产品包括手袋、首饰、鞋子、服装、眼镜、香水等。——译者注
[④] 世界上最大的信用卡国际组织。——译者注
[⑤] 瑞士奢侈品品牌,产品有皮件、鞋、手袋等。——译者注

比斯莱特还要令人印象深刻的是日本的一对银发夫妻时尚博主 Bon and Pon，他们的账号（@bonpon511）有 80 多万粉丝。这对银发夫妻以超级可爱的服装搭配而闻名，他们在时尚界的影响力非常大，还出版了两本相关的书籍。2018年，夫妇二人还受邀为总部位于东京的国际百货公司三越百货（Mitsukoshi）开发时装系列。

倘若仅看粉丝数量，那么"时尚奶奶"（Fashion Grandma）就更加引人注目了。她是一位活跃在中国字节跳动公司的短视频平台"抖音"上的时尚博主，主要向中国和世界各地的观众展示身着旗袍等传统服饰的中国老龄女性的风采。其账号下有290 多万粉丝，许多还都是年轻女性，所以有人认为时尚奶奶正在重新定义新一代中国大妈（奶奶）的形象。

但是在我看来，真正能称得上奶奶级网红的非海伦·鲁思·埃拉姆（Helen Ruth Elam）莫属，她的照片墙账号 Baddiewinkle（@Baddiewinkle）下的粉丝数量目前高达 360 多万。在孙女的帮助和鼓励下，埃拉姆 85 岁高龄时在社交媒体 Instagram 上注册了账号，她的宣传口号"从 1928 年开始，偷走男人的心"最为人们津津乐道。目前，她受邀为两大化妆品系列拍摄了广告代言，并于 2016 年 MTV 视频音乐颁奖典礼上身着一套炫人眼目的肉色紧身衣亮相；2017 年，她还出版了《巴迪温克尔的生活指南》（*Baddiewinkle's Guide to Life*）一书。此外，她还是诗凡卡伏特加（Svedka vodka）①、宝丽来（Polaroid）②和卡斯帕（Caspar）③等品牌的长期有偿合伙人。

这些社交媒体达人与众不同的一点是，他们不仅拥有众多粉丝，而且粉丝中还有许多是年轻人。这也许是因为每个人都渴望美好的未来吧，我自己也有同样的憧憬。这些影响力超强网红的存在说明，越来越多的公司已经将高龄视为了资产而非负债。这些网红们利用岁月给他们的馈赠（即皱纹），通过有偿赞助、图书销售以及其他互动方式在社会上产生了巨大影响。

这些老年男女们正在向年轻人展示，他们的生活有尊严也有目标，他们会活得更久，即便过了传统的退休年龄，他们也不会与社会脱节。这一点对"千禧一代"和"Z世代"的人来说也变得日益重要，因为他们发现父辈和祖父辈的生命历程模式正在消失，这一趋势已经持续了20多年。他们看到一个新的生命阶段正在出现，能够想象到一个将颠覆过去传统的未来。

中年后期

随着寿命不断延长，人们注定会有更多的机会去做更多的

---

① 原产地为瑞典的白酒。——译者注
② 美国著名快速成像相机品牌。——译者注
③ 意大利户外运动品牌。——译者注

事情。人们还可能需要工作更长的时间,这就会导致一个新的生命阶段的出现,就像20世纪50年代出现的青少年时期和退休岁月一样。

这一新的生命阶段正是"中年后期",处于该时期的人虽然仍可被称为中年人,但他们的年龄已超过了传统的退休年龄。我将该群体的年龄大致定在了50岁至74岁之间,但年龄只是一方面的参考指标。处于中年后期的人可以比这个年龄小一些,也可以大一些,只要他们满足一些基本标准就可以归为这一生命阶段,比如他们的工作状态是否良好、家中是否有子女还需要供养等。

21世纪初,我在研究50岁以上女性人口的统计数据时发现:这个年龄段的跨度在扩大。引起我特别关注的是,五六十岁的女性可能是母亲,也可能是祖母,而且她们中的许多人还干着全职或兼职的工作。这代表了未来长寿社会的一幅图景:消费者结构正在发生变化,中年后期消费群体正在形成。消费市场不应再以消费者的年龄进行划分,而应以消费者所处生命阶段进行划分。比如多关注消费者的经济状况、健康状况、未来前景等方面,按年龄划分消费者的做法已经过时了。身为人母总是需要为抚养孩子而消费,不管她们只有16岁,还是已过了60岁。

智威汤逊广告公司(J. Walter Thompson)最近的一项研究也印证了我的观察[21]。研究发现:"55岁的女性,可能已做了祖母,也可能刚做妈妈;可能大学刚毕业,也可能已是企业家;可能是摩托车发烧友,也可能是马拉松爱好者。她的生活方式并不是由其年龄决定的,而是由其世界观和价值观、个人爱好、理想抱负和人生目标决定的"[22]。此外,智威汤逊的研究结果还验证了我的观点:即出现新的生命阶段不仅是美国社会特有的现象,还是一个全球性的普遍现象。

总体而言,中年后期群体是一个经济活跃、有理想追求的群体,他们既有工作要做,还在积极生活。他们可能有子女和孙辈需要抚养,同时还是父辈的主要或次要赡养人。他们只不过是年龄稍微大了一些,可能会像我父亲一样在传统的中年期(45岁至65岁)或刚过中年期的时候遇到某种健康问题。和大多数人一样,他们也害怕被人视为老弱病残,于是在想尽一切办法与这种偏见做斗争。他们有能力通过购买产品和服务改善自己及家人的生活水平、他们比一般的人都富裕,因为他们不仅有能力从事高薪工作,还能积极主动地制定储蓄计划。

瞄准中年后期这个消费群体的企业和公司无疑是明智的,因为这些人与前几代人不同,已经对几十年来老龄消费市场一成不变的重功能轻形式、重质量轻设计、颜色沉闷单调的产品不感兴趣了。他们正在利用自己强大的购买力吸引众多品牌公司去为他们设计适合丰富多彩生活的产品和服务。他们坚持认为,产品应该根据他们的需要而设计,或者设计时至少要考虑到他们的需要。

企业也应该明白，现在的人比前几代人活得更久，但这并不意味着他们就老了。常言道，年龄不过是个数字而已，中年后期的消费者不想让人归为老弱病残类。超龄时代正在改变我们对整个生命阶段的传统划分方式。对人类而言，这将是一个极其复杂和充满变革的时期。这样的时代为各类企业提供了巨大的发展机遇，使它们在产品开发和设计上不必再受消费者年龄因素的限制，而要重点关注消费者的真正需求。有一些企业已经在这样做了，但市场空间足够大，其他企业可以继续跟进，去满足年龄日益多样化的消费群体的需求。

| 9 |

发挥年长的优势

新冠肺炎暴发后的短短几个月内，原本只有少数创新公司在探索的灵活工作场所模式迅速为大多数企业和公司采纳。虽然工作场所发生了改变，但有两种趋势没变：劳动力的年龄构成仍在变化，老龄人参加工作的比例仍在增加。

显而易见，弹性工作制和居家办公是可行的，也应该得到鼓励，对那些需要照顾孩子、伴侣或者父母的员工来说特别合适。在疫情暴发之前，没人会考虑到这些员工的难处，他们经常不得不在工作和家庭之间做出取舍。虽然弹性工作制和居家办公有时会给管理者带来一些麻烦，但这样的工作方式不仅可行，还可以提高生产效率。将来，需要同时照顾家庭成员的单位员工也很有可能会提出弹性工作的要求。

疫情结束后，人们的工作场所可能会发生很大变化。至少在短期内，办公室的实际使用面积会缩小，办公空间主要留给面对面的会议室和会谈室。这样的趋势会反过来重塑商业区和交通网络的布局。企业和公司可能会利用一些健康技术来监测员工的体温，改善空气净化条件。办公室设计也将摒弃受人诟病、构思欠妥的"开放式"风格。

居家办公模式的成功，证明数字化转型不但对大中小型企业来说是可行的，而且对所有的机构而言也是不可或缺的。这一变化表明，各个年龄段的员工都可以通过数字空间进行联络与合作。年长的员工表现出了更强的适应力，积极地接受了挑战。正如任仕达控股（Randstad Holding）的首席执行官雅克·范·登·布鲁克（Jacques van den Broek）所说的那样，"新冠肺炎疫情期间，技术发挥了巨大的平衡作用"，生产成果要比生产者的年龄更重要。

那些主要面向消费者的企业和商家被迫开始转变经营模式，通过在线平台和应用程序融入数字市场。它们在面临转向在线销售这一艰巨任务的同时，也开始认真考虑如何才能更好地吸引和留住消费者。除了为已适应了数字市场的老客户推出各种新的消费体验外，它们把更多精力用在了如何服务好新客户上，因为新客户中的许多人年龄偏大，人生第一次体验网上订购产品和服务。新冠肺炎疫情可能已经永远改变了一些消费者的行为，比如办理银行业务和购买日杂用品。这肯定会迫使一些商家去考虑如何在数字空间与消费者良好沟通，有的商家还专门雇用了年龄较大的员工，向他们咨询建议，以抢占更大的市场份额。

接受年长的劳动力

企业在岗位设计时应该考虑如何发挥各个年龄段员工的优势，应该根据人口老龄化的趋势在许多方面进行改革。随着消费者的代际构成越来越多样化，劳动力市场上也应该有更多的老龄员工，他们可以在企业的技术创新、产品开发和市场营销等方面发挥积极的作用。

在大量年轻人需要工作的社会环境下，推行退休后继续工作的政策是行不通的。事实上，退休制度是专为年轻人多而老龄人少的社会制定的，许多国家都有自己法定的退休年龄。在首批"婴儿潮一代"进入劳动力市场之前，65岁以上的人中将近有一半都在工作。然而，此后不久这一比例便出现了下降的趋势，1990年降到了14%的最低点。1990年后，这一比例又开始呈缓慢但稳定的上升趋势。

我曾主持过美国退休人员协会的项目"全球最佳雇主评选"，这也是该协会"50岁以上员工最佳雇主评选"项目的国际版。该项目由我的同事黛博拉·拉塞尔（Deborah Russell）提出构想，我本人负责实施。上述两个项目均旨在发现和奖励在美国国内和国际上为创造适合老龄人的工作环境、福利待遇和岗位安排方面表现出色的公司或组织。获奖的公司或组织都非常重视各年龄段员工对集体的贡献，都在努力打造一支年龄构成多样化的员工团队，以激发出团队的创造力、创新力、凝聚力和高效率。

我们的研究团队认为，在未来的25年内，劳动力人口的年龄结构将发生明显的变化，65岁以上年龄组的人数比例将快速上升，而其他年龄组的人数比例会下降。在未来的10年内，美国65岁至74岁的劳动人口（男女都包括在内）比例预计会增长20%，该年龄段的劳动人口将占到所有劳动人口的三分之一多；75岁以上的劳动人口预计会增长三分之一，将达到所有劳动人口的近12%[1]。这不是美国独有的现象，从1990年到现在，世界范围内65岁以上劳动人口在所有劳动人口中所占的比例已经翻了一番，这一比例预计还会继续上升。

我们意识到，如果企业不采取措施去培养年龄构成多元化的劳动力队伍的话，许多有才能的员工就会退出，而且一般情况下是被动退出的。保守估计，从现在到2030年，每天都会有多达1万名"婴儿潮一代"的人退休，还有更多的人可能会因为新冠肺炎疫情和随之而来的经济下行而被迫下岗。对企业来说，优秀员工的流失可能会造成经济发展机会的减少；而对各城市、州和国家而言，纳税公民的流失可能会带来更多的问题。

为了让年长的员工持续工作下去，许多获得"全球最佳雇主奖"的公司和组织都会鼓励其年长的员工接受培训，更新知识结构，学习新的技能。也有公司和组织为了更好地发展，会在所谓的员工软技能方面进行投资，培养员工在超龄时代职场上必备的几种能力，如客户沟通、团队合作、适应环境、解决问题、批判思维、解决冲突和团队建设等等。获奖的公司或组织基本有如下的特点：涉及的地域和行业较广，分布在从农村小镇到大城市的各个地方，员工构成也比较多元化，既有高端技术人才也有低端技术工人。

在做这两个项目时，最让我感到惊讶的一点是，项目参与者既有面向全球消费者的大品牌公司，也有"夫妻店"一样的小公司。美国的获奖单位主要为学术机构（比如我的母校美利坚大学）和大型医疗服务机构（比如退伍军人健康管理局）。S&T 银行（S&T Bank）等金融机构和全球轮胎制造商米其林（Michelin）也经常获奖。美国退休人员协会甚至与其中一家获奖单位——家装巨头家得宝（Home Depot）正式合作，招募年长的员工，开展家居装修业务。所有获奖的公司或组织都雇有超过传统退休年龄的员工，这不仅提高了其生产力，增加了产品供应，还提高了最低生产水平。每个参与评奖的公司或组织都提供了令人信服的经营案例。

最重要的是，我们的研究团队在 21 世纪初就认识到，最先于少数几个国家出现的人口结构变化很快就会蔓延至美国，并从根本上改变美国的劳动力构成。像护理等职业已经出现了人员短缺的危机，而技术类的岗位则供过于求。对于那些很难招募到且很难留住优秀员工的行业来说,聘用和返聘年长的员工就变得至关重要。坚持员工年龄构成多元化理念的公司或组织更能适应人口结构变化的新情况,能够开发和提供更好的产品与服务。一些公司正因为有年长员工的加入,才看到了产品及服务在设计和营销方面存在的问题,同时也捕捉到了新的商机。

虽然"全球最佳雇主评选"项目已不再开展,但美国退休人员协会又针对雇用年长员工的公司发起了一个自我评估计划——美国退休人员协会雇主承诺(AARP Employer Pledge),并资助关于长寿经济方面的重大原创性研究。我还帮助美国退休人员协会和经济合作与发展组织以及世界经济论坛(World Economic Forum)建立了合作关系,三方联合创立了一个由50家全球大公司组成的合作学习组织LLEL[①]。LLEL的宗旨是鼓励各成员公司分享成功的用工经验,互通有无,消除知识不对称的情况,合作开展新的研究,帮助各成员公司建设、培养和维持一支年龄构成多样化的劳动力队伍。这是一项非常有前景的工作。

美国退休人员协会以及其他一些重要组织联合发起雇用年长员工的计划之后,就有一批公司积极参与其中,并意识到超龄时代正在改变它们的运营方式。它们发现,如果把招募年长

---

① Living, Learning, and Earning Longer 首字母的缩写。——译者注

员工纳入其多元且包容的发展战略中去，公司就会发现巨大的商机。它们开始意识到，正视年长员工的价值，就可避免未来出现人才短缺的情况。这种做法还可以帮助公司的年轻员工开拓工作思路，去开发适合不断扩大的老年消费者群体的产品与服务。

超龄时代的总裁

世界上几乎所有的公司都会雇用跨代际员工，"正常"公司的员工队伍构成中应该涉及三到四代人。有些公司甚至雇用了五代人，包括"沉默的一代""婴儿潮一代""X一代""千禧一代"和最年轻的"Z世代"。但当美国和其他大多数国家进入超龄时代后，最年轻的员工将变为"阿尔法一代"，届时一些公司的员工队伍构成将涉及六代人。

员工构成的这种代际多样性可能会给管理者和人力资源专员带来新的挑战。但不论员工年龄大小，只要管理者能够选择恰当的用人策略，就能让他们发挥出最大的潜能。这一变化还能创造不同年龄段员工彼此合作的机会。不过，许多公司或组织需要重新考虑招聘和维持员工队伍的基本策略。聪明的雇主和员工不仅要接受劳动力构成日益代际多样化的现实，还要认真思考未来工作的性质以及技术给工作带来的影响。只有这样，才能形成一种市场适应力强的企业文化，才能利用代际多样化员工队伍的优势为整个企业创造价值。

虽然所有年龄段的员工在生活中大多追求的是同样的东西：个人成就感、良好的人际关系、有经济保障和自主选择权，但他们的需求随着年龄的变化而发生改变时，他们也希望能得到雇主的理解和支持。由于不同年龄段的员工成长于不同的时代，面临的挑战和机遇各不相同，工作中习惯使用的技术也不尽相同，比如模拟信号技术、数字技术和人工智能技术等，因此他们在解决问题时的想法和做法也各不相同。充分理解员工的代际差异，合理安排员工工作，对于打造一支高效的劳动力队伍至关重要。绝大多数的公司都认为，认识到不同年龄段员工的差异并发挥他们各自的优势会让公司变得更加强大。

高德纳（Gartner）咨询公司的一份报告预测，到2022年，在那些一线决策团队拥有多元与包容文化的公司中，会有四分之三的公司取得超出其财务目标的利润。该研究发现，性别多样化、包容性强的团队的业绩要比性别包容性差的团队的业绩平均高出50%[2]。在体现多样性、公平性和包容性（DEI）的发展战略中，年龄因素本应该与种族、性别和性向等其他因素一样得到重视，但通常情况下事实并非如此。

员工也希望在由多代人组成的集体中工作。跨国公司任仕达控股发现，近90%的员工希望在年龄构成多样化的团队中工作，"这说明他们或许可以从比自己年长或年轻的员工那里获得有价值的见解或启发"[3]。85%的员工认为，代际多样化的员工队伍有助于公司创新发展和制定有效的问题解决方案。

尽管代际多样化的员工队伍是企业成长和成功的一个关键因素[4]，但全球只有不到10%的公司把雇用年长员工纳入了其多样性、公平性和包容性的发展战略之中[5]。更糟的是，超过三分之一的跨国公司仍在实行法定年龄退休的制度。企业及其管理层如果不去积极主动地招募年长员工充实其工作团队，就无法打造一支代际包容性程度高的员工队伍，最终必然会阻碍自身的发展。企业高管层、董事会和小型企业肩负着引领变革的责任，他们的成员往往本身就是年长之人。

自2012年以来，美国大型公司首席执行官的平均年龄已从45岁上升至50岁[6]；自2005年以来，首次聘为高层管理职位的员工的平均年龄从45岁上升至54岁，上升幅度高达15%[7]。根据《哈佛商业评论》（*Harvard Business Review*）所公布的"全球最优秀首席执行官"年度排行榜报告中的统计数据，那些上榜的首席执行官任职时的平均年龄为45岁，平均在任时长为15年[8]。这就意味着，许多优秀的管理英才已经五六十岁，甚至更大年纪了。所有行业的首席执行官平均年龄为58岁，金融服务业的首席执行官平均年龄最大，为60岁，技术部门的首席执行官平均年龄最小，为55岁[9]。除了大型公司的高管外，益博睿（Experian）的研究发现，美国小企业主的平均年龄也超过了50岁。

我们可能会认为，这些高管和小企业主会觉得自己的年龄和经验对公司运作极有价值。我们还可能会认为，他们会意识到公司的发展也离不开年长员工的贡献。然而，在向超龄时代劳动力过渡的过程中，有如此远见并愿意发挥自己潜能的企业领导人为数不多。大多数的企业都会采取观望态度，直到发现超龄时代已成为现实时才会采取行动。

几年前我到德国调研时，真正感受到了一些著名企业在解决年龄歧视问题上的决心。德国汽车制造商梅赛德斯—奔驰（Mercedes-Benz）发起了一场名为"嘿，伙计"（Ey Alter/Hey, Buddy）的展览活动，于线下和线上同时开展，旨在向公众以及本公司的员工宣传德国人口结构的变化情况。展览活动通过以不同形式强调过去几代人对整个商业发展及德国社会的影响，让数以万计的参观者和数千名奔驰的员工改变了他们对老龄化的看法。

梅赛德斯—奔驰的首席运营官马库斯·舍费尔（Markus Schäfer）发起了这次展览活动，并在整个公司范围内组织了一次人员统计调查。他鼓励员工和管理者就公司人员的代际构成开展真诚坦率的对话，以找到鼓励和增进年轻和年长员工合作的方法。这确实是一个明智之举，因为当时梅赛德斯—奔驰公司的员工平均年龄超过了45岁，高层管理者已经意识到，公司需要依靠年长工人的持续工作才能在未来与国内外其他汽车制造商竞争的过程中立于不败之地。

"嘿，伙计"展览活动让人们意识到了不同年代的人之间还是有差异的。然而，存在差异并不一定是坏事，存在差异也并非年龄不同所致。是否掌握一定的知识和技能是判断一个人工作好坏的主要因素，我们一般会在年轻时掌握大量的知识和技能，即便过了传统的退休年龄，甚至过了平均预期寿命的年龄，我们仍然会拥有这些知识和技能。还有证据表明，人到晚年仍拥有求知欲和好奇心等特质，这些特质对学习新技能而言至关重要。

如果在整个行业或经济体中都实施类似的举措，那么由此产生的影响将是变革性的。我们不仅会看到更多的人工作，看到他们积极消费，为经济做贡献，还将发现未来的许多产品和服务更能反映社会构成代际多样性的特征。几乎在各个方面，年长员工都将在这样的变化中发挥不可替代的作用。

我们对 20 项覆盖近两万名员工的研究结果进行分析后发现，不同代际的员工在工作态度上没有显著差异，他们之间的相互评价也不存在普遍性的或正面或负面的刻板印象。当然，随着工作年限的变化，不同年龄段的员工还是在个人需求、兴趣、偏好和优势方面表现出了差异，但这些差异的形成几乎都与年龄或出生年代因素无关[10]。

事实证明，我们并不能通过员工的年龄去判断其工作表现和实际需要。雇主在招募和维持员工队伍时应该摒弃看年龄选人和留人的做法，不能仅仅因为"太老"或"太年轻"就将劳动者拒之门外。他们应该更多地考虑未来或现在的员工是否具备完成工作的相关技能。他们还应该拒绝接受"某人在某项工作上太有经验，所以不适合这个岗位"的观念，根本不存在这样的事情！

聪明的公司会重新考虑为其员工提供的福利方案，以满足他们在生命不同阶段的实际需求。公司若能从不同年龄段员工的实际需要出发为他们提供考虑周全的待遇，那么就能吸引和留住更多的优秀人才。公司甚至可以对现有的像产假和陪产假这种休假的名称及其适用范围稍做修改，以惠及所有需要承担照顾家人义务的员工。比如，对那些到晚年可能想要或需要承担祖父母责任的员工来说，这样的修改就很重要。

招募各年龄段的员工

自20世纪中叶以来，招募一支年龄构成多元化的员工队伍，对企业来说一直都很困难，这也许是因为企业领导人（包括招聘经理和人力资源专家）在招聘广告和面试中无意间使用了年龄歧视性语言和诸如"多年工作经验"等不必要的语言表述。用"多年工作经验"来衡量求职者的工作能力可能是最愚蠢的办法。其他像"网络原住民"这样典型的招聘术语也大可不必再出现，因为目前大多数求职者在其职业生涯中都有或多或少使用电脑和互联网工作的经历。另外，要求求职者填写出生日期或大学毕业日期,除了给他们增加焦虑外,并没有特别的参考价值。

有些公司已经明确表达了想招聘老龄员工的意愿,因为它们看到了超龄时代巨大的商业机会。这些公司意识到,它们目前的员工年龄构成不尽合理,公司内部目前缺乏老年专业人才,因此设计不出符合老年消费群体真正需要的产品和服务。像中国等国家的一些公司就面临这样的情况。许多人仍然认为中国还是一个相对年轻化的国家,但到2030年,中国50岁以上的人口将有近5亿人,而在这5亿人中将有一半超过65岁。到那时,从平均水平看,中国将比美国更"老"一些。

中国的零售巨头淘宝网是世界上访问量第八大的网站,也是中国最大的零售网站。淘宝早已意识到了老龄化社会带来的商机,无论是在挖掘客户还是在招募员工方面,淘宝都将老龄人口视为其制定商业战略时需要重点考虑的因素。淘宝网于2018年发布的报告称,该网站50岁以上的用户超过了3000万,约占中国50岁以上人口总数的7%[11]。为了提高市场份额和影响力,淘宝网发布了一则招聘"广场舞大爷大妈"的广告,请这些老龄人为公司开发新产品和服务提供建议,并讲述自己的用户体验[12]。在该招聘广告中,淘宝网明确要求应聘者的年龄须在60岁以上,但更为重要的是,还要求应聘者在其社区中有一定影响力,要有一年以上的网购经验。广告发布的第一天,淘宝网就收到了1000多份求职申请。淘宝网还成立了"淘宝老年学院",并招募了一些老龄员工,成立老年学院的主要目的是帮助老年客户(其中一些人可能是网购新手)提高数字技能[13]。

还有一些公司则把经验丰富的老龄员工安排在零售一线。英国自助装饰装修公司百安居(B&Q)早在30多年前就开创性地启动了一个员工年龄构成多元化的试验项目,该公司在其位于英格兰柴郡(Cheshire)麦克尔斯菲尔德(Macclesfield)的一家门店配备了一支年龄全部为50岁以上的员工队伍。结果试验项目大获成功,试验门店不仅赚取了更多的利润,赢得了更高的客户回头率,还提升了服务质量。从那以后,打造一支年龄构成多元化的员工队伍就成了百安居发展战略的核心。为了达成这一目标,百安居鼓励其下属的300家门店聘用那些能代表所在社区主要年龄段人口的求职者,重点考虑50岁以上的求职者[14]。这主要是因为客户希望为自己提供消费服务的人应该有自助装修的经验。这一做法还有一个好处是,公司可以避免因员工流失而产生的高额成本,毕竟年轻员工跳槽的事非常普遍。

即便在有支持退休、拒绝员工延退文化的日本,诸如三菱重工(MHI)这样的公司也在做出积极的改变。2016年,三菱重工成立了高级管理及专家公司(MHI Executive Experts),主要由经验丰富的老年工程师、经理和管理人员组成,所有员工都处于或超过了日本法定的退休年龄[15]。高级管理及专家公司的主要业务是派遣高级管理者和专家为三菱重工当前所开展的项目和工作提供咨询和建议。这些高级管理者和专家不仅会对新一代员工进行培训,给他们提供业务帮助和指导,还会将自己多年累积起来的智慧和技能传授给他们,这些都有助于提升新一代员工的素质,为制造业的未来打下良好的基础。这些老龄员工不仅能帮助三菱重工降低用工风险,还能强化其管理模式。

三菱重工的做法非常重要,因为行业知识和技能的传授非常必要。但是,大多数公司往往会忽视员工发展过程中这一非常重要的步骤,完全让年轻的员工自己摸索着学习。三菱重工通过实施退休后即刻返聘的计划解决了日本已过时的退休政策所带来的问题,老龄员工退休后可以自然过渡到一个较为灵活的工作环境中。这种做法有助于三菱重工在注入年轻员工带来的新技术和新方法的同时,能保留住传统的基本制造工艺与技术,充分利用新老员工的各自优势促进公司不断发展,不断提升产品质量。

创造舒适的工作环境

熟练工人的短缺正在促使制造商重新思考其招聘行为,并加大投资去改善所有员工的工作环境,尽可能延长他们的工作年限。德国汽车制造商保时捷(保时捷汽车让我父亲在中风后还能行动自如）斥资对其位于莱比锡的工厂进行了升级改造，主要目的就是延长员工的工作年限[16]。当然，这家保时捷工厂的改造并不是单纯地要迎合老龄员工的需要，而是坚持以人为本的设计理念，力图为所有员工提供一个更符合人体工程学的工作环境，让他们在整个汽车生产过程中能够舒适地工作。

工厂的改造涉及生产环节的各个方面，比如类似赫曼米勒（Herman Miller）系列办公转椅的工作椅可以让工人在不弯腰的情况下在汽车下滑行，底盘旋转机械装置可以让工人非常方便地检查整个汽车底盘，类似安全带的机械外骨骼可以减轻工人因重复高空作业而产生的肩膀和手臂肌肉紧张状况。在同一个工作日内，工人们每隔一小时就会从一个工位换至另一个工位，以防重复单调的劳动给他们的身体造成损伤。

保时捷的做法在确保生产线上所有工人都能享有较好工作体验的同时，大大降低了他们的劳动强度。厂房和车间的设计考虑了汽车制造过程的所有环节，而大大小小的各种投资极大地改善了工作环境，工人们在这样的环境里更容易造出高性能的汽车来。这一做法不但可以提高产品的质量，而且对延长员工的工作年限也有直接的影响。此外，年轻人还可能因此与老年消费者产生共情，因为他们和老年同事接触久了，就能明白他们可能面临的实际困难。

保时捷的例子可能只是个例，该做法的成本也极高，但公司也一定会从巨额投资中收到商业红利，至少在维持业务熟练的员工队伍和提升产品整体质量方面能获得较大的回报。许多公司都缺乏保时捷这样的远见卓识，更没能力拿出数亿美元去投资建设一个适应超龄时代需要的工厂。然而，这并不是说其他公司就不可能做出改变去迎接这一新时代的机遇。我目睹过一些经过实践检验的好做法，大多单位都是通过建设符合人体工程学的工厂、提高福利待遇和开展教育培训的方式来延长员工的工作年限，现在几乎所有的企业都可以这样去做。工作环境改善后的办公室、工厂或农场不仅更受老龄员工的欢迎，而且也更受其他年龄段员工的欢迎。工作环境改善了，员工的满意度、凝聚力和工作效率都会得到相应的提升。

考虑员工一生的需求与发展

企业还需考虑到，代际多样化的超龄时代劳动力队伍与主要由年轻员工构成的劳动力队伍有着不同的需求。例如，近四分之三的成年人选择不生养子女，而且这一比例还有继续增长下去的趋势。即便如此，许多企业的政策仍然是依据身兼父母角色的员工的需求而制定的，并没有考虑非父母角色员工的实际情况。

超龄时代的人们会推迟生育时间或者根本不生育孩子，这就是员工需求发生变化的情况。那些有产假和陪产假制度的公司也应考虑为有照顾其他家人责任的员工提供休假福利。公司除了要制定照顾家人、朋友甚至宠物的请假制度外，还应该尽可能满足员工的现实需求，给他们安排灵活的作息时间。过去，雇主在制定薪资水平与工作时间这两个关键因素时区别对待有孩子的员工和没有孩子的员工，这很容易导致不太和谐的氛围，现在是时候去改变这种状况了。

事实上，任何企业只要财力足够强大，都可以建造出最时尚的工作场所，并配备最新的技术。但只有少数企业，也可以说是最好的企业，才会直接为员工的一生发展进行投资，包括提供终身学习机会、经济补偿和各种福利待遇等。我发现，最能影响员工岗位敬业度的是共情与同理心，即管理者要明白处在不同人生阶段的员工工作之外最需要的东西分别是什么。公司应该鼓励员工与管理者和领导层开诚布公地谈论他们所面临的压力，积极寻求解决方案，从而提高员工的留任率，让一些优秀的团队成员继续为企业的发展积极奉献其聪明才智。

在积极主动支持和关心员工终身的发展和需求方面，澳大利亚西太平洋银行（Westpac）也许比世界上任何其他公司都做得要好。21世纪初，西太平洋银行的管理层意识到，他们很难招聘和留住出纳员。后来他们了解到，许多出纳员是年长的女性，不得不在安心工作和照顾孙辈二者中做出取舍。

为解决这一问题，西太平洋银行与她们沟通后，开创性地制定了"祖父母请假"制度，允许需要在家照顾孙辈的年长员工无薪休假，最长可休52周，可一直照顾到孩子一周岁。西太平洋银行还非常照顾即将退休的员工，除了允许他们灵活安排工作外，还给他们提供3天带薪假期，让他们办理退休相关事宜。此外，该银行还允许员工自己选择在退休过渡时期适合他们的工作方式，并尽可能满足他们的要求。澳大利亚西太平洋银行的"职业休假"是迄今为止在延长员工工作年限方面最具长远目光、最体贴周到的一种福利制度，即员工可享受最长达12个月的带薪休假期（假期薪水在4年内支付清）或者任何理由的3个月至12个月的无薪休假期[17]。

一些美国公司也考虑到了员工的实际需求。西维斯健康（CVS Health）下属的西维斯保健标志（CVS Caremark）医药分公司实施了一个名为"雪鸟"的员工福利计划，即每年冬天数百名在北方各州连锁药店工作的老年药剂师和其他雇员会被调往位于佛罗里达等温暖的南方各州的连锁药店工作[18]。UPS快递公司（United Parcel Service, Inc., 美国联合包裹运送服务公司）也欢迎已退休的员工（也称为"校友"）回公司从事度假性质的季节性工作，这样公司便能在一年中最繁忙的时候保证有足够多训练有素的员工在工作[19]。全球轮胎制造商米其林公司实施了一个"退休前"计划，允许55岁及以上的员工在退休之前可以由全时段工作改为部分时段工作[20]。

进入超龄时代，我们需要做好延长工作年限的准备。公司可以通过实施各种福利计划帮助其员工适应这样的转变。然而，对公司及其员工来说，更大的挑战（同时也是更大的机会）是要在员工的整个工作生涯中始终保持其"软硬"技能水平不落伍。这可能就需要员工和雇主双方在教育、培训和个人发展等方面进行投资。正如我常说的，公司如果愿意出资定期维护自己的厂房设备，那么也应该愿意出资提升员工队伍的水平。

教育和培训投入

我们的教育方法主要是基于中世纪的教育模式发展起来的，已经无法适应工作年限延长背景下的个人需要了。对年长的员工来说，他们大学毕业或学徒出师的时间越早，再教育和再培训就越重要。

年长的员工往往比年轻的员工留在公司的时间更长，也通常被认为对就职的公司或工厂更为忠诚。以美国为例，根据2020年1月的统计数据，全美55岁至64岁的员工的任期中位数（9.9年）是25岁至34岁的员工（2.8年）的3倍多[21]。

企业应该根据这些现实情况转变其员工培训模式，对员工职业生涯最后5年至10年的教育培训投入应等于甚至超出对其职业生涯最初5年至10年的投入，而且这种投入应该贯穿员工的整个职业生涯。

公共部门的员工教育和培训尤为重要，因为这些部门的员工很少跳槽，在职时长几乎是私人部门雇员在职时长的两倍。美国劳工统计局 2020 年 1 月发布的数据显示，公共部门员工在职时长中位数为 6.5 年，远高于私人部门雇员在职时长中位数的 3.7 年。年长员工坚守在同一岗位上的时间往往会更长，这意味着员工尤其是老员工，成为公共部门的一笔潜在的巨大资产[22]，但他们也需要接受继续教育。只有通过继续教育，公共部门的员工才能在其职业生涯早期和后期获得必备的工作能力。

公司还应考虑通过传统实习（通常针对入职前的大学生、研究生和博士生）以及"回炉"培训（主要针对下岗后再就业的人）的方式为年长员工提供就业途径。英国跨国投资银行及金融服务公司巴克莱（Barclays）于 2015 年推出了"巴克莱博尔德学徒计划"（Barclays Bolder Apprenticeship）[23]，成为首家向 24 岁以上人群推广其员工培训计划的英国公司。巴克莱的领导层认为，该培训项目对所有年龄段的人都有价值，学徒招募不应受年龄或社会环境等因素的限制。自该培训计划推出以来，巴克莱已招募了 80 多名学徒，老年学徒也从原来的 4% 增加到了 20%。这是一件意义非凡的事情，也反映了社会对此类培训有较大需求。

毫无疑问，为年长员工提供实习和再就业培训是新生事物，目前还很少有机构去做这样的事情。美国劳工部注册学徒合伙人数据信息系统（RAPIDS）的数据显示，在 2008 年至 2019 年的注册学徒中，50 岁以上者不到 4%[24]。随着更多的机构大力推广并公开投资回报，这样的教育和培训项目会在企业界慢慢普及。

回应现实

我在与那些有兴趣提前规划进入超龄时代的机构领导人合作时，一般会指出，他们对当前、近期和长期劳动力及消费者市场的许多假设可能根本就不正确。他们往往需要很努力才能摆脱关于多样性、公平性和包容性问题的传统思维，并最终接受代际多样化的员工队伍和年长员工可能是他们的资产而非负债的观点。

所有企业应该将其在超龄时代发展战略的基础视为三条腿的凳子：第一条腿是人力资源管理；第二条腿是产品的研究、设计和创新；第三条腿是产品的营销宣传。聪明的企业能够意识到，如果在员工招聘和人力资源储备上没能实现代际多样性的目标，那么它们将无法建立起融合各年龄段员工的创新和设计团队，其产品及服务的营销宣传策略可能会表现出年龄歧视的倾向。这三条腿中哪怕有一条不稳定，没考虑到代际多样性，那么整个战略发展就可能失衡。如果企业招不到也留不住年长的员工，那么其生产的产品在整个生产周期中都可能存在代际盲点。

尽管宝马公司被誉为超龄时代的睿智公司（至少在工厂和

产品设计上配得上这一美誉），但它在 2020 年 11 月为其新推出的一款运动型多功能车 iX 搞宣传活动时，触碰了老龄歧视的红线。针对"婴儿潮一代"消费者不喜欢 iX 外观设计的事实，宝马公司用略带挑衅的语言暗示他们完全跟不上现代的潮流和趋势，甚至在推特上发文："好了，老家伙们。你们有什么理由不去改变呢？"

2021 年消费者电子展（CES）开幕之前，宝马公司在一场全球性的广告宣传中故技重施。在广告片中，全新款 iX 运动型多功能车与 2001 年经典款 7 系车展开了对决，两款车互飙脏话，年龄歧视的味道扑面而来，让人嗅到了代际冲突的硝烟。往小了说，这是一则冒犯性的广告；往大了说，这就是一根引爆代际冲突的导火索。

这两个案例表明，宝马公司并不知道其新款车型或 SUV 买家 2020 年的家庭年平均收入为 12.48 万美元，平均年龄为 56 岁，也不知道宝马汽车三分之二的销量是由 55 岁以上的消费者贡献的[25]。或许没有人能想到，宝马的 iX 系列汽车是在丁格尔芬的工厂生产的，那里可是宝马超龄时代劳动力发展战略的发源地，也是年龄最长但技能最佳的员工的聚集地。

宝马 2020 年的销量出现了下降，我们无法确定销售数据的下降与明显带有年龄歧视的广告宣传之间是否有直接关系。然而，两者之间存在关联是肯定的，该德国汽车制造商连续两次以贬损老年客户的方式大搞营销宣传活动，放任本可避免的错误再次上演。正在凝心聚力制定超龄时代发展战略的宝马公司因如此自残式的营销活动成了警示其他公司的案例,实在令人惋惜。宝马公司的故事提醒我们,一定要留意避开新时代的陷阱。所有企业都需要全面自检,以确保工作的每个环节都符合超龄时代的要求。

如果一些工厂和企业从本质上就有年龄歧视倾向,且缺乏展望未来的眼光,那么我们有什么办法可以从根本上改变它们的思想吗?许多人可能会给出简短肯定的回答,但要实现这一目标,我们还有很长的路要走,需要说服众多企业采纳多元、公平和包容的未来发展战略,将其他的边缘化人群也招募到其员工队伍中去。但事实上,某些公司,尤其是坚持"年轻就是生产力"发展理念的公司,对员工年龄多样化一事根本不以为然。

任何想在超龄时代立于不败之地的企业都需要改变过去的员工招募思维,在涉及从生产到销售的每个部门都应该坚持多元、公平和包容的发展战略,像吸收历史上一直被边缘化的其他群体一样,将老龄群体也吸收到其员工队伍中来。企业领导人首先要对员工队伍中人员构成的变化情况进行调查摸底,这样就能弄清公司的效益会受到多大程度的影响。他们一旦意识到年龄多元化的员工队伍可以给企业带来经济效益,就可以坦然面对各种挑战;通过实施渐进式改革和改变资本投入流向,他们不仅可以保持员工队伍的生产能力,还可以不断扩大消费者群体。

| 10 |

建设适老住所与社区

在过去的几年里,我一直在关注一个现象:无论在城市还是郊区,老龄人口都在不断增加,而"老年寓所"(泛指一切根据老龄人口的实际需要而开发建设的生活场所,包括独自生活的公寓和提供 24 小时专业护理服务的养老院)的数量却在不断减少。新冠肺炎疫情暴发后,新的变数出现,上述趋势更为明显,我对未来的预期也遭遇了这一挑战。早在 2020 年新冠肺炎疫情暴发之前,这些会直接影响到未来超龄时代家庭和社区养老模式的各种变化就已出现了苗头。公共和私人部门领导人有必要关注住宅环境中人口结构变化这一问题了。

美国老龄人居住与照护投资中心(National Investment Center for Seniors Housing & Care)是一家非营利性组织,主要工作是为住房投资人和运营商提供有关老龄人及其住房需求的数据与分析。该组织的报告显示,受疫情影响,2020 年第三季度的 31 个主要市场的老年寓所平均入住率降到了 82.1%，同第一季度相比，骤降了 5.6 个百分点[1]。不过，老年寓所入住率下降是迟早的事，只不过如果没有疫情，下降得会比较缓慢而已。老龄人开始选择搬离养老机构，全球各地也在经历同样的发展趋势。

这种搬离养老机构居家养老的新概念为许多新公司的发展铺平了道路，像 Papa、Home Instead Senior Care 和 Visiting Angels 等居家养老服务公司可以通过专门人员或应用程序为居家老龄人提供管家式服务。还有像 UpsideHōM 这样的公司，以市场价格向居家养老的人提供一到三居室的公寓，其目标客户为介于 60 岁至 85 岁的人，社会亲切地称之为"中间人"。在入住公寓的中间人中，有些人选择独居，有些人选择合住。UpsideHōM 公司提供的是住房加服务的养老方案，其客户可以在不同代际人员组成的社区里独立生活。

城市化是全球普遍趋势，尽管在过去 30 年里，居住在城市的老龄人口比例有所下降，但由于"婴儿潮一代"的人口数量庞大，在城市生活的老龄人总数却在增加。唯一的老龄人口比例增长较快的地方是郊区，人口年龄结构的变化对那里的教育资源、劳动力资源、住房及税收均产生了负面影响。根据皮尤研究中心（Pew Research Center）的报告，"虽然所有三种类型的县域均出现了人口老龄化的现象，但在美国郊区和小城市的县城，老龄化趋势更为明显。自 2000 年以来，郊区县域 65 岁以上人口增长了 39%，而在城市和农村县域这一比例分别为 26% 和 22%"。[2]

尽管有一些人认为，新冠肺炎疫情可能改变了人们对居住地（城市、郊区和农村）的选择，但现在要判断这样的选择是暂时性的还是永久性的还为时过早。如前所述，严峻的挑战依然存在，涉及生活服务设施的提供以及城市与农村人口的流动。交通不便已成为目前无障碍设施和交通路网都不发达的郊区和农村地区亟待解决的问题。

在过去 10 年中，50 岁以上租房居住的老龄人口大幅增加，涨幅达 50% 以上，超过了其他年龄组的增长率[3]。之所以会出现这样的情况，除了个人偏好因素外，更主要的原因恐怕是大萧条后的经济现实状况，因为他们还没有赚到或攒到足够的钱买房。这一变化趋势为开发商和政府官员以及老龄人居住地所在企业提供了绝好的发展机遇。

随着老年租户的增加，开发商应该考虑如何利用新建和现有的存量住房满足老龄人口的租住需求。此外，开发商应该在开发地产时考虑融入无障碍设计元素，即在建筑设计时要避免无障碍设施有可能造成的阻碍。地方政府也应该考虑自身制定的建筑规范是否合理，是否能保证住所内相对稳定的独立生活时间。

在新冠肺炎疫情暴发之前，人口就开始大规模流动；2018年，有将近 100 万 60 岁以上的老龄人跨州流动，比五年前增加了约16%。加利福尼亚和纽约等生活成本较高的州出现了老龄人口净流失的情况,而亚利桑那和佛罗里达等生活成本相对较低的南部各州的老龄人口在持续增长。得克萨斯州、南卡罗来纳州、爱达荷州、田纳西州和特拉华州的老龄人口也在增长,而且这些州的税收政策对老龄人口很有吸引力[4]。

过去10年间,拉斯维加斯、罗利、亚特兰大、奥斯汀和菲尼克斯等城市地区55岁至64岁人口的增长率达到了一般增长率的两倍。同一时期,该人口群体增长速度显著高于一般水平的城市还有波特兰、阿尔伯克基、达拉斯、奥兰多以及我的第二故乡华盛顿特区[5]。

大量中高收入的老龄人正在搬进类似于我所居住的社区,希望能在几乎不需要维护、有时还能提供管家服务的住宅区居住。他们中的许多人还希望所居住的社区可以让自己摆脱汽车养护、房屋维修以及铲雪、扫树叶和做景观美化等季节性工作的负担。他们希望能在配有自行车道和步道,适合步行,附近有公园的社区居住生活。他们还希望在跨代际的环境或社区中生活。他们正在寻找能够满足自己需要的居住环境,不愿生活在像封闭的养老院一样的环境里。

这场疫情到底是暂时性还是永久性地扭转了老龄人居住需求的发展趋势,目前尚无定论。不过,年龄谱系另一端的年轻人群体在疫情的影响下对居住地的选择也发生了变化。18岁至29岁的年轻人自大萧条以来第一次大规模地搬回家中居住；截至 2020 年 7 月，他们中的大多数人（52%）至少与父母中的一位在一起居住。这一趋势不分种族、民族、性别、城乡，出奇地一致，而对于 18 岁至 24 岁年龄段的年轻人以及年轻白人而言，这种趋势尤为明显[6]。

年龄标尺的另一端也有这种趋势。数量众多的老龄人因为没有为自己的退休生活积攒足够多的资金，不得不选择与成年子女同住，而这些子女大多属于"千禧一代"。这就给年轻一代造成了明显的压力，他们多年来一直在努力打拼，希望经济上能够独立。但现在，他们不仅要为父母提供住房，在某些情况下甚至还需要在经济上支持他们，在生活上照顾他们。许多这样的成年子女只好进一步推迟为自己的退休生活进行储蓄的计划，从长远看，这种影响对他们来说可能是灾难性的。至少，他们不得不工作得更长久。

所有这一切都在扭转 20 世纪中叶开始出现的那种养老模式的发展趋势。当时，受到"美好退休生活"这一营销概念的影响，美国第一代退休人员纷纷搬到了诸如亚利桑那州的"太阳城"和佛罗里达别墅等专门的养老社区。而今天的家庭和社区开始一改 75 年前整个社区全为老年居民的状况，突出居民年龄构成多样化的特征。人们的生活方式已发生了显著变化，这就要求我们在住宅和社区的设计与建造方式、流动与交通概念构建以及服务开发与提供等方面采取积极务实的行动。

住所和社区

家对许多人来说都是最重要的地方,在新冠肺炎疫情期间,家还承担了避难所、办公室、健身房和学校的功能。这就让许多人在选择生活空间时不得不认真考虑,并不断问自己:"这个家适合我吗,能满足我的需要吗?"新冠肺炎疫情给了一些人考虑生活空间的理由,但更多人不仅应该考虑在疫情结束后最近切的需求是什么,还应该考虑在未来10年、20年、30年甚至更长的时间内自己渴望的居住环境。

尽管今天出生的美国人的平均预期寿命为79岁左右,但大多数人即便在无伤无病的情况下也只能活到68岁左右。这意味着,人们应该在50岁至60岁就开始考虑房屋改造或新建住所的事情了。这乍听起来可能很可笑,毕竟这个年龄段的人还相对比较年轻。但是如果我们不想在将来搬到长期护理机构去生活的话,最好还是认真考虑一下这件事情。房产界将此举称为"居家养老"。

我更喜欢"居家生活"这个表述,因为绝大多数人天生就喜欢享受生活而不愿面对变老的事实。"居家生活"对开发商、建筑师、总承包商以及建筑相关行业而言是一个绝佳的机会,他们应该主动设计和销售优质的产品,让人们乐意尽可能长时间地待在自己的家中。这些产品可以是创新的模拟问题解决方案,也可以是像物联网(IoT)开发的预测跌倒的新技术。

设计居家生活的产品时,我们既要考虑年轻时期的需求,也要考虑晚年时期的需求,我们要提前应对未来不断变化的生活需求,而非在重大伤害发生之后再进行弥补。目前,人们还是不愿意谈论改造房屋以满足老龄人的未来需求的这一话题。这与大多数人想要尽可能长时间居住在家里的事实相矛盾,人们还是在避免谈论衰老的话题。

美国退休人员协会的研究人员发现,"在65岁以上的受访者中,有近90%的人希望尽可能长时间地待在自己的家中,80%的人认为他们会在目前的住所居住下去,直到终老"[7]。然而,老龄人要想居家养老,那么住所的物理环境和服务环境就必须能够满足自身的生活需要。改造房屋以满足他们的需求可能要花几个月甚至更长的时间,而建造新居则需要几年的时间。重大的医疗事件不会等到房子建成后再发生,所以对那些有足够财力的人而言,尽早为未来的居家养老做好准备是最佳选择。

对于老龄人而言,居家养老最大的风险是跌倒。通过适当改造房屋可在某种程度上防止老龄人跌倒,这样一笔投资从经济效益讲也很有必要。美国每年至少有300万65岁以上的老龄人因跌倒而接受治疗,80万人次需要住院治疗,30万人次髋骨骨折[8]。每年用于非致命性跌倒的医疗救治的费用约为500亿美元,虽然这其中很大一部分费用由联邦医保承担,但联邦医保并不能涵盖所有的开销，比如房屋改造的费用。跌倒者需自行忍受和承担身体疼痛、精神折磨、康复时间和收入损失，这些是任何理性的消费者都不愿面对的。每年跌倒致死的费用超过了 75 万美元。

其他国家已经在采取更实际的做法应对这一问题。在德国，只有 5% 的老龄人居住在无障碍公寓中，83% 的老龄人还居住在旧式建筑中，无障碍程度远远低于新建的住宅[9]。在德国，约四分之一的老龄人跌倒事件与私人住宅的结构性缺陷有关。为此，政府已拨专款通过适老重建计划（Age-Appropriate Rebuilding Program）等将老式住房和公寓都改造成无障碍住所。

就在十多年前，英国发表了一份名为《让老龄人口安居：创新小组》（Housing our Ageing Population: Panel for Innovation）的报告，对整个欧洲大陆的顶级设计原则进行了研究。在英国老龄人不断要求改善居住条件的背景下，该报告的出台让他们住房的品质得到了提升[10]。简而言之，消费者要比二十多年前更注重房屋的设计。英国新一代的消费者和美国的消费者一样，都对入住养老院养老不感兴趣。

我曾和父母就房屋改造的事情交流过意见。事实上，我与父母之间的谈话常由后者主导，他们提出了建造新屋而非改造旧居的主张，并跟我说了他们的详细计划。他们很可能会在目前居住的镇子上修建新居，希望能在建好的新家里尽可能长时间地独立生活。我父母的这份愿望不算独特,但他们的做法非常独特,因为他们在积极寻找地产资源,而且知道这样做可能会花费很长的时间。他们认识到,上了年纪会遇到的一些现实问题,并在房屋设计时会将这些因素考虑在内,比如,生活起居要在一楼,以及建设新家所需的时间和精力。

我已经多次提到,美国人口增长最快的是 80 岁以上的人口群体。1900 年,只有 10 万美国人能活这么久,而今天这个数字已经迅速增至近 600 万。到 2050 年,预计该年龄段的人口将有近 2000 万人,在短短不到 30 年的时间里将增长 220%。

2019 年,近九成装修房屋的客户是"婴儿潮一代"和"X 一代",高于 2018 年的 83%。而在这些客户中,一半以上(55%)是"婴儿潮一代",他们装修的主要区域是厨房和浴室[11]。因为三分之二的跌倒事故发生在家中,而浴室又是致命性跌倒的高发区,所以房屋改造一般会从浴室改造开始。

大多数人都不喜欢在浴室安装扶手栏或步入式浴缸,因为这会给人一种进入了医院或养老院的感觉。所以卫浴设备公司和建筑商应该考虑如何在设计产品时融入扶手栏。步入式浴缸应该尽可能做到光滑无缝,带长条坐凳的淋浴房应该大力推广。我们可以用优质的材料和时尚的设计来抵消"养老院式"的外观感觉。建筑师还应将照明作为家居设计的一个重点,包括运动感应式的地板照明。储物间也是一个设计重点,有了储物间,人们就不用在地板上和家具台面上堆放杂物了。

房屋租赁市场也迎来了机遇。根据RENTCafé对2019年美国人口普查局数据的分析,在过去10年中,美国60岁以上的租房者人数增长了三分之一以上,而34岁及以下的租房者人数仅增长了3%。2006年至2016年期间,年薪6万美元以上的老年租房者比例增至15%,增长了4%[12]。房屋租赁市场上老龄人的数量,尤其是可支配收入较多的老龄人的数量在不断增长,这就意味着房产所有者和开发商需要调整策略,以适应这一不断增长人口群体的需求。

别墅和公寓的新建、改建和翻新都开始考虑生命不同阶段的实际需要以及多代同堂生活的发展趋势。别墅改造可以包括:将地下室改为起居室、加建亲属套间或"老奶奶套间",这些建筑通常都被称为附属套房,因为它们是在原有建筑的基础上建起来的。我在新加坡就看到许多同一家庭不同世代的人共同租住在同一别墅的情况——父母住在一个楼层,成年的孙辈们住在另一个楼层。在世界各地你都会发现,人们越来越渴望新建多代同堂的住所。虽然这样的住所在设计规模和面积上不尽相同,但最好的设计一定要满足不同世代的人共同生活的实际需要。设计者不仅要考虑众人活动的中心区域,但也许更重要的是,还要为每个人保持相对独立的个人生活空间。不过,规模和成本是建造这类住房要面对的最大问题,对大多数人而言,建造这样的住所是一件可望而不可即的事,许多城市也不允许。

位于宾夕法尼亚州匹兹堡市的组合式住房开发公司 Module 认为，家庭在不同发展阶段选择面积大小适合该阶段的房屋是解决多代人共同生活的首选居住方式。该公司推出的最小的组合式住房面积仅为 46 平方米，大致相当于城市里一套小型公寓的大小[13]。例如，如果家庭不断发展壮大，成员不断增多，需要为单身子女、已婚子女，甚至孙辈提供居住空间，Module 可以提供现成的设计方案来满足家庭成员增多的居住需求。用这种方法扩大居住面积主要考虑到了两种情况：第一，社区人口密度大，住宅占地面积小；第二，要求建造速度快，短时间内满足居住需求。

有一些创新的多代同堂租住的方式可以减轻租住人的经济负担，但不适合大家庭的需要。2014 年，以色列启动了一项名为"我们在这里生活"的社会实验项目，旨在既减轻接受高等教育的大学生的经济负担，同时增加独居老龄人与社会联系的程度。参与该项目的学生可以享受租房和学费补贴，但他们需要与老年房东在一起生活和交流[14]。除了以色列外，欧洲和美洲的一些国家也推出了类似的项目。

社区

越来越多的老龄人选择工作更长时间并在晚年居家养老，在此背景下，世界各地的领导人需要认真考虑社区人口构成日益代际多样化这样的现实。传统社区是以身体健康的年轻人的居住需求建造的,但现在我们需要对这样的社区进行改造,以保证现在以及未来所有世代和身体条件的人都能方便地生活。这就要求我们对过去的街区重新设计,或者开发新的小区和社区,以满足多代人居住的需求。改造后的或新建的社区不仅要有住所,还要配备方便社区生活的公共设施。

我经常会想起佛蒙特州艺术家凯文·鲁埃尔(Kevin Ruelle)创作的一幅插图。插图中,一名男子正在一所公立学校的一段台阶上铲雪,台阶的旁边是仍被雪覆盖着的坡道,包括一名坐轮椅的学生在内的许多学生正排队等待入校。这幅插图还配有一句话:"为有特殊需要的人扫清道路就是为所有的人扫清了道路!"意思就是说,如果图中的男子先清扫好坡道的话,那么所有的孩子都可以马上进入学校。这幅插图给我们上了生动的一课,告诉我们无障碍设施的重要性。就拿世界各地人行道上随处可见的路缘坡来说吧,它已成为一种具有代表性的包容性设计。尽管路缘坡是为方便坐轮椅的人而设计的,但几乎每个人每天都在使用它,从推婴儿车的父母到推载货车的送货员。

无障碍改造的核心目标就是要创造一个为尽可能多的人服务的环境。在社区设计中考虑老龄人口的实际需要可能还是件新鲜事,但是好的指导原则和优秀的工程实例可以让大多数社区意识到此举在未来的必要性。最重要的是,民众选举出来的地方官员和公务员在做每一项可能影响到老龄人生活的市政决定时,最好能先征询一下他们的意见。就像办企业一样,在考虑老龄人的愿望和需求时,政府最好不要主观臆断。

世界卫生组织下属的全球老年友好城市和社区网络(Global Network for Age-Friendly Cities and Communities)开始敦促地方政府要主动接受老龄化的现实,并给它们提供了一些指导性建议[15]。一般而言,老龄人友好型社区是指老龄人受到重视、可参与各项事务、物质及社交利益和需求能得到保障的社区。目前,已有来自39个国家的700多个城市和社区加入了该网络,经过过去几年的发展,其成员数量已翻了一番。

虽说一个城市加入上述网络并不能保证它就是老龄人友好型城市,但这至少说明该城市正在致力于让整个社区,尤其是将最年长的居民也动员起来,去创造一个无年龄偏见、人见人爱的社区环境。该网络的成员通过越来越多的优秀实例和奇思妙想将城镇、城市、州和国家政府及国家组织联系了起来。

位于日本本州岛的秋田市是最早一批加入全球老年友好城市和社区网络的城市之一,其人口虽然仅有30多万,但其老龄化程度让人印象深刻。秋田市很早以前就进入了超龄时代,目前人口中65岁以上的居民超过了三分之一[16]。这一惊人的人口现实状况反映的是城市化进程和人口老龄化这两大趋势相互叠加后所产生的严重后果。然而,与世界上其他同样面临人口困境的地方不同,秋田市选择了迎难而上,将危机转化为重塑新社区的发展机遇。

秋田市高瞻远瞩的市长穗积志(Motomu Hozumi)和其他关爱老龄人的政府工作组一直都在兢兢业业地推动着秋田市的基础设施改造工作,以满足不同年龄人口的实际需求。他们以人为本,建造了一座完全无障碍的市政厅,将生命各阶段人群的需要都考虑到了。秋田的市政厅不仅是社区的中心,也是老龄人最喜欢去的场所。这里还配备了儿童护理设施、手杖挂钩以及婴儿车和轮椅停放场。他们还打算建设一个包容所有年龄段群体需要的社区,目标是将其打造为一个对所有人都更具吸引力的地方,计划通过与当地企业合作的方式,改善诸如杂货配送等服务性业务环境以及诸如固定费率公共交通系统等市民出行环境。这两项举措以及其他举措都在努力确保让所有的秋田市民保持与社会联系的状态,这是对抗孤独非常有效的一种办法,而孤独与严重的健康状况与死亡密切相关。

美国人口最多的城市纽约也在努力满足日益增长的老龄人口的需求。在过去的10年中,该市新增了1500条长椅和3500个新建或改建的公共汽车候车亭,并积极征询高龄市民的意见,以确保这项举措能给他们提供最大的方便[17]。英格兰的诺丁汉市发起了300多家商家参与的"您请坐"计划,所有行动不便的人都可以进入参与该计划的商家店铺里歇脚;这些店铺都在其橱窗上贴有"我们欢迎您来坐"的贴纸[18]。德国的格里斯海姆（Griesheim）因其在公共场所建造有各种可供人们休憩的设施而被称为一座"可以坐着的城市"，那里的人们除了可以坐在各种长椅上休息外，还可以利用斜靠桩放松，毕竟坐姿并不总是最好的放松姿势[19]。

也许人们对老年友好型社区最不太了解的是，许多设施实际上已经存在了，有些设施只需稍加改造就可以满足超龄时代的要求。像学校这类现有的基础设施可以稍加改造后再利用。我们还可以通过举办文化和娱乐活动，提供公共服务和宗教服务的方式扩大居民的社区参与度。除了提供更多的志愿服务和就业机会外，我们还可以增加居民接受大学教育和新技能培训的机会。另外，我们要尽可能地降低居住、出行和交通等生活成本，在方便居民的同时，要让他们承担得起。

出行和交通

行动不便是晚年生活需要解决的最大问题之一，也是造成社交隔离并最终导致孤独感的主要原因之一。个人如果无法通过诸如到杂货店、去邮局或参加宗教礼拜等日常活动与社区保持联系，就会发生这种情况。行动不便还让人们工作和谋生的能力受到了限制，不能参与志愿服务和其他社会活动，而所有这些社会活动都有助于提高个人的生活质量。

一个人住得离城镇或城市越远，行动不便带来的麻烦也就越大。例如,城市居民要想到商店买东西或去会所享受服务时只需走相对较短的距离,而且通常有多种出行方式,如步行、自行车、公共汽车、轨道交通、出租车、网约车等。郊区居民则只能接受较远的路程,而且一般需要开车到商店,因为他们可选的交通方式有限。而农村地区的居民(除了住在小镇上的人外)出门唯一的交通工具就是汽车,而且经常需要开车开非常远的距离。

越来越多的地区可以使用网约车服务了,比如优步的运营范围就涉及全球70多个国家的450多个城市。当然,还有一些网约车应用只在特定的国家和地区提供服务,如美国的Lyft和Curb、印度的Ola、中国的滴滴,还有马来西亚、印度尼西亚、泰国和菲律宾的GrabTaxi,欧洲的Free Now,日本的Line Taxi,印度尼西亚的Blue Bird和韩国的Kakao T。

一些像美国的GoGoGrandparent这样的创新公司已经推出了一种新的连接技术,其注册用户能够通过"傻瓜手机"(一种模拟手机或只有基本按键,没有应用程序或摄像头,一般也没有互联网接入的手机)预约乘车。几年前,我是从华盛顿特区的一位优步司机那里得知这种约车服务的,他当时告诉我,这是他80多岁的母亲有出行需要时使用的唯一约车方式。遗憾的是,这样的网约车运营商只在人口稠密的地区提供服务,因此乘客往往只能在城市和市郊的环境下使用这种约车方式。

丧失行动能力，无法获得重要服务，缺少日常互动，这些通常都是由于突发的身体损伤造成的。这种情况发生的可能性随着年龄的增长而增加，美国以及世界各地的许多政府管理部门都对驾驶证持有者提出了年龄要求，包括强制要求他们在老年后的某些年龄节点接受技能测试。随着人们年龄的增长，开车的风险也越来越高，尽管老年司机有多年的安全驾驶经验，但保险公司仍会视他们为高风险驾驶人群，并相应提高他们的保费。不过，越来越多的出行方式正在上线，有了这些方式，人们出行时完全不用开车。

这种转变将开启一个新的独立生活时代，人们可以在家里待更长的时间，可以在喜欢的社区待更长的时间，同时能比过去更好地与外界保持联系而不脱离社会。这一切听起来就像科幻小说中的故事，但在城市地区已经或正在发生，并且可能会迅速蔓延至郊区和农村地区。

以我的故乡匹兹堡为例，目前那里至少有 5 家机构与公司在致力于开发自动驾驶汽车，其中一家就是家喻户晓的优步。优步大约有 20 辆自动驾驶汽车每天白天载着付费乘客行驶在匹兹堡的街道上。达拉斯、旧金山、华盛顿特区和多伦多等城市也在进行自动驾驶汽车试运营。其他四家研发单位 Aptiv、Argo AI、Aurora 和卡内基梅隆大学也在匹兹堡的 32 个社区和郊区投入了 40 多辆自动驾驶汽车试运营。预计到 2030 年，全球每 10 辆汽车中就有 1 辆是自动驾驶汽车，但自动驾驶汽车只是出行革命的一部分。

2019年，在东京车展期间，三菱电机推出了"出行让生活更美好"的概念，其中包括从人们驾驶的汽车到适应各种社会基础设施的设备等各方面的先进技术。当然，三菱主要还是在宣传其自动驾驶汽车，这也是许多消费者最为关注的事情。

三菱的一款概念车EMIRAI的内饰非常具有吸引力，车内配置了多项健康状况监测新技术，比如，非接触式心率监测技术、可感知驾驶员驾驶过程中睡着的面部追踪技术以及持续监测体表温度的传感器等。这些健康监测新技术可以使车载系统识别出驾驶员的身体状况，如疲劳、困倦和突发疾病等，然后启动高级自动驾驶模式予以干预，或向警察、消防部门或急救中心发出健康紧急情况的预警信息。

市政府在保证人们的出行方面也发挥着重要作用。不过，很多城市的基础设施都是在几十年前甚至更久以前修建的，例如伦敦、布达佩斯、格拉斯哥、纽约、巴黎和布宜诺斯艾利斯的地铁系统都是在100多年前建成的。改造这些地铁系统的成本无疑是巨大的，不过，许多城市都大大改善了其公共汽车和火车的乘坐环境，甚至对火车站和公共汽车的候车亭内部进行了改造，极大地方便了老年乘客。

现在，美国号称其将近99%的固定路线公共汽车和90%的铁路交通是无障碍的。然而，政府未能保证通往这些公共汽车和铁路交通站点的道路和入口也达到无障碍的标准。现实的情况是，超过四分之一的站点都缺少无障碍通道。公共交通这种对大多数人来说习以为常的出行方式，对日益增长的老龄人口来说使用起来十分困难，甚至都不可能用得上。

辅助客运系统是美国和加拿大常用的交通术语，用于描述价格优惠或免费的交通方式，是在没有开通公共汽车和铁路交通服务地区的一种补充出行方式。根据《美国残疾人法案》的规定，美国所有的城市和小镇都开通了辅助客运系统服务。然而，辅助客运系统也有自身的弊端。长期以来，乘客一直在抱怨提前预约的时间（有时需要提前一天）和司机不守时的问题（迟到或根本不到的情况时有发生）。一些城市正在启动试点项目，希望通过利用技术手段或对现有的按需运输方案进行财政补贴的方式解决上述问题。

服务设计与提供服务

要让家庭和社区回归老年友好型的理想状态，我们就需要解决年轻人和老龄人都可能面临的最大问题，比如说社交孤独感。这虽然是个棘手的问题，但我们一定得重视起来。美国退休人员协会基金会和联合健康基金会（United Health Foundation）最近开展了一项全国性的研究，在对 2010 人进行采访后发现，在包括所有年龄段的成年人中有三分之二的人都遭受着社交孤独的困惑[20]。而其他的研究表明，社交孤独感对一个人的负面影响与肥胖和吸烟的危害不相上下。如果我们能以更好的方式把这些容易孤独的人团结起来的话，那么我们的社区不但会更强大，而且会更健康。

当人们不能再参与日常的社交活动时，孤独感就会悄然而至。如果不加以干预，这种感觉就会迅速给我们带来一连串的健康问题，让我们饱受折磨。而治疗社交孤独症的相关费用也会随病情的发展而成倍增加，通常会给我们的家人、朋友和公共社会福利机构带来巨大的经济压力。如果我们不对深陷社交孤独症的人主动提供治疗的话，他们就可能再也无法独立生活，只能住进养老机构了。

使人们融入其所在社区的一种更加有效的方法就是确保他们从一开始就没被集体落下。这不仅是公共部门的头等大事，也是个人和家庭、医生和护士、企业与宣传机构的头等大事。2018年，英国政府意识到了孤独症在国内有泛滥的倾向，于是成立了一个专门部门，并任命了世界上第一位专门解决孤独问题的大臣，以应对危机，寻求解决方案[21]。

好消息是，世界各地的各种组织与机构都在着手解决这一问题，最终目标是让人们融入自己所在的社区，居家养老。不过，目前的问题是，创新的养老方式还不多见，大多数人很难享受得到。因为相关产品缺乏，而人们对改进服务和设计有较强的需求，现有的公共和私营部门以及有进取心的企业都遇到了绝佳的市场机遇。

新冠肺炎疫情进一步增强了人们的孤独感，提供工具性日常生活活动（IADLs）①的公司也因此获得了更多的发展机会。除了我们前面已经详细讨论过的交通出行外，工具性日常生活活动还包括协助购物、备餐、操持家务、管理药物、与家人朋友沟通、理财以及生活陪伴和精神鼓励等等。在健康危机期间对这些服务的需求在世界各地创造了创新沙盒，即企业通过自由探索甚至是游戏性的实验来应对复杂挑战的环境。一些政府甚至放弃了一些诸如远程医疗和数字医疗的规定。那些已经在努力帮助面临孤独风险的个人的企业做得特别好。

新冠肺炎疫情肆虐期间，美国老龄人综合护理计划（PACE）的参与单位遇到了严峻的挑战，但最终都不辱使命，发挥了重要作用[22]。它们为一些仍然生活在社区的体弱多病的老龄人提供了全面的医疗及社会服务。老龄人综合护理计划的目的就是让老龄人不要再入住养老机构。新冠肺炎疫情暴发之前，老龄人大都是在提供社交活动、膳食和治疗的养老中心度过的。老龄人综合护理计划单位主要由政府资助，疫情期间，它们将在养老院提供的护理服务转向了家庭护理及在线社会服务，而其资金几乎没有中断过。

总部位于伦敦的创新公司 onHand 是一家相对较新的公司，它的口号为"科技让我们变得更好"。新冠肺炎疫情期

---

① 需借助一些小的工具才能完成的各种日常活动，如打电话、购物、做家务和使用交通工具等。——译者注

间，随着个人求助量的增加，该公司的规模逐渐扩大。onHand 的主要业务是为越来越多需要他人帮助的老龄人提供服务，老龄人只需点击一个按钮即可快速与志愿者社团取得联系，并获得帮助。经过系统审查和验证后的志愿者可以为老龄人提供购物、跑腿、取药，甚至陪伴等服务。onHand 通过其提供的服务，不但为地方市政而且也为英国公共卫生系统国家健康中心减轻了大量压力，其创始人桑杰·洛博（Sanjay Lobo）也因其创新服务方法于 2020 年英国优秀企业家颁奖典礼上获得了优秀企业家大奖[23]。

新冠肺炎疫情期间，许多业已存在的上门服务变得更加普遍起来，并从根本上改变了"未来老龄人"的生活方式；他们只需按需选择产品和服务，就可以享受随时上门的产品配送和护理等服务。事实上，即使在整个疫情期间，我也可以在几分钟内叫车到家门口，可以让餐厅在半小时内送餐，让杂货店在两小时内送商品过来，让洗衣店在一天内取走、洗好并送还我的衣服，让亚马逊在几天之内把包裹送到我的手里，而所有这些服务我只需轻点几下手指就可以实现，简直是太方便了。正是因为有了这些创新和随后的更多创新，未来的老龄人将能够在更长的时间内独立生活。

| 11 |

老年经济学

我的整个职业生涯都致力于改变全球对老龄人口的看法，努力将人们消极悲观的态度转变为积极乐观的态度。我满怀热情地接受了这一挑战，用了20多年的时间去捍卫老龄人的权利，肯定他们在职场中的价值，呼吁他们不仅要积极参加社区活动，还要在开发产品和服务方面奉献自己的才智。我认为，企业和政府应该利用好"长寿红利"（老龄员工生产能力所带来的效益），这样不仅可以提高老年消费者的购买力，还能提升社会包容度，改善人们的健康状况。

为此，我开展了原创性研究，与伦敦的《金融时报》（*Financial Times*）和东京的《日经新闻》（*Nikkei*）等重要机构联合主办了系列全球性会议，还与中国、法国、德国、日本、荷兰和新加坡等国的政府开展了合作。我也曾与经合组织、世界经济论坛和联合国等国际组织合作过，同道琼斯（Dow

Jones)、苏黎世保险集团（Zurich Insurance Group）、富俊国际（Fortune Brands）和新光集团（Shin Kong Group）等大公司和企业分享过我的观点，大家一致认为，人口结构的变化可以为商业、经济和社会带来积极影响。

在整个工作进程中，我始终在强调一个简单的事实，即每个人都想成为某个群体的一部分。所有人都渴望拥有归属感，希望自己能被当成正常人对待，甚至成为他人眼中优秀的人。他们都希望过上有目标的生活，希望竭尽所能为社会多做贡献。这适用于所有人，不分年龄、地区和阶层。事实上，生命历程越长，这种归属感可能就越重要。

我所谈到的归属感并不局限于个人归属于某一特定的社交、宗教或民族团体的情况。归属感更多的是指个人融入社会并创造社会价值的情况，每一个人都是维持社会引擎运转不可或缺的一个齿轮。这也就意味着，人们不仅可以通过创收活动发现自身价值，也可以通过一些像照顾家人和志愿服务这样的无偿劳动来实现自身价值。

缺乏生活目标是导致自杀事件发生的一个主要原因，这种情况在老年男性中尤为明显，85岁以上的男性自杀率最高。老龄人自杀未遂最终也极有可能导致死亡。每起自杀未遂事件都会造成超过100万美元的开销，其中绝大部分是身体失能所致。除了不可估量的个人成本外，国家年均自杀成本接近1000亿美元，主要是身体失能后造成的开销。我们如果采取一定的干预措施，就可以大大减少这些不必要的成本。

许多企业都在致力于为寻找生活目标的人提供帮助，杰夫·蒂德韦尔（Jeff Tidwell）创办的 Next for Me 就是这样一家公司，主要业务就是帮助人们应对工作和家庭生活中出现的变故，帮他们重新找到生活的目标。类似保罗·朗（Paul Long）的 ProBoomer 和伊丽莎白·里本斯（Elizabeth Ribons）的 NEXT 等社交平台和播客也在激励老龄人保持坚韧不拔的意志品质，在为社会做贡献的同时实现自己的价值。还有一些像马克·弗里德曼（Marc Freedman）创办的 Encore.org 公益组织对 50 岁以上仍然积极参与社区活动的人进行宣传，在肯定他们价值的同时，通过社区分享他们的经验。这些组织的存在顺应了老龄人日益增长的需求，他们希望自己的奉献得到社会的认可，希望自己的需求得到社会的关注。

关键的投资

拉姆齐·阿尔温（Ramsey Alwain）是我在美国退休人员协会工作期间的同事和好友，现任国家老龄问题委员会（National Council on Aging）的首席执行官，也是发展老年经济的坚定支持者。多年来，她的推特账号 @eldernomics 都没有改变过，她坚持使用 eldernomics（老年经济学）这一术语，希望通过这种方式在保障老龄人经济安全与就业机会方面发挥一定的作用。我也一直认为这一术语充满智慧，表达了一种务实和包容的态度，即我们要确保老龄人享有经济机会，让他们为社会的经济繁荣贡献力量。

尽管后来拉姆齐不再使用那个账户名了，但她还是同意我将其用作本章的标题。我认为该术语足以概括本书的观点：肯定并释放所有人在不同生命阶段的价值，以建立一个更加富有活力、更加公平的社会，让更多的个人、企业和政府在超龄时代新人口现实的情况下实现共赢。

实现这一目标的一种办法是，确保所有人都能接触到数字信息，拥有一定的数字素养，并能接受终身教育和培训。这一点在今天显得尤为重要，就像我们在新冠肺炎疫情期间看到的情况一样，许多人不得不居家办公，只能通过网络维持社交生活。在这种时候，所有人都需要拥有数字素养才能开展工作，同时需要成为数字世界的积极参与者。

网上购物在美国发展得非常迅速，预计到2023年，91%的美国人，即超过3亿人将成为数字消费者[1]。大概有四分之一的美国人每月都会在网上购物，其中约三分之二的人是在购买服饰。近一半的网购者是在亚马逊上开始首次网购消费的[2]。这其实蕴含着很大的商机，我们可以让更多的人在网上获取信息，参与社交，交易购物。

Careovacy、GetSetUp、Senior Planet 和老龄人技术服务（OATS）等公司正在帮助老龄人学习上网技术，让他们感受技术带来的舒适体验。这些公司提供面授和远程课程，将广大老龄人群体集合起来，教他们学习使用常用的在线工具。开设课程内容除了入门级的外，也有高阶的内容，比如（在 LinkedIn 和 MailChimp 上）营销自己、（在 Squarespace 和 Wix 上）建立网站以及（在 Etsy 和 Shopify 上）运营电子商务市场。

其他一些公司也在开发新的技术，以帮助那些无法使用智能手机技术的客户获得自己所需的服务。这其中就包括由德国沃达丰（Vodafone）公司提供的银线（Silberdraht）电话服务，该服务可以使老龄人获得通常只能在网上才可获取的信息，如播客消息以及最新时政新闻等[3]。银线之所以会在德国存在，是因为德国老龄人很少能像美国老龄人那样通过网络获取信息。所以说，每一种解决方案都应该根据当地人口的实际需求来制定。

55 岁至 64 岁年龄段的创业者也越来越多。而在 25 年前，这一群体只占到了新创业者的 15%。考夫曼创业指标（Kauffman Indicators of Entrepreneurship）的数据显示，截至 2016 年年底，这一数字已近 25%[4]。美国劳工统计局的相关数据表明，年龄在 65 岁以上的群体更有可能成为个体经营者，而占所有创业者近 16% 的数据也印证了这一点[5]。这一日益壮大的群体对社会而言非常重要，这不仅是因为他们过了传统退休年龄还在工作，还因为他们经营的企业往往比年轻人经营的企业发展得还要好。

今天，成功企业家的平均年龄为 45 岁。50 岁的创业者创建高增长公司的可能性是 30 岁创业者的 1.8 倍[6]。相比之下，20 岁出头的创业者创建高增长公司的可能性最低。然而，向老年创业者投资却面临重重困难，在老龄歧视大行其道的当下尤其如此。著名风险投资人保罗·格雷厄姆（Paul Graham）就曾调侃，他对创业者进行评估时会将 32 岁作为年龄的上限。如此看来，他是否有目光短浅之嫌？

不作为的代价

在超龄时代，满足各年龄段人群希望找到归属感这一基本需求变得尤为重要。如果无法做到这一点，就可能引发一系列危机，进而威胁到商业稳定，削弱社会凝聚力，并扰乱国民经济秩序。各地的经济可能停滞不前，更糟的是，还可能陷入衰退或萧条期。如果出现这种情况，相关政府可能失去自身在全球经济中的地位，其信用评级和借贷能力也将受到审查，社会福利体系将面临崩溃。结果，我们就会看到一个更加老迈、更不健康、更加贫穷的社会。事实上，老龄人的适当参与有助于推动社会和经济发展，如果看不到这一点，我们将遭遇很多负面事件。

是什么阻碍了我们的进程？首先，过时的历史态度、糟糕的公共政策以及或隐或现的年龄歧视现象都对我们的商业决策和经济生产力造成了负面影响。如果我们不采取措施去解决这些问题,纳税人将不得不为经济生产力受损所带来的隐性(其实已较为明显)成本以及因失业和孤独而增长的医疗成本买单。如果政府和企业都不采取任何措施,那么我们当前的状况将严重阻碍经济增长,并对政治稳定构成威胁。

到首批 35 个国家于 2030 年进入超龄时代之时,全球人才短缺可能超过 8520 万人[7]。如果不采取一些措施招募并留住老龄人才,全球的经济损失将达上万亿美元。预计那些被认为是知识密集型行业的岗位将受到重创,比如金融服务业岗位。这类行业岗位的员工短缺可能会导致 4350 亿美元的经济损失。

就连至今仍保持强制性退休年龄政策的经合组织(OECD)也赞同这一观点。经合组织自己开展的研究项目表明,如果企业和政府不采取任何措施应对人口结构的变化,预计经合组织成员国的 GDP 将在未来 30 年内平均下降约 10%,而其他的一些经济体的 GDP 可能会下降近 20%[8]。

对于像冰岛、韩国、日本和新加坡这样的国家来说,即便政府改变用工政策,增加年龄的包容性,要扭转经济萎缩的局面也可能为时已晚,因为这些国家没有考虑到采取像移民政策等通常有助于经济增长的其他因素。不支持移民政策的国家在用工方面可能更多地依赖机器人,但随着本国消费人群的不断减少，商品和服务的内需也会不断下降。这些经济发展预测不仅对经合组织成员国是一种警示，对世界上其他的 150 多个国家也是如此。

若不采取行动加以应对，人口结构的变化可能会给国家的信用评级造成重大影响，而该话题鲜有人讨论。评级机构会向全球投资者提供关于公司和国家偿还债务能力的相关信息，比如，能按时支付利息还是有可能违约等。毫无疑问，一个国家未来的人口结构与许多经济风险因素直接相关。评级机构会密切关注医疗保险和养老金等社会福利项目中的债务状况，而这些项目的债务会直接受到抚养比（在职工作的人数和不工作的人数之比）的影响。抚养比又与 20 世纪中叶以来所实施的将老龄人从劳动力队伍中系统性剔除的年龄歧视政策密切相关。

目前，有 10 个国家拥有最高的 AAA 评级，这也直接影响到了它们的借贷能力。这 10 个国家分别是加拿大、丹麦、德国、列支敦士登、卢森堡、荷兰、挪威、新加坡、瑞典和瑞士。上述这些国家都已经或将在未来 10 年内进入超龄时代，它们若不主动采取措施解决人口老龄化问题，国家信用评分就会降级。信用降级会对一个国家的借贷能力造成很大影响，投资者因此会将向其贷款视为高风险行为，故而要求更高的回报。

如果上述任何一个国家失去了高信用评级的话，那很有可能是自身经济和社会保障体系没有根据新的人口现实做出相应的调整。由于人口老龄化和过时、饱含年龄歧视的用工政策，劳动力的社会生产参与度在不断下降，这些国家中的大多数都会在未来10年间面临劳动力短缺的问题。因此，一些公司将很难招聘到足够多的合适人才。

过去的一种解决办法是，提高养老金受益者的退休年龄，延长他们的工作年限。包括美国在内的许多国家已经逐步实施了这种方案。然而，包括我在内的许多专家认为，这种做法正如牛鼎烹鸡。应该还有更好、更公平、更巧妙的方法来应对人口结构变化带给我们的挑战。我相信企业，尤其是大型企业，可以在用工政策调整方面发挥巨大的变革示范作用。政府应该从财政上支持其公民的终身技能培训和职业转变培训，而企业应该努力让工作环境尽可能符合人体工程学要求，并尽量做到对不同年龄段员工一视同仁，从而让每位员工在尽可能长的时间里发挥出最大的作用。

这就是为什么我要求每一个与我合作的组织都坚持同一套原则，即正视并解决年龄歧视问题，保障员工一生的需求，要求供应链中的其他企业承担起相应的责任。这是我的好朋友、在Out Leadership就职的法布里斯·胡达特（Fabrice Houdart）与我分享的一种方法。当时，他正与联合国人权事务高级专员办事处开展合作，主要工作是向企业宣传雇用LGBTQ+员工发展战略。上述原则包括如下内容：

• 尊重所有年龄段的员工，将他们视为企业的贡献者和客户。

- 努力消除职场中的年龄歧视现象。
- 支持员工，给他们提供看护假和继续教育机会。
- 不支持搞年龄歧视的组织和机构，不与它们合作，包括供应链中的组织和机构。
- 鼓励并制定相关政策与措施，开发能帮助人们延长寿命的产品与服务。

这并不是在盲目乐观地展望未来，而是一种非常务实的做法，强调了人口结构每天、每时、每刻都在以更快速度发生变化的现实。

客观现实

作为一名现实主义者，我非常清楚，我们不可能抹去人类用文字记载的数千年历史，也不可能否定人类在历史上不断将老龄人边缘化的生活经验。我也明白，要推翻一项已实施了100多年的、逐步将老龄人排除在职场和社区之外的灾难性公共政策这一创举，是不可能在一夜之间完成的。改革不一定非要惊天动地，但我们确实需要在经过一番深思熟虑后，拿出一套渐进包容的方案来。

20世纪，女性正式进入了劳动力市场。这件事也成了过去100多年来美国经济生活中重大的变化之一。从1950年至今，女性劳动力生产参与率翻了一番；1978年，女性参加工作成为常态，当时有超过一半的女性加入了劳动力大军。可悲的是，这些成果目前面临着逐渐消失的危险，主要原因是女性承担了大多数照顾家庭成员的任务，新冠肺炎疫情期间，还多了自己做家务、辅导子女学习等任务。不过，支持根据不同年龄阶段女性的需要灵活安排工作的长寿劳动力政策将有助于改变这种情况。女性加入劳动力大军对经济的持续增长至关重要。

同样，若不是"婴儿潮一代"的年轻人进入劳动力市场以及退休行业的强劲发展，自20世纪50年代开始的系统性淘汰老龄员工的做法也会给经济造成同样的灾难性后果。我们来看一组数据。1950年，美国65岁以上的男性劳动力生产参与率接近50%，但从那时起，受年龄歧视公共政策和强制性退休制度的影响，该年龄段男性劳动力生产参与率呈急剧下降的趋势，到1990年降至16%的最低点。这一发现与美国和其他发达国家于20世纪60年代到70年代开始普遍推行强制退休政策的情况相符合，目前仍有许多国家在实行这样的退休政策。制定这些政策的目的是让老龄人退出劳动力市场，给数量众多的"婴儿潮一代"腾出工作岗位。直到1978年，美国国会才通过对《就业年龄歧视法》（*ADEA*）的修正案，宣布强制未满70岁的员工退休为非法行为，并于1986年废除了设定强制性退休年龄的政策。这一政策改变有助于老龄人重返工作岗位,但还不足以消除工作中的年龄歧视现象,因为该政策要真正贯彻下去并非易事。

关于老龄人的劳动参与率有一些正面的消息,但也仅仅是有了好的开端而已。2000年至2018年,在高收入经济体中,65岁以上人口的劳动力参与率从9.9%上升到了13.7%。在美国,2019年的这一比例为20.2%。在冰岛和印度尼西亚这两个劳动力参与率最高的国家,这一数字分别为35.2%和41.7%[9]。

在卢森堡和西班牙这两个劳动力参与率最低的国家,这一数字分别为2.3%和2.5%。在整个欧盟,这一年龄段劳动力参与率仅为6.6%[10]。随着出生率的不断下降以及人均寿命的持续延长,将老龄人纳入经济活动中对经济的持续增长至关重要,因为劳动力大军中的老龄人越来越少时,经济增速就会因失去这批拥有各种技能的劳动人才而放缓。

共筑繁荣

"婴儿潮一代"创造的大量财富预计将传给其后代。大多数专家估计,"婴儿潮一代"的资产价值在30万亿至40万亿美元。由于他们拥有的财富值巨大,许多专家都把在未来10年左右的时间内将要发生的事件称为"财富大转移"。

很多人都将注意力集中在"千禧一代"的身上,认为他们是财富大转移的主要受益者。然而，现实中更有可能的是，"婴儿潮一代"的遗孀和"X一代"已开始首先从家族财富转移中获益。今天的老龄人在其遗产处置上的决定对其现在的成年子女和未来的几代子孙的生活都将产生深远的影响。

毫无疑问，这一财富转移将产生惊天动地的结果，可能影响到整个经济部门，尤其在未来的25年里可能有高达68万亿美元的资金在两代人之间流动。因此，一些公司，尤其是金融服务业的公司，需要在满足现有客户的需求和实现财富继承人的愿望之间做出平衡。对于所有企业来说，这是一个调整产品与服务结构并创造更具代际包容性产品和服务的绝佳时机。

进入超龄时代，越来越多的小企业主会面临一个普遍的问题，即他们很难将企业所有权转让给自己的成年子女或找到合适的买家。在农村地区，出现这种情况的可能性更大。不过，私营企业主将所有权转让给员工的趋势越来越明显，这种所有权结构也就是通常所说的合作社所有制。

将近一半的美国人都受雇于小企业，而在美国3000多万的小企业主中，"婴儿潮一代"就占到了41%，仅次于占比为44%的"X一代"。随着这些小企业主在未来几年内陆续退休，预计将有近四分之三的企业会出现所有权易手的情况。但不利的消息是，所有权易手通常会涉及资产清算或企业暂时关停等事宜，这对一些企业所有者、雇员以及他们所服务的社区而言，远不如将企业向合作社制转型有利，这样还可以将资本留在当地。

今天，美国有近800家由雇员拥有所有权的合作社；在欧洲，这样的合作社更多。然而，美国10年前仅有350家合作社，现在的合作社数量已经是那时的两倍多了。据美国工人合作社联合会（US Federation of Worker Cooperations）称，美国所有合作社的雇员总数达好几千名，每年创收近5亿美元[11]。也许合作社最显著的优势是，其经营规模没有限制，这就意味着，一个合作社既可以雇用几个人，也可以雇用数百人或更多。美国最大的合作社是位于纽约的合作家庭护理协会（Cooperative Home Care Associates），该协会拥有近2000名员工。

企业转为合作所有制的第一个也是最直接的好处是，年岁已高的独资企业主能够迅速或在一定时间内将企业出售，这对其安享退休生活大有裨益。第二个也是影响更为深远的好处是，合作所有制有助于提高企业的业绩，因为有更多的员工对企业的成败负责，这同时保证了企业能够长期发展下去。一些欧洲的法规会要求合作制企业要未雨绸缪，为可能的"困难"时期预留部分资金。第三个好处，也是最明显的好处是，合作所有制或许有助于通过基于市场的方式重新分配财富，从而缩小贫富差距。通过转变为合作制企业，年事已高的企业家就可以从其岗位上退出，在还有利润可赚的同时，能积极参与服务社区的重要活动。

英国利兹大学商学院的维吉妮·佩罗坦（Virginie Pérotin）从事的研究支持了这一论断。她对美国、欧洲和拉丁美洲的一些劳动力管理公司进行调研后发现，这种企业转制会带来许多心理社会效益。她发现，整体而言，合作制企业要比传统的企业生产力更强，因为员工组织更高效，员工工作效率也更高[12]。

技术助力

日本在超龄时代方面可以为其他国家提供一些宝贵的经验。人口老龄化的趋势与随之而来的快速自动化似乎常常让人感到相互矛盾。然而，日本就像在应对所有的事情上一样，尝试着在二者之间寻找和谐共存的平衡点，就像阴阳道（inyodo）①一样，相反的两种力量实际上可能是互补的，它们相互关联，且相互依存。

在传统已经成为一种艺术的日本，由于品味的改变、人口结构的变化以及技术进步的共同作用，整个家庭产业和行业正在退出公众的视野。根据日本政府的统计数据，技术进步在提高生产效率的同时，也消灭了该国一半以上的寿司店。今天，

---

① 源自古代中国的自然哲学思想与阴阳五行学说，传入日本后，逐渐富有日本特色，是日本法术的代名词。——译者注

人们更多的是在技术驱动的餐厅而非传统饮食店享用寿司这一日式主食，传送带会将机器人厨师制作好的食物送至顾客面前，人与人之间互动的情况已非常罕见。

在技术驱动的餐厅日益普及和新冠肺炎疫情的双重影响下，老一辈的寿司大厨（他们中有的人自20世纪60年代就开始从业）被迫关掉了自己经营的小店。有商家则趁机将这些老一辈厨师手工制作的寿司打造成了奢侈品，在提高营业利润的同时，还可保证生意可持续发展。这也许是由老龄人经营的其他家庭手工业或手工艺店铺以及那些机器无法复制的行业的未来发展趋势。

与其他大多数进入超龄时代的国家不同，日本从未制定过积极的移民政策，这也加快了它进入超龄时代的速度以及对技术的依赖。因此，日本也形成了单一的工作文化，即越来越依赖机器人去完成过去由人类完成的工作，包括医疗保健和长期护理等高接触性的工作。人工智能已经在医疗护理工作中得到了普遍应用，配备了人工智能的机器人也可以与社区居民进行一定程度的社交互动。

日本对技术的使用，尤其在利用机器人辅助体力劳动方面，给美国和其他即将进入超龄时代的国家提供了极其宝贵的经验。经济与政策研究中心（Center for Economic and Policy Research）的研究表明，58岁以上的工人中有近一半在从事某种体力劳动，而且大多为关键性行业的工作，如货运业、建筑业和看护及护理业[13]。从未来发展来看,有必要延长他们的工作年限。目前,越来越多的这类工人被迫离开原先收入不错的工作,转而去另找薪水较低的工作,原因仅仅是他们的体力已难以胜任原来的工作了。

为应对年长员工体能下降的问题,赛百达因（Cyberdyne）等公司正在研发外骨骼装备,以帮助劳动者减轻重复性劳动的压力,提升他们的综合"体力"。另一家公司 Innophys 研发出了一种类似背包的衣服,劳动者可以通过挤压手泵 30 次的方式,为由压缩空气驱动的"肌肉""补充能量"。松下（Panasonic）和丰田（Toyota）等更大型公司也在外骨骼装备研发上各显神通。全国各地的工作场所都在使用这些装备,大大延长了工人的工作年限。这些体力劳动辅助装备可能会在日本和其他已进入超龄时代的国家得到大面积的普及。

日本的各类企业公司都在努力适应老年消费者的需求,这其中也包括街角商店。日本的劳森连锁便利店在全国各地开设有众多分店,专门面向社会上的老年消费群体,店内除了有为老龄人量身定制的产品外,还配备有血压计,门店员工全部为社会工作者和其他医疗保健专业人员。也有一些公司在经营移动商店,可以为全国各地的老龄人提供送货上门的服务。

超龄时代发展战略的核心就是要充分利用好老龄人想工作和愿消费的情感需要,但我们必须首先乐于做出改变,这样才能创造一个丰富多彩的未来。

丰富多彩的未来

当今人口在迅速老龄化的国家创造了全球80%以上的GDP。同时，这些国家也拥有世界上最富裕的老龄人口。预计到2050年，全球65岁以上的人口将增长一倍，而这些国家不久将控制全球近四分之三的可支配收入。此外，这些国家的老龄人将比以往任何时候都更健康、更独立。所有这一切将造成在我们记忆中前所未有的商业景象。

2016年，美国退休人员协会曾经测算过全球所有50岁以上的人对经济的贡献，也就是所谓的"长寿经济"。据估计，这一人口群体对经济的贡献值为每年7.6万亿美元[14]。2019年的一项最新研究估计，这一人口群体创造的经济价值超过了9万亿美元，其中包括诸如照顾家庭成员这样的非货币性贡献[15]。据美国退休人员协会估计，美国的长寿经济总量将排名世界第三，仅次于美国和中国的经济总量。

老龄人的消费能力惊人。据全球知名战略市场调研机构欧睿国际（Euromonitor International）的估算，2020年全球60岁以上人口的消费将超过15万亿美元[16]。2018年，美国50岁以上人口的消费总额为8.3万亿美元，其中50岁至74岁人群的消费超过了四分之三（约6.3万亿美元），几乎与整个50岁以下群体的消费持平，75岁以上群体的消费为1.8万亿美元。

人们一直在试图将超过一定年龄的人归入同一个经济群体，无论这个起点是50岁还是60岁，但这种划分法是有问题的。大多数组织都需要更细致一些的划分，因为我不会将一个百岁老龄人与一个50岁的人一概而论，也不会将一个新生儿与一个50岁的人相提并论。长寿经济群体范围实在太大，再加上50岁以上人群的需求又过于多样化，因而整体意义不大。依据不同生命阶段进行群体划分并考虑各代人相似点的做法可能更有价值。仅仅基于年龄的群体划分法已经不合时宜了。

各国政府不应该只专注于为长寿经济群体（即50岁以上的群体）量身定制产品和服务，而应该根据不同年龄段消费群体的特点开发产品和服务。这听起来可能有点像在玩文字游戏，但我们要明白现在所谓的长寿经济的基本前提是错误的，实质上它是由公共支出、债务以及无偿或非货币贡献等共同支撑起来的。如果我们摒弃强制性裁员政策，创造一个愿意接受有经验员工、鼓励延长工作年限的工作环境，打造一个帮助各年龄段的人过上美好生活的创新社区，那么国家的经济基础就会比较稳固。

社会的包容性越强，我们就更有可能收获巨大的经济效益，还有至关重要的社会效益。当更多的人能参与社会建设，有一种加入集体干事业的归属感时，整个社会就会运转得井然有序。然而，为了创造一个对各年龄段的人都包容的和谐社会，国家领导人就必须放弃今天还在使用的那些衡量成功与否的危险做法，比如唯GDP论，而应该着眼于实现全新的、更积极的社会目标，比如人民的幸福感。

为了适应超龄时代的新现实，我们的社会必须主动去完善或淘汰不合时宜的体系制度以及固有信念。或许用"水涨船高"这句谚语描述当前社会需要做的事情再合适不过了。经济的改善将惠及所有经济活动的参与者，因此经济政策，特别是政府的经济政策，应该着眼于改善所有群体的经济状况。

新西兰现在正在实施一种最具进步性的方案，其总理杰辛达·阿德恩（Jacinda Ardern）领导的政府在2019年推出了新西兰历史上首次"幸福预算案"[17]。该预算案并没有关注财富或经济增长，而是将政府支出的重点放在保证公民的健康状况和生活满意度上。杰辛达·阿德恩认为，仅凭GDP去衡量今天社会的进步与否是不全面的，衡量超龄时代就更不是好方法了。幸福预算案要求所有新的公共支出要落实到如下的五个方面：促进心理健康、减少儿童贫困、帮助土著人民、转向低碳排放经济、促进数字时代繁荣发展。根据这项预算方案，社会发展成功与否可由61项指标来衡量，涉及了社会孤独感等一系列问题。

新西兰政府采取的新措施说明，我们向超龄时代的过渡将带来怎样的影响，但同时摆在我们面前的还有巨大的机遇，任何个人、机构和政府在这个儿童日益减少、老龄人日益增多的社会里都有创造美好未来的可能。一个能考虑到所有年龄段人们的利益、更加公正合理的应对方案对政府管理和企业发展都大有裨益。

不是终点，是起点

我在美国退休人员协会就职即将结束时，将自己的构思与外交政策小组分享后，与他们共同撰写了一份《老龄化准备与竞争力》（*The Aging Readiness and Competitiveness Report*，简称 *ARC*）的报告。该原创性报告对22个大大小小的国家的老龄化政策做了深入调查，研究了这些国家面临的挑战与机遇，以及它们在社会基础设施、生产机会、技术参与、医保与健康这四个领域采取的政策措施[18]。报告还特别谈到了旨在吸引更健康、更独立的老龄人口参与经济活动、释放老龄人口生产力和经济潜力的创新举措。我与外交政策小组的同事克莱尔·凯西（Claire Casey）有一个共同的目标，那就是通过挖掘世界各地具有积极意义的事例，将人们对老龄化一贯的消极态度转变为一种更符合现实、更积极的态度。

整体来看，没有一个国家在上述的四个领域都表现得非常出色。我们还发现，小国比大国表现得更好。不过，几乎每个国家都有可圈可点的创新举措，每个政府都在以某种方式为超龄时代的到来做准备。有亮点的创新举措通常是由私营部门和公共部门联合实施的，还呈现出了从影响当地社区或机构到影响全国乃至全球的发展趋势。

许多商业部门开始意识到，人类寿命的延长是促使其自我重塑的一个巨大动力。向超龄时代的转变可能会给我们带来数万亿美元重塑社会的发展机遇，当然在大多情况下，社会也会因此而变得更加美好。也许当代最好的例子就是气候变化问题。越来越多的企业高管意识到，在当今公众舆论的普遍关注之下，气候变化问题已成了企业盈利的障碍、贸易的壁垒、发展的痛点，应对气候问题势在必行。

但是，如果个人和机构不采取任何行动去消除他们对老龄人在家庭、社区和职场中作用的偏见，上述的变化是不可能发生的。如果各国都能直面并解决年龄歧视问题，通过直接融资、税收优惠以及创建长寿创新区的方式来支持年龄友好型社会倡议的话，那么这些国家的 GDP 增长可高达 20%。

企业只有直面长寿问题，在雇用包括年长者在内的各年龄段员工的同时，不仅生产和提供各年龄段消费者需要购买的产品和服务，还要生产与提供他们想要购买的产品和服务，才能成为最终的赢家。企业还可以通过设计舒适的工作环境、制定人性化的福利制度以及宣传重视经验的企业文化等方式支持长寿经济。在超龄时代，任何部门都可能是最终赢家。

然后，我们就应该重视像尊严和人生目的这样一些无法用金钱衡量的东西了，固有的偏见让太多的人无法真正看到满脸皱纹、一头银发、戴着老花镜的那些人的内心世界。

共同的目标

每个身处不同文化、不同年龄段的人都在努力寻找活在世上的目的。法国人称之为 raison d'être，日本人称之为 ikigai，翻译后都是"存在的理由"。在超龄时代，我们需要联合不同肤色、不同信仰、不同地域的所有人，用我们的集体智慧和力量去塑造一个新的世界，让年长者在新的世界中能像年轻人一样得到整个社会的重视。这就要求我们大多数人直面年龄歧视现象，即便为自己考虑也要去建设一个没有年龄歧视的未来。为了创造一个更加公正、平等的未来，我们此时此刻至少要有一个共同的目标——在个人的、家庭的以及社区的生活中，在企业的、国家的以及经济的发展过程中做出必要的改变。

未来看上去可能老龄化严重，却充满了光明。

致　谢

向所有支持和帮助过我的人表示衷心的感谢：

我的丈夫亚瑟·亚姆波尔斯基；

我的父母加里·舒尔曼和卡罗尔·舒尔曼；

我的哥哥克里斯托弗、嫂子詹妮弗和他们的孩子们；

我的坚定支持者、合作者、法律顾问及朋友克莱尔·凯西；

鼓励我将《超龄时代》写下去的丽贝卡·弗兰克尔和莱莲·迈尔斯；

我的经纪人埃斯蒙德·哈姆斯沃斯以及整个艾维塔斯创意团队；

我在哈珀柯林斯的工作团队（成员有：霍利斯·海姆布奇、丽贝卡·拉斯金、温迪·王、莱斯利·科恩、维维亚娜·莫雷诺、佩妮·马克拉斯、安德里亚·吉恩、丽贝卡·霍兰德、林恩·安德森、帕姆·雷姆和乔·雅斯科），感谢他们的合作；

我的研究助理尼克·巴拉卡。

还要感谢与我合作过并帮助我形成超龄时代概念和愿景的、来自全球各地的支持者、专家和导师们，他们是：拉姆齐·阿尔温、威勒米恩·巴克斯、珍妮·赵、艾丽卡·达哈尔、亚当·卡斯伯特、布莱恩·埃尔姆斯、凯·法利克、茱莉亚·法尔南、费尔德曼、艾莉森·赫尔南德斯、艾伦·亨特、克里斯蒂安·金、阿尔玛·拉图尔、南希·利蒙德、亚伯·李、弗兰克·莱豪森、拉丹·曼特吉、爱德华·纽伯恩、恩里克·诺亚、道格·佩斯、尼克拉·帕尔马里尼、杰夫·皮尔曼、金·塞德马克、亚当·西格尔、杰夫·蒂德维尔、克里斯·沃恩、阿尔扬·英特·威尔特、蒂娜·伍兹，辛西娅·吴和丽莎·雅戈达。

也要感谢我选择的家人、我最好的朋友们：贾卡莫·阿布鲁斯奇、大卫·贝迪斯、马克·贝舍尔、托马斯·鲍曼、德尔芬·弗朗索瓦、恰瓦里尼、奥兰多·克罗夫特二世、韦斯利·德拉·沃拉、华金·法哈多、布莱斯·弗内斯、马特·格拉斯曼、杰弗里·古洛、基里亚库斯·库帕里斯、杰克·库恩斯、凯利·拉兹科、卢克·刘易斯、蒂姆·梅因克、莫拉·米切尔、加里·莫舍、思琪·罗兰、利瓦伊·舍恩菲尔达、塔莫·塞因、埃里克·维米伦、林恩·兹德尼亚克和迈克·兹德尼亚克。

最后，特别感谢那些让我对种族、性向、性别和农村生活等问题有了更深入了解的人，他们是：詹姆森·比克曼、斯蒂芬妮·克鲁兹、娜塔莉·格雷夫斯·塔克、希拉·霍滕·福尼、苏珊·卡明斯基、杰西卡·基德、斯蒂芬妮·廷斯利·里加农和C.V.维维里托。

注 释

| 1 | 变化时时刻刻都在发生

1. 人口数量:"Ageing," GlobalIssues, United Nations, https://www.un.org/en/sections/issues-depth/ageing.

2. "新技术":Klaus Schwab, *The Fourth Industrial Revolution* (London: Portfolio Penguin, 2017), 6.

| 2 | 溯源现状

1. 平均年龄:Benjamin F. Jones, et al., *"How Old Are Successful Tech Entrepreneurs?,"* Kellogg Insight, May15,2018, https://insight.kellogg.northwestern.edu/article/younger-older-tech-entrepreneurs.

2.1914年:"Life Expectancy at Birth—USA," Human Mortality-Database, University of California, Berkeley (USA) and Max Planck Institutefor Demographic Research(Germany), https://www.lifetable.de/data/USA/e0.csvSexCode1; See "Life expectancy a tbirth" under Pooled Data Files at https://www.lifetable.de/cgi-bin/country.php?code=usa. The pooled resource pulls the data from Felicitie C. Bell and Michael L. Miller. Life Tables for the United States Social Security Area 1900-2100. Actuarial Study No. 116.

3. 据估计：Karen Cokayne, "Old Age in Ancient Rome," Bath Royal Literary and Scientific Institution, March 21, 2005, https://www.brlsi.org/events-proceedings/proceedings/25020.

4. 雷丁大学的研究者：David Brown, "Linguists Identify 15,000-Year-Old 'Ultraconserved Words,'" *Washington Post*, May 6, 2013, https://www.washingtonpost.com/national/health-science/linguists-identify-15000-year-old-ultraconserved-words/2013/05/06/a02e3a14-b427-11e2-9a98-4be1688d7d84_story.html.

5. "大约从公元前1世纪开始"：Karen Cokayne, *Experiencing Old Age in Ancient Rome* (London: Routledge, 2003), 1.

6. 舒拉米斯：Shulamith Shahar, "Who Were Old in the Middle Ages?," *Social History of Medicine* 6, No. 3 (December 1993): 313-41, https://doi.org/10.1093/shm/6.3.313.

7. "元老将士可以一次性获得"：Vauhini Vara, "The Real Reason for Pensions," New Yorker, December 4, 2013, https://www.newyorker.com/business/currency/the-real-reason-for-pensions.

8. 1875年，美国运通公司：Robert L. Clark, Lee A. Craig, and Jack W. Wilson, A History of Public Sector Pensions in the United States (Philadelphia: University of Pennsylvania Press, 2003), chap.1, https:// pensionresearchcouncil.wharton.upenn.edu/publications/books/a-history-of-public-sector-pensions-in-the-united-states/.

9. "那些因年龄原因而无法再工作的人"："Otto von Bismarck," Social Security Administration, https://www.ssa.gov/history/ottob.html.

10. 这一领取养老金的年龄要比当时德意志帝国的平均预期寿命超出30多岁："Life Expectancy at Birth—Germany," Human Life Table Database. Retirement age set at 70 according to SSA.gov history: https://www.ssa.gov/history/ottob.htmlhttps://www.lifetable.de/data/DEU/e0.csvYear 1881; See "Life expectancy at birth" under Pooled Data Filesat https://www.lifetable.de/cgi-bin/country.php? code=usaThe pooled resource pulls the data from File 1: Bewegung der Bevölkerungim Jahre 1910, Statistik des Deutschen Reichs, Vol. 246, Berlin 1913, 16-17.

11. 安格斯·迪顿：Julia Belluz and Alvin Chang, "What Research on English Dukes Can Teach Us About Why the Rich Live Longer," Vox, July 27, 2016, https://www.vox.com/2016/4/25/11501370/

health-longevity-inequality-life-expectancy.

12. 1990年至2017年:"Mortality and Causes of Death," World Health Organization, https://www.who.int/gho/child_health/mortality/neonatal_infant/en/.

13. 1950年,全球女性:"GBD 2017: A Fragile World," Lancet 392, no. 10159 (November 2018): 1683, https://doi.org/10.1016/S0140-6736(18)32858-7.

14. "西非的尼日尔的生育率":James Gallagher, "'Remarkable' Decline in Fertility Rates," BBC News, November 9, 2018, https://www.bbc.com/news/health-46118103.

15. 联合国甚至预测:"Growing at a Slower Pace, World Population Is Expected to Reach 9.7 Billion in 2050 and Could Peak at Nearly 11 Billion Around 2100," Department of Economic and Social Affairs, United Nations, June 17, 2019, https://www.un.org/development/desa/en/news/population/world-population-prospects-2019.html.

16. 中国人口出现了爆炸式增长:"Chinese Birth Rate Falls to Lowest in Seven Decades," BBC News, January 17, 2020, https://www.bbc.com/news/world-asia-china-51145251.

17. 据估计,中国:Justin Parkinson, "Five Numbers That Sum Up China's One-Child Policy," BBC News, October 29, 2015, https://www.bbc.com/news/magazine-34666440.

18. 今天，中国的生育率：Joel Kotkin, "Death Spiral Demographics: The Countries Shrinking the Fastest," Forbes, February 1, 2017, https://www.forbes.com/sites/joelkotkin/2017/02/01/death-spiral-demographics-the-countries-shrinking-the-fastest/#68eb1b0eb83c.

19. 现行的正常退休年龄："China," in *Pensions at a Glance 2019: OECD and G20 Indicators*, OECD Publishing, Paris, https://www.oecd.org/els/public-pensions/PAG2019-country-profile-China.pdf. Also listed under Pensions at a Glance 2015 on page. 233, https://www.oecd-ilibrary.org/social-issues-migration-health/pensions-at-a-glance-2015_pension_glance-2015-en.

20. 西塞罗和普鲁塔克等古典时代作家：Tim G. Parkin, *Old Age in the Roman World: A Cultural and Social History* (Baltimore and London: Johns Hopkins University Press, 2003)：In excerpt, https://jhupbooks.press.jhu.edu/title/old-age-roman-world.

21. 老龄人需要独自作战：Cengage, "Status of Older People: The Ancient and Biblical Worlds," Encyclopedia.com, June 2, 2020, https://www.encyclopedia.com/education/encyclopedias-almanacs-transcripts-and-maps/status-older-people-ancient-and-biblical-worlds.

22. 人们总是在谈论优雅地老去：Quoted in W. Andrew Achen-

baum, "Ageism, Past and Present," in *The Cambridge Handbook of Social Problems*, vol.1, edited by A. Javier Treviño (Cambridge, UK: Cambridge University Press, 2018), 441-58.

23. 以高高在上的口吻:"in condescending generalisations": Caroline Baum, "The Ugly Truth About Ageism: It's a Prejudice Targeting Our Future Selves," Guardian, September 14, 2018, https://www.theguardian.com/lifeandstyle/2018/sep/14/the-ugly-truth-about-ageism-its-a-prejudice-targeting-our-future-selves.

24. 老龄女性还会受"外貌主义"影响:"Gendered Ageism: Trend Brief," Catalyst, October 17, 2019, https://www.catalyst.org/research/gendered-ageism-trend-brief/.

25. "贪婪的老家伙": David Ingles and Miranda Stewart, "The Ghost of the 'Greedy Geezers' Hovers over Our Super Debate," The Conversation, June 9, 2016, https://theconversation.com/the-ghost-of-the-greedy-geezers-hovers-over-our-super-debate-60706.

26. 大衰退以来的工资滞涨: Megan Leonhardt, "Millenni-als Earn 20% Less than Baby Boomers Did—Despite Being Better Educated," CNBC, November 5, 2019, https://www.cnbc.com/2019/11/05/millennials-earn-20-percent-less-than-boomersdespite-being-better-educated.html.

27. "好吧,千禧宝贝儿": Sara Fischer, "The Boomers' Media

Behe-moth," Axios, November 12, 2019, https://www.axios.com/the-boomers-media-behemoth-412b5106-f879-477d-806d-6130148956bf.html.

28. 超过三分之二：Katie Sehl, "20 Important TikTok Stats Mar-keters Need to Know in 2020," Hootsuite, May 7, 2020, https://blog.hootsuite.com/tiktok-stats/.

29. 根据美国有线电视新闻网（CNN）的民意调查："Exit Polls 2016," CNN, November 23, 2016, https://www.cnn.com/election/2016/results/exit-polls.

30. 在2016年的总统大选中：Thom File, "Voting in America: A Look at the 2016 Presidential Election," US Census Bureau, May 10, 2017, https://www.census.gov/newsroom/blogs/random-samplings/2017/05/voting_in_america.html.

31. 2016年，在英国"脱欧"的全民公投中就出现了类似的情况：In 2016, there was: Simon Shuster, "The U.K.'s Old Decided for the Young in the Brexit Vote," *Time*, June 24, 2016, https://time.com/4381878/brexit-generation-gap-older-younger-voters/.

| 3 | 年轻人的圣坛

1. 大约25%的婴儿："Family Life," *The Roman Empire in the First Century*, PBS, 2006, https://www.pbs.org/empires/romans/empire/family.html.

2. "康复水"或"不老泉"的传说：Jesse Greenspan, "The Myth

of Ponce de León and the Fountain of Youth," History, April 1, 2020, https://www.history.com/news/the-myth-of-ponce-de-leon-and-the-fountain-of-youth.

3."相当于今天的大型医疗中心":David Clay Large, *The Grand Spas of Central Europe: A History of Intrigue, Politics, Art, and Healing* (Lanham, MD: Rowman & Littlefield, 2015): In excerpt, https://rowman.com/isbn/9781442222366/the-grand-spas-of-central-europe-a-history-of-intrigue-politics-art-and-healing.

4. 2018年全球针对年轻人的广告费用:A. Guttmann, "Kids Adverti-sing Spending Worldwide 2012-2021, by Format," Statista, April 7, 2020, https://www.statista.com/statistics/750865/kids-advertising-spending-worldwide/.

5. 2015年,针对"千禧一代"的广告费用:Marty Swant, "Infographic: Marketers Are Spending 500% More on Millennials than All Others Combined," Ad Week, November 17, 2015, https://www.adweek.com/digital/infographic-marketers-are-spending-500-more-millennials-all-others-combined-168176/.

6."总体而言,在接受调查的106个国家中":"The Age Gap in Religion Around the World," Pew Research Center, June 13, 2018, https://www.pewforum.org/2018/06/13/the-age-gap-in-religion-around-the-world/.

7. 只有十分之一的人：Ibid.

8. "保护青少年的受教育机会"："Youth and Labor," US Department of Labor, https://www.dol.gov/general/topic/youthlabor.

9. 1900年，美国已有34个州：P. A. Graham, *Community and Class in American Education, 1865–1918* (New York: Wiley, 1974).

10. "有24个州和哥伦比亚特区"：Stephanie Aragon, "Free and Compulsory School Age Requirements," Education Commission of the States, May 2015, https://www.ecs.org/clearinghouse/01/18/68/11868.pdf.

11. 到1940年，有50%的青少年：Jurgen Herbst, *The Once and Future School: Three Hundred and Fifty Years of American Secondary Education* (New York: Routledge, 1996).

12. "十几岁的男孩和女孩！"：Quoted in Allan A. Metcalf, *From Skedaddle to Selfie: Words of the Generations* (New York: Oxford University Press, 2016), 100.

13. "'青少年期'这一概念于20世纪中期应运而生"：Derek Thompson, "A Brief History of Teenagers," *Saturday Evening Post*, February 13, 2018, https://www.saturdayeveningpost.com/2018/02/brief-history-teenagers/.

14. 1958年的《纽约客》载有：Dwight Macdonald, "A Caste,

a Culture, a Market," *New Yorker*, November 22, 1958, https://www.newyorker.com/magazine/1958/11/22/a-caste-a-culture-a-market.

15. "该杂志内容丰富，涉及时尚、名人、美容等多个方面"：John McDonough and Karen Egolf, *The Advertising Age Encyclopedia of Advertising* (Routledge, 2015), 1693. Edited from page here, https://books.google.com/books?id=HZLtCQAAQBAJ&pg=PA1693&lpg=PA1693&dq=Seventeen+provided+a+new+medium+for+advertisers.+Its+editorial+content,+fashion+pages+and+special+features,+combined+with+a+rapid+circulation+growth,+created+a+perfect+vehicle+for+advertisers+to+reach+young+consumers.&source=bl&ots=HBYrPiwwC4&sig=A Cf U3U1ujW_Dcua0O0iS4WNMwMNxsPYa-w& hl=en& sa=X&ved=2ahUKEwiIyIXQk4TqAhWjTDABHbptCIIQ6AEwAHoECAoQAQ# =onepage&q&f=false.

16. "贝里在摇滚乐里注入了一种"："Chuck Berry Didn't Invent Rock n' Roll, but He Turned It into an Attitude That Changed the World," *Billboard*, March 18, 2017, https://www.billboard.com/articles/columns/rock/7728712/chuck-berry-rock-roll-pioneer-attitude.

17. "最年轻的'婴儿潮一代'高中毕业时"：Louis Menand, "The Miscon-ception About Baby Boomers and the Sixties,"

New Yorker, August 18, 2019, https://www.newyorker.com/culture/cultural-comment/the-misconception-about-baby-boomers-and-the-sixties.

18. "年轻人更聪明。": Margaret Kane, "Say What? 'Young People Are Just Smarter,'" CNET, March 28, 2007, https://www.cnet.com/news/say-what-young-people-are-just-smarter/.

19. "到50多岁时，你就应该去培养和发展下一代的年轻人。": Zameena Mejia, "Self-Made Bil-lionaire Jack Ma: How to Be Successful in Your 20s, 30s, 40s and Beyond," CNBC, January 30, 2018, https://www.cnbc.com/2018/01/30/jack-ma-dont-fear-making-mistakes-in-your-20s-and-30s.html.

20. 今天，单是美国的化妆美容行业：Pamela N. Danziger, "6 Trends Shaping the Future of the $532B Beauty Business," *Forbes*, September 1, 2019, https://www.forbes.com/sites/pamdanziger/2019/09/01/6-trends-shaping-the-future-of-the-532b-beauty-business/?sh=1a2a13a3588d.

21. 根据传说，埃及艳后克利奥帕特拉：Joe Schwarcz, "Why Did Cleopatra Supposedly Bathe in Sour Donkey Milk?," Office for Science and Society, McGill University, March 20, 2017, https://www.mcgill.ca/oss/article/science-science-everywhere-you-asked/why-did-cleopatra-supposedly-bathe-sour-donkey-milk.

22. 伊丽莎白时代的英格兰女性：Taylor Stephan, "A Slightly Terrifying History of Facial Beauty Treatments—from Poison to Blood Injections," E Online, October 26, 2015, https://www.eonline.com/news/710329/a-slightly-terrifying-history-of-facial-beauty-treatments-from-poison-to-blood-injections.

23. 根据美国退休人员协会的数据：Colette Thayer and Laura Skufca, "Media Image Landscape: Age Representation in Online Images," AARP, September 2019, https://www.aarp.org/content/dam/aarp/research/surveys_statistics/life-leisure/2019/age-representation-in-online-media-images.doi.10.26419-2Fres.00339.001.pdf.

24. 今天，在60岁以上的女性中，有超过三分之一的人：Katie Kilkenny, "How Anti-Aging Cosmetics Took over the Beauty World," *Pacific Standard*, August 30, 2017, https://psmag.com/social-justice/how-anti-aging-cosmetics-took-over-the-beauty-world.

25. "2020年，全球抗衰老市场"：M. Ridder, "Value of the Global Anti-aging Market 2020-2026," Statista, January 27, 2021, https://www.statista.com/statistics/509679/value-of-the-global-anti-aging-market/#:~:text=In%202020%2C%20the%20global%20anti, percent%20between%202021%20and%202026.

26. "我们正在决定": Michelle Lee, "*Allure* Magazine Will No Longer Use the Term 'Anti-aging,'" *Allure*, August 14, 2017, https://www.allure.com/story/allure-magazine-phasing-out-the-word-anti-aging.

|4| 长寿收益的契机

1. 捉到了一只陆龟，并为其取名"哈里特": "176-Year-Old 'Darwin's Tortoise' Dies in Zoo," NBC News, June 24, 2006, http://www.nbcnews.com/id/13115101/ns/world_news-asia_pacific/t/-year-old-darwins-tortoise-dies-zoo/#.Xtj44PJ7mgQ.

2. 根据科学推测: Elizabeth Pennisi, "Greenland Shark May Live 400 Years, Smashing Longevity Record," *Science*, August 11, 2016, https://www.sciencemag.org/news/2016/08/greenland-shark-may-live-400-years-smashing-longevity-record.

3. 加利福尼亚的狐尾松寿星"玛士撒拉": "Bristlecone Pine," Bryce Canyon National Park, National Park Service, February 24, 2015, https://www.nps.gov/brca/learn/nature/bristleconepine.htm.

4. "人类形成的关于死亡的知识": Ernest Becker, *The Denial of Death* (New York: Free Press, 1973), 27.

5. 直到最近: Bridget Alex, "Chimps Know Death When They See It," *Discover*, September 28, 2018, https://www.discovermagazine.

com/planet-earth/chimps-know-death-when-they-see-it.

6. 2020年的初步数据显示: Marisa Fernandez, "American Life Expectancy Fell by 1 Year in the First Half of 2020," Axios, February 18, 2021, https://www.axios.com/us-life-expectancy-2020-pandemic-ba166c4b-c29d-4064-9085-4ef6c94fc2df.html.

7. 美国的平均预期寿命下降了近2岁: https://www.npr.org/2021/06/23/1009611699/the-pandemic-led-to-the-biggest-drop-in-u-s-life-expectancy-since-ww-ii-study-fi.

8. 2019年美国有7万多人死于: "Overdose Death Rates," NIH, January 29, 2021, https://www.drugabuse.gov/drug-topics/trends-statistics/overdose-death-rates. Correct statistical although the in text referenced to CDC instead of NIH (pre-submission) "Drug Overdose Deaths," Centers for Disease Control and Prevention, March 3, 2021, https://www.cdc.gov/drug overdose/deaths/index.html.

9. 自2014年开始, 美国的平均预期寿命下降了3岁: Steven H. Woolf and Heidi Schoomaker, "Life Expectancy and Mortality Rates in the United States, 1959-2017," *JAMA* 322, no. 20 (November 26, 2019): 1996--2016, https://doi.org/10.1001/jama.2019.16932.

10. 在自己的开创性研究论文: *Fair Society, Healthy Lives: The*

Marmot Review, Institute of Health Equity, https://www.instituteofhealthequity.org/resources-reports/fair-society-healthy-lives-the-marmot-review/fair-society-healthy-lives-full-report-pdf.pdf.

11. 预期寿命已出现停滞: Ibid.

12. 在1847年发现了洗手的积极作用: Meagan Flynn, "The Man Who Discovered That Unwashed Hands Could Kill—and Was Ridiculed for It," *Washington Post*, March 23, 2020, https://www.washingtonpost.com/nation/2020/03/23/ignaz-semmelweis-handwashing-coronavirus/.

13. 西班牙流感: Barbara Jester, Timothy Uyeki, and Daniel Jernigan, "Readiness for Responding to a Severe Pandemic 100 Years After 1918," *American Journal of Epidemiology* 187, no. 12 (2018): 2596-602, https://pubmed.ncbi.nlm.nih.gov/30102376/.

14.《流感规则》: Quoted in W. Stull Holt, The Great War at Home and Abroad: *The World War I Diaries and Letters of W. Stull Holt* (Sunflower University Press, 1999), 263, https://www.google.com/books/edition/The_Great_War_at_Home_and_Abroad/O53vAAAAMAAJ?hl=en&gbpv=0&kptab=overview; Keith Martin, "The Pandemic Poet and Other Tales From a NIST 'Genealogy' Project" *National Institute of Standards and Technology*, Medium, May 19, 2021, https://nist.medium.com/

the-pandemic-poet-and-other-tales-from-a-nist-genealogy-project-9c10d3b5d0d0.

15. "现代浴室是随着结核病、霍乱和流感的暴发而发展起来的": Elizabeth Yuko, "How Infectious Disease Defined the American Bathroom," Bloomberg CityLab, April 10, 2020, https://www.bloomberg.com/news/articles/2020-04-10/the-war-against-coronavirus-comes-to-the-bathroom.

16. 美国卫生与公众服务部: https://optn.transplant.hrsa.gov/news/organ-donation again-sets-record-in-2019/.

17. 2019年全年，美国: "2017 Profile of Older Americans," US Department of Health and Human Services, April 2018, "U.S.—Seniors as a Percentage of the Population 1950-2050," Statista, last modified January 20, 2021, https://www.statista.com/statistics/457822/share-of-old-age-population-in-the-total-us-population/.

18. 2020年，美国65岁及以上的人数: "Share of Old Age Population (65 Years and Older) in the Total U.S. Population from 1950 to 2050," Ibid.

19. 1900年，美国30%的死亡: "Patterns of Childhood Death in America," in *When Children Die: Improving Palliative and End-of-Life Care for Children and Their Families*, edited by Marilyn J. Field and Richard E. Behrman (Washington, DC: National

Academies Press, 2003), 41-72, https://www.ncbi.nlm.nih.gov/books/NBK220818/pdf/Bookshelf_NBK220818.pdf.

20. 事实上，自1990年以来："Children: Reducing Mortality," World Health Or-ganization, September 19, 2019, https://www.who.int/news-room/fact-sheets/detail/children-reducing-mortality.

21. 根据世界粮食计划署的数据："Get the Facts on Healthy Aging," National Council on Aging, January 1, 2021, https://www.ncoa.org/article/get-the-facts-on-healthy-aging.

22. "在目前所有的美国成年人中，60%的人患有至少一种慢性病"：Doug Irving, "Chronic Conditions in America: Price and Prevalence," RAND, July 12, 2017, https://www.rand.org/blog/rand-review/2017/07/chronic-conditions-in-america-price-and-prevalence.html.

23. 2018年的一份报告显示：Hugh Waters and Marlon Graf, "The Costs of Chronic Disease in the U.S.," Milken Institute, August 28, 2018, https://milkeninstitute.org/reports/costs-chronic-disease-us.

24. 杨百翰大学于2015年做的一项研究表明：Julianne Holt-Lunstad et al., "Loneliness and Social Isolation as Risk Factors for Mortality: A Meta-Analytic Review," *Perspectives*

on Psychological Science 10, no. 2 (March 2015): 227-37, https://journals.sagepub.com/doi/10.1177/1745691614568352.

25. 第二种为"损伤理论": The other, known as: Kunlin Jin, "Modern Biological Theories of Aging," *Aging and Disease* 1, no. 2 (October 2010): 72-74, https://www.ncbi.nlm.nih.gov/pmc/articles/PMC2995895/.

26. "我们想延长你生命中状况最佳的那段时期": 出自对作者的采访。

|5| 感知与现实

1. 戴维斯不仅帮助安德鲁斯找到了: Eric Schurenberg and Lani Luciano, "The Empire Called AARP Under Its Nonprofit Halo, the American Association of Retired Persons Is a Feared Lobbyist and an Even More Awesome Marketer," *Money*, October 1, 1988, https://money.cnn.com/magazines/moneymag/moneymag_archive/1988/10/01/84702/.

2. 已经积累了2.3亿美元的个人财富:"Obituary: AARP Founder, Philan- thropist Leonard Davis, 76," USC News, January 24, 2001, https://news.usc.edu/6078/Obituary-AARP-founder-philanthropist-Leonard-Davis-76/.

3. 1960年1月: Trevor Perry, "Sun City: A Revolution," https://saltriver stories. org/items/show/402.

4. 然而，社会上关于老年人的主流说法仍然是：Kriston McIntosh et al., "Examining the Black- White Wealth Gap," Brookings, February 27, 2020, https://www.brookings.edu/blog/up-front/2020/02/27/examining-the-black-white-wealth-gap/.

5. 然而现实的情况却是：William E. Gibson, "Nearly Half of Americans 55+Have No Retirement Savings" AARP, March 28, 2019, https://www.aarp.org/retirement/retirement-savings/info-2019/no-retirement-money-saved.html.

6. "超过1500万65岁以上的美国人"："Get the Facts on Economic Security for Seniors," NCOA, March 2, 2021, https://www.ncoa.org/article/get-the-facts-on-economic-security-for- seniors.

7. 全美630位亿万富翁的财富：Tommy Beer, "The Net Worth of America's 600- Plus Billionairs Has Increased By More Than $400 Billion During the Pandemic," *Forbes*, May 21, 2020, Accessed August 23, 2021, https://www.forbes.com/sites/tommybeer/2020/05/21/the-net-worth-of-americas-600-plus-billionaires-has-increased-by-more-than-400-billion-during- the-pandemic/?sh=356a2ef84a61.

8. 斯坦福大学的哈吉·柴提："Geography, Income Play Roles in Life Expectancy, New Stanford Research Shows," Stanford News, April 11, 2016, https://news.stanford.

edu/2016/04/11/geography-income-play-roles-in-life-expectancy-new-stanford-research-shows/.

9. 纽约大学医学院人口健康系的研究人员："Large Life Expectancy Gaps in U.S. Cities Linked to Racial & Ethnic Segregation by Neighbo-rhood," NYU Langone Health, June 5, 2019, https://nyulangone.org/news/large-life-expectancy-gaps-us-cities-linked-racial-ethnic-segregation-neighborhood.

10. 性别也是影响寿命长短的重要因素之一：Louise Sundberg et al., "Why Is the Gender Gap in Life Expectancy Decreasing? The Impact of Age- and Cause-Specific Mortality in Sweden 1997‐2014," *International Journal of Public Health* 63, no. 6 (2018): 673‐81, doi: 10.1007/s00038-018-1097-3.

11. 在美国，有将近一半的双性恋和跨性别老龄女性："Older Women & Poverty," Justice in Aging, December 2018, https://www.justiceinaging.org/wp-content/uploads/2018/12/Older-Women-and-Poverty.pdf.

12. 黑人女性只能赚62美分：Jasmine Tucker, "It's 2020, and Black Women Aren't Even Close to Equal Pay," NationalWomen's Law Center, July27, 2020, https://nwlc.org/resources/its-2020-and-black-women-arent-even-close-to-equal-pay/.

13. 将这些工时收入差以40年的工作时间计算的话：Amanda Fins, "Women and the Lifetime Wage Gap: How Many Woman Years

Does It Take to Equal 40 Man Years?," National Women's Law Center, March 2020, https://nwlc-ciw49tixgw5lbab.stackpathdns.com/wp-content/uploads/2020/03/Women-and-the-Lifetime-Wage-Gap.pdf.

14. 如果美国人还维持现状："Age and Sex Composition in the United States: 2019," US Census Bureau, 2019, https://www.census.gov/data/tables/2019/demo/age-and-sex/2019-age-sex-composition.html.

15. 美国生活在贫困线及以下水平的老龄女性人口："U.S.—Seniors as a Percentage of the Population 1950-2050," Statista, September 24, 2020, https://www.statista.com/statistics/457822/share-of-old-age-population-in-the-total-us-population/;https://justiceinaging.org/wp-content/uploads/2020/08/Older-Wom-en-and-Poverty.pdf.

16. 只有29%，即7300万的美国人："U.S. Financial Health Pulse:2019 Trends Report," Financial Health Network, November2019, https://s3.amazonaws.com/cfsi-innovation-files-2018/wp-content/uploads/2019/11/13204428/US-Financial-Health-Pulse-2019.pdf.

17. 竟然有高达22%的美国人："Planning & Progress Study 2019," North-western Mutual, 2019, https://news.northwesternmutual.com/planning-and-progress-2019.

18. 根据泛美退休研究中心：*19th Annual Transamerica Retirement Survey: A Compendium of Findings About U.S. Workers,* Transamerica Center for Retirement Studies, December 2019, https://www.transamericacenter.org/docs/default-source/retirement-survey-of-workers/tcrs2019_sr_19th-annual_worker_compendium.pdf.

19. 根据美国社会保障局的数据："Actuarial Life Table," Social Security Administration, 2019, https://www.ssa.gov/oact/STATS/table 4c6.html.

20. 已经有超过25.5万名85岁及以上的老龄人：Andrew Van Dam, "A Record Number of Folks Age 85 and Older Are Working. Here's What They're Doing," Wash-ington Post, July 5, 2018, https://www.washingtonpost.com/news/wonk/wp/2018/07/05/a-record-number-of-folks-age-85-and-older-are-working-heres-what-theyre-doing/.

21. 西北大学凯洛格商学院：Pierre Azoulay et al., "Age and High-Growth Entrepreneurship," *American Economic Review:Insights* 2, no.1 (2020): 65-82, https://pubs.aeaweb.org/doi/pdfplus/10.1257/aeri.20180582.

22. 老龄人创办小企业的成功率也比较高："Despite Lower Revenues and Slower Growth, Women-Owned Businesses Survive at Same Rate as Male Entrepreneurs, According to New JPMorgan Chase Institute Data," JPMorgan Chase & Co., February 7, 2019,

https://institute.jpmorganchase.com/institute/news-events/institute-women-owned-businesses-survive-at-same-rate-as-male-entrepreneurs.

23. 根据摩根大通研究所2019年的一份报告：Harry Campbell, "Lyft & Uber Driver Survey 2019: Uber Driver Satisfaction Takes a BigHit," The Rideshare Guy, February 24, 2021, https://therideshareguy.com/uber-driver-survey/.

| 6 | 年龄歧视

1. 确实，在"黑人的命也是命"：Jennifer E. Manning, "Membership of the 116th Congress: A Profile," Congressional Research Service, December 17, 2020, https://fas.org/sgp/crs/misc/R45583.pdf.

2. 18岁至34岁的抗议者：Mobilewalla, "New Report Reveals Demographics of Black Lives Matter Protesters Shows Vast Majority Are White, Marched Within Their Own Cities," PRNewswire, June 18, 2020, https://www.prnewswire.com/news-releases/new-report-reveals-demographics-of-black-lives-matter-protesters-shows-vast-majority-are-white-marched-within-their-own-cities-301079234.html.

3. 而35岁至54岁这一年龄段：Ibid.

4. 事实上，自1948年开始，联合国：*Reportofthe World Assemblyon*

Aging, United Nations, Vienna, July 26-August 6, 1982, https://www.un.org/esa/socdev/ageing/documents/Resources/VIPEE-English.pdf.

5. 2006年: Ed Snape and Tom Redman, "Too Old or Too Young? The Impact of Perceived Age Discrimination," *Human Resource Management Journal* 13, no. 1 (2006): 78-89, https://doi.org/10.1111/j.1748-8583.2003.tb00085.x.

6. 2020年,《老年学杂志》: Alison L. Chasteen, Michelle Horhota, and Jessica J. Crumley-Branyon, "Overlooked and Underestimated: Experiences of Ageism in Young, Middle-Aged, and Older Adults," *Journals of Gerontology, Series B*, April 3, 2020, https://doi.org/10.1093/geronb/gbaa043.

7. "主动选择死亡": Bess Levin, "Texas Lt. Governor: Old People Should Volunteer to Die to Save the Economy," *Vanity Fair*, March 24, 2020, https://www.vanityfair.com/news/2020/03/dan-patrick-coronavirus-grandparents.

8. 与1918年主要感染年轻人的西班牙流感病毒不同: Justin Fox, "Coronavirus Deaths by Age: How It's like (and Not like) Other Disease," Bloomberg Opinion, May 7, 2020, https://www.bloomberg.com/opinion/articles/2020-05-07/comparing-coronavirus-deaths-by-age-with-flu-driving-fatalities.

9. 凯撒家族基金会: Nancy Ochieng et al., "Factors Associated

with COVID-19 Cases and Deaths in Long-Term Care Facilities: Findings from a Literature Review," Kaiser Family Foundation, January 14, 2021, https://www.kff.org/coronavirus-covid-19/issue-brief/factors-associated-with-covid-19-cases-and-deaths-in-long-term-care-facilities-findings-from-a-liter ature-review/.

10. 根据2018年美国退休人员协会的一份报告: Rebecca Perron, "The Value of Ex-perience: Age Discrimination Against Older Workers Persists," https://www.aarp.org/content/dam/aarp/research/surveys_statistics/econ/2018/value-of-experience-age-discrimination-highlights.doi.10.26419-2Fres.00177.002.pdf.

11. "56%的老龄员工至少被解雇过一次": Peter Gosselin, "If You're over 50, Chances Are the Decision to Leave a Job Won't Be Yours," ProPublica, December 28, 2018, https://www.propublica.org/article/older-workers-united-states-pushed-out-of-work-forced-retirement.

12. "员工就像基础设施资产一样": Quoted in Bradley Schurman and T. J. Londagin, "Viewpoint: The Public Sector Needs to Invest in Older Workers," SHRM, May 3, 2019, https://www.shrm.org/resourcesandtools/hr-topics/employee-relations/pages/public-sector-must-invest-in-older-workers.aspx.

13. 于2019年发表了一份研究报告：L. Smith et al., "Inequality in 1,200 Popular Films: Examining Portrayals of Gender, Race/Ethnicity, LGBTQ & Disability from 2007 to 2018," Annenberg Foundation and University of Southern California, September 2019, http://assets.uscannenberg.org/docs/aii-inequality-report-2019-09-03.pdf.

14. 2007年，《老年学杂志》刊登的一项研究表明：Tara L. Gruenewald et al, "Feelings of Usefulness to Others, Disability, and Mortality in Older Adults: The MacArthur Study of Successful Aging," *The Journals of Gerontology*, January 1, 2007, https://academic.oup.com/psychsocgerontology/article/62/1/P28/572495.

15. 在2018年的一项研究：Becca R. Levyetal., "Ageism Amplifies Costand Prevalence of Health Conditions," *Gerontologist* 60, no. 1 (January 24, 2020): 174-81, https://doi.org/10.1093/geront/gny131, https://academic.oup.com/gerontologist/article/60/1/174/5166947.

16. 世界卫生组织邀请她主持开展：Michael Greenwood, "Harmful Effects of Ageism on Older Persons' Health Found in 45 Countries," *Yale News*, January 15, 2020, https://news.yale.edu/2020/01/15/harmful-effects-ageism-older-persons-health-found-45-countries.

17. 寻找方法以减少或消除：M. S. North and S. T. Fiske, "A Prescriptive Intergenerational-Tension Ageism Scale: Succession, Identity, and Consumption (SIC)," *Psychological Assessment* 25, no. 3 (2013): 706-13, https://doi.org/10.1037/a0032367.

18. 普华永道（PwC）在其2018年的一份报告："PwC Golden Age Index: Unlocking a Potential $3.5 Trillion Prize from Longer Working Lives," PwC, June 2018, https://www.pwc.com/gx/en/news-room/docs/pwc-golden-age-index.pdf.

19. 美国退休人员协会2018年的一项调查发现：Kenneth Terrell, "Age Discrimination Common in Workplace, Survey Says," AARP, August 2, 2018, https://www.aarp.org/work/working-at-50-plus/info-2018/age-discrimination-common-at-work.html.

20. 对Stack Overflow员工的调查研究发现：Matt Shipman, "Older Is Wiser: Study Shows Software Developers' Skills Improve over Time," *NC State University News*, April 29, 2013, https://news.ncsu.edu/2013/04/wms-murphyhill-age-2013/.

21. 全球第二十八大雇主的IBM：M. Szmigiera, "Largest Companies in the World Based on Number of Employees 2019," Statista, March 20, 2021, https://www.statista.com/statistics/264671/top-50-companies-based-on-number-of-

employees/.

22. 以便给年轻员工"腾出位置":Peter Gosselin, "The U.S. Equal Employment Opportunity Commission Confirms a Pattern of Age Discrimination at IBM," *Propublica*, September 11, 2020, https://www.propublica.org/article/the-u-s-equal-employment-opportunity-commission-confirms-a-pattern-of-age-discrimination-at-ibm.

23. "我们在过去的一年中就年龄歧视的现状展开了调查":EEOC Acting Chair Lipnic Releases Report on the State of Older Workers and Age Discrimination 50 Years After the ADEA," US Equal Employment Opportunity Commission, June 26, 2018, https://www.eeoc.gov/newsroom/eeoc-acting-chair-lipnic-releases-report-state-older-workers-and-age-discrimination-50.

24. "我又不是十字军":Jennifer Delton, *Racial Integration in Corporate America, 1940–1990* (Cambridge, UK: Cambridge University Press, 2009), 47.

25. 波士顿咨询集团的调查数据显示:Rocío Lorenzo et al., "How Di-verse Leadership Teams Boost Innovation," Boston Consulting Group, January 23, 2018, https://www.bcg.com/publications/2018/how-diverse-leadership-teams-boost-innovation.

26. "他们的消费支出预计将从 2020 年": Wolfgang Fengler, "The silver economy is coming of age: A look at the growing spending power of seniors," January 14, 2021, Brookings, https://www.brookings.edu/blog/future-de-velopment/2021/01/14/the-silver-economy-is-coming-of-age-a-look-at-the-growing-spending-power-of-seniors/.

| 7 | 矿井中的金丝雀

1. 在阿根廷、马来西亚和日本等国: Jon Emont, "The Growing Urban-Rural Divide Around the World," Atlantic, January 4, 2017, https://www.theatlantic.com/international/archive/2017/01/electoral-college-trump-argentina-malaysia-japan-clinton/512153/.

2. 中国政府于: XinQi Dong, "Elder Rights in China," NCBI, August 12, 2020, https://www.ncbi.nlm.nih.gov/pmc/articles/PMC7422934/.

3. "缺少熟练掌握耕作技术或愿意继续务农的下一代": "Family Farms," National Institute of Food and Agriculture, https://nifa.usda.gov/family-farms.

4. 农村社区还必须面对这样一个现实: "Rural America at a Glance: 2018 Edition," Economic Research Service, United States Department of Agriculture, November 2018, https://www.

ers.usda.gov/webdocs/publications/90556/eib-200.pdf.

5. 不过，将近90%的这些县都位于农村地区：Ibid.

6. 三分之一以上的美国农村县区：University of New Hampshire, "Shrink- ing population in more than a third of rural U.S. counties," *Science News*, February 6, 2019, https://www.sciencedaily.com/releases/2019/02/190206115611.htm.

7. 多达三分之二的县区：Art Cullen, "Rural America Is Ready for Some Sort of a New Deal, Preferably Green," *Guardian*, March 15, 2019, https://www.theguardian.com/commentisfree/2019/mar/15/rural-america-is-ready-for-some-sort-of-a-new-deal-preferably-green.

8. "娃娃谷"：Austa Somvichian-Clausen, "Life-Size Dolls Have Taken over This Near-Deserted Town," *National Geographic*, October 10, 2017, https://www.nationalgeographic.com/news/2017/10/japan-dolls-population-artist-nagoro-spd/.

9. 总体而言，无论在美国还是欧洲："Rural America at a Glance," US Department of Agriculture, November 2018, https://www.ers.usda.gov/webdocs/publications/90556/eib-200.pdf; "Rural Health," CDC, July 1, 2019, https://www.cdc.gov/chronicdisease/resources/publications/factsheets/rural-health.htm; "GenderDifferencesin Social Isolation and Social Support among Rural Residents," University of Minnesota

Rural Health Research Center, August 2018, https://rhrc.umn.edu/wp-content/files_mf/1532458325UMNpolicybriefsocialisolationgenderdifferences.pdf.

10. 农村地区的出生率也在下降："Trends in Fertility and Mother's Age at First Birth Among Rural and Metropolitan Counties: United States, 2007-2017," CDC, October 2018, https://www.cdc.gov/nchs/products/databriefs/db323.htm.

11. 农村地区的净流出人口更多：Kim Parker et al., "What Unites and Divides Urban, Suburban and Rural Communities," Pew Research Center, May 22, 2018. https://www.pewsocialtrends.org/2018/05/22/demographic-and-economic-trends-in-urban-suburban-and-rural-communities/.

12. 移民约占农村人口的4.8%：Andrew Schaefer and Marybeth J. Mattingly, "Demographic and Economic Characteristics of Immigrant and Native-Born Populations in Rural and Urban Places," Carsey Research Na-tional Issue Brief no. 106, Universityof New Hampshire, Fall 2016, https://scholars.unh.edu/cgi/viewcontent.cgi?article=1283&context=carsey.

13. 每年都有数万人"死于绝望"：Anne Case and Angus Deaton, *Deaths of Despair and the Future of Capitalism* (Princeton, NJ: Princeton University Press, 2020), 40.

14. "深受阿片类药物的影响"："Rural Opioid Epidemic,"

American Farm Bureau Federation, https://www.fb.org/issues/other/rural-opioid-epidemic/.

15. 农村地区的药物过量致死病例数量远高于城市地区："Urban-rural Differences in Drug Overdose Death Rates, by Sex, Age, and Type of Drugs Involved, 2017," CDC, August 2019, https://www.cdc.gov/nchs/products/databriefs/db345.htm.

16. 死亡数据：Asha Z. Ivey-Stephenson et al, "Suicide Trends Among and Within Urbanization Levels by Sex, Race/Ethnicity, Age Group, and Mechanism of Death United States, 2001-2015," *MMWR* Surveillance Summary 2017; 66(No. SS-18):1-16, http://dx.doi.org/10.15585/mmwr.ss6618a1, https://www.cdc.gov/mmwr/volumes/66/ss/ss6618a1.htm.

17. 成年人的自杀率："Suicide Statistics," American Foundation for Suicide Prevention, March 1, 2020, https://afsp.org/suicide-statistics/.

18. 自杀率上升：Danielle L. Steelesmith et al., "Contextual Factors Associated with County-Level Suicide Rates in the United States, 1999 to 2016," *JAMA Network Open* 2, no. 9 (2019): e1910936, doi: 10.1001/jamanet workopen.2019.10936.

19. 在过去的10年中："The Rural Health Safety Net Under Pressure: Rural Hospital Vulnerability," The Chartis Group, February 2020, https://www.ivantageindex.com/wp-content/

uploads/020/02/CCRH_Vulnerability-Research_FiNAL-02.14.20.pdf.

20. 美国医院协会于2020年向联邦政府:"The Rural Health Safety Net Under Pressure: Understanding the Potential Impact of COVID-19," The Chartis Group, April 2020, https://www.chartis.com/resources/files/CCRH_Research_Update-Covid-19.pdf.

21. 453家农村地区的医院: Ibid.

22. 农村医务工作者队伍: Lucy Skinner et al., "Implications of an Aging Rural Physician Workforce," *New England Journal of Medicine* 381 (July 25, 2019): 299-301, doi: 10.1056/NEJMp1900808.

23. 2020年夏天:"2020 Survey of America's Physicians: COVID-19 Impact Edition," The Physicians Foundation, August 2020, http://physiciansfoundation.org/wp-content/uploads/2020/08/20-1278-Merritt-Hawkins-2020-Physicians-Foundation-Survey.6.pdf.

24. 大萧条以来: Olugbenga Ajilore, "Economic Re-covery and Business Dynamism in Rural America," Center for American Progress, February 20, 2020, https://cdn.americanprogress.org/content/uploads/2020/02/20114441/DynamismRural-brief.pdf.

25. 零售银行是遭受重创的领域之一: Board of Governors of the Federal Reserve System, "Perspectives from Main

Street: Bank Branch Access in Rural Communities," Federal Reserve, November 2019, https://www.federalreserve.gov/publications/files/bank-branch-access-in-rural-communities.pdf.

26. 该计划还将部分资金用于:"Biden-Harris Administration Extends Moratorium on Residential Evictions in USDA Multifamily Housing Communities in Accordance with CDC Guidance," United States Department of Agriculture, March 29, 2021, https://www.usda.gov/media/press-releases/2021/03/29/biden-harris-administration-extends-moratorium-residential.

27. 日本邮政守望服务:Japan Post Group, Annual Report, Year Ended March 31, 2018, https://www.japanpost.jp/en/ir/library/disclosure/2018/pdf/all.pdf, 26.

28. "照看我的父母":Jane Hanks, "Postal Workers Will Watch over Your Elderly Parents," Connexion, May 15, 2017, https://www.connexionfrance.com/French-news/Postal-workers-will-watch-over-your-elderly-parents.

29. 其他国家的邮政服务:Ibid.

30. 甚至有越来越多的人要求:Christopher W. Shaw, "Postal Banking Is Making a Comeback. Here's How to Ensure It Becomes a Reality," *Washington Post*, July 21, 2020, https://www.washing-tonpost.com/outlook/2020/07/21/postal-banking-

is-making-come-back-heres-how-ensure-it-becomes-reality/.

31. 英格兰纽卡斯尔建房互助会：Kevin Peachey, "A New Rural Bank Branch Opening! What's Going On?," BBC News, February 9, 2020, https://www.bbc.com/news/business-51372724.

32. 位于东京郊区的甲东园："What does KOTOEN mean?," © 2016, Kotoen, http://www.kotoen.or.jp/about/english.

33. 德国政府正在努力利用电子医疗技术：Laura Richter and Tobias Silberzahn, "Germany's e-Health Infrastructure Strengthens, but Digital Uptake Is Lagging," McKinsey & Company, December 11, 2020, https://www.mckinsey.com/industries/pharmaceuticals-and-medical-products/our-insights/germanys-e-health-infrastructure-strengthens-but-digital-uptake-is-lagging.

34. 退役军人事务部的互联护理办公室："Improving Health Care Through Technology," US Department of Veterans Affairs, https://connectedcare.va.gov/terms/connected-health/single/About.

35. 吉野杉之家："Space for Sharing," Yoshino Cedar House, https://www.yoshinocedarhouse.com/.

36. 2015年，该公司从北海道和京都府：Masatsugu Horie, "Uber embarks on unconventional strategy in Japanese countryside," *JapanTimes*, October 24, 2016, https://www.japantimes.co.jp/

news/2016/10/24/business/uber-embarks-unconventional-strategy-japanese-countryside/.

37. 不久前，卡马拉塔和意大利：Cailey Rizzo, "This Italian Town Will Give You a Free House and Pay You to Raise a Child There,": *Travel & Leisure*, November 4, 2019, https://www.travelandleisure.com/travel-news/cammarata-sicily-italy-paying-families-to-move-there; Julia Buckley, "The Millennials Using Covid to Change Sicily's €1 Home Schemes," CNN Travel, May 25, 2021, https://www.cnn.com/travel/article/cammarata-sicily-1-euro-homes-streetto/index.html.

38. 俄克拉荷马州的塔尔萨市："Hi, Remote Workers! We'll Pay You to Work from Tulsa. You're Going to Love It Here," Tulsa Remote, © 2021, https://tulsaremote.com/.

39. 扎根农村的企业尽管往往规模较小："2016 Small Business Credit Survey: Report on Rural Employer Firms," Federal Reserve Bank of Richmond and Federal Reserve Bank of Atlanta, December 2017, https://www.richmondfed.org/-/media/richmondfedorg/community_development/resource_centers/small_business/pdf/credit_survey/sbcs_report_rural_employer_firms_2016.pdf.

40. 日本在企业继承方面遇到了一些棘手的难题："Five-Year

Plan for Business Succession Formu-lated," Ministry of Economy, Trade, and Industry, Japan, July 7, 2017, https://www.meti.go.jp/english/press/2017/0707_001.html.

| 8 | 面对新现实

1. 据联合国估计："Survival to Age 65, Male (% of Cohort)," The World Bank, November 2019, https://data.worldbank.org/indicator/SP.DYN.TO65.MA.ZS.

2. 2020年，芬兰于韦斯屈莱大学：Kaisa Koivunen et al., "Cohort Differences in Maximal Physical Performance: A Comparison of 75- and 80-Year-Old Men and Women Born 28 Years Apart," *Journals of Gerontology*, Series A, Septem-ber 4, 2020, glaa224, https://doi.org/10.1093/gerona/glaa224.

3. 现在美国大多数18岁至29岁的年轻人：Richard Fry, Jeffrey S. Passel, and D'Vera Cohn, "A Majority of Young Adults in the U.S. Live with Their Parents for the First Time Since the Great Depression," Pew Research Center, September 4, 2020, https://www.pewresearch.org/fact-tank/2020/09/04/a-majority-of-young-adults-in-the-us-live-with-their-parents-for-the-first-time-since-the-great-depression/.

4. 年轻人在推迟结婚的同时：Quoctrung Bui and Claire

Cain Miller, "The Age That Women Have Babies: How a Gap Divides America," *New York Times*, August 4, 2018, https://www.nytimes.com/interactive/2018/08/04/upshot/up-birth-age-gap.html.

5. 首次购房者的平均年龄：Reade Pickert, "Young Homebuyers Are Vanishing from the U.S.," Bloomberg, November 8, 2019, https://www.bloomberg.com/news/articles/2019-11-08/young-homebuyers-vanish-from-u-s-as-median-purchasing-age-jumps.

6. 多次购房者的平均年龄：Jessica Lautz, "Age of Buyers Is Sky-rocketing...But Not for Who You Might Think," National Association of Realtors, January 13, 2020, https://www.nar.realtor/blogs/economists-outlook/age-of-buyers-is-skyrocketing-but-not-for-who-you-might-think.

7. 这些购房者的平均收入为54340美元："Zillow: Average First-Time Home-buyer 33 Years of Age," National Mortgage Professional, August 20, 2015, https://nationalmortgageprofessional.com/news/55433/zillow-average-first-time-homebuyer-33-years-age

8. 2020年12月，荷兰医生：Vera van den Berg et al., "Euthanasia and Physician-Assisted Suicide in Patients with Multiple Geriatric Syndromes," *JAMA Internal Medicine* 181, no. 2 (2021): 245-50, doi: 10.1001/jamainternmed.2020.6895.

9. 回归自然是第一家提供该项服务的殡葬公司："Precompose," Recompose, https:// recompose.life/precompose/.

10. 平均要花费7640美元："Statistics," The National Funeral Directors Association, July 18, 2019, https://nfda.org/news/statistics.

11. 2019年，服务业企业家：Natasha Levy, "Exit Here funeral parlour is designed to have 'the eclectic feel ofhome'," *Dezeen*, October30, 2019, https://www.dezeen.com/2019/10/30/exit-here-funeral-parlour-death/.

12. 凯特琳·道蒂是一名殡葬师："Welcome to the Order. Welcome to Your Mortality," Order of the Good Death, © 2021, http://www.order of the good death.com/about.

13. 近80%的使用者利用该设备：Mikey Campbell, "Apple Watch, Other Wearables Increasingly Used to ManageChronic Health Conditions, Study Says," Apple Insider, August 18, 2018, https://appleinsider.com/articles/18/08/30/apple-watch-other-wearables-increasingly-used-to-manage-chronic-health-conditions-study-says.

14. 虽然大约半数的苹果手表用户：Bernard Desarnauts, "One Year In and Only Now Are We Getting to Know Apple Watch Owners," Medium, April 19, 2016, https://medium.com/wristly-thoughts/one-year-in-and-only-now-are-we-getting-to-know-apple-watch-owners-

db60d565d041.

15. 美国智能手机用户：Alicia Phaneuf, "The Number of Health and Fitness App Users Increased 27% from LastYear," eMarketer, July 20, 2020, https://www.emarketer.com/content/number-of-health-fitness-app-users-increased-27-last-year.

16. 派乐顿是一家成立于2012年的健身设备和媒体公司：Martin Belam and Joanna Partridge, "Peloton loses $1.5bn in value over 'dystopian, sexist' exercise bike ad," The Guardian, December 4, 2019, https://www.theguardian.com/media/2019/dec/04/peloton-backlash-sexist-dystopian-exercise-bike-christmas-advert; Lauren Thomas, "Peloton thinks it can grow to 100 million subscribers. Here's how," *CNBC*, September 15, 2020. https://www.cnbc.com/2020/09/15/peloton-thinks-it-can-grow-to-100-million-subscribers-heres-how.html.

17. 在2016年接受采访时说，一般来说：Uptin Saiidi, "Pedaling to dominate the stationary bike industry," *CNBC*, January 11, 2016, https://www.cnbc.com/2016/01/08/pelotons-race-for-home-cycling.html.

18. 统计数据也印证了这一点：Rachel Valerio, "Fitness Industry Roundup: Millennials Are Good for Business," IHRSA, October 4, 2019, https://www.ihrsa.org/improve-your-club/industry-news/fitness-industry-roundup-

millennials-are-good-for-business/.

19. 自从13世纪威尼斯工匠："Eyeglasses Timeline," Luxottica, © 2020, https://www.luxottica.com/en/about-us/museo-dellottica/eyeglasses-timeline.

20. 晨询（Morning Consult）每年都会发布："The Fastest Growing Brands of 2020," Morning Consult,© 2021, https://morningconsult.com/fastest-growing-brands-2020/.

21. 智威汤逊广告公司最近的一项研究："Elastic Generation: The Female Edit," Wunderman Thompson, January 2018, https://intelligence.wundermanthompson.com/trend-reports/elastic-generation-female-edit/.

22. "55岁的女性"：Marie Stafford, "Elastic Generation: The Female Edit," The Innovation Group, December 2017,https://marcommnews.com/wp-content/uploads/2018/01/234000_Elastic-Generation-The-Female-Edit.-FINAL.pdf.

| 9 | 发挥年长的优势

1. 在未来的10年内："Civilian Labor Force Participation Rate by Age, Sex, Race, and Ethnicity," US Bureau ofLaborStatistics, September 1, 2020, https://www.bls.gov/emp/tables/civilian-labor-force-participation-rate.htm.

2. 高德纳（Gartner）咨询公司的一份报告预测：Manasi Sakpal,

"Diversity and Inclusion Build High-Performance Teams," Smarter with Gartner, September 20, 2019, https://www.gartner.com/smarterwithgartner/diversity-and-inclusion-build-high-performance-teams/.

3. "这说明他们或许可以":"Accelerating Business with an Age-Diverse Work-force," Randstad, February 26, 2020, https://www.randstad.com/workforce-insights/future-of-work/accelerating-business-with-an-age-diverse-workforce/.

4. 尽管代际多样化的员工队伍:"Age Diversity: How to Engage Different Age Groupsin Your Workplace," CVLibrary, June 7, 2019, https://www.cv-library.co.uk/recruitment-insight/engage-different-age-groups-your-workplace/.

5. 只有不到10%的公司:"Accelerating Business with an Age-Diverse Work-force," Randstad.

6. 首席执行官的平均年龄: Oliver Staley, "How the Average Age of CEOs and CFOs Has Changed Since 2012," Quartz, September 11, 2017, https://qz.com/1074326/how-the-average-age-of-ceos-and-cfos-has-changed-since-2012/.

7. 首次聘为高层管理职位:"Volatility Report 2020," Crist|Kolder Associates, https://www.cristkolder.com/media/2697/volatility-report-2020-americas-leading-companies.pdf.

8. 哈佛商业评论: Jane Johnson, "70 Is the New 50: Aging

CEOs Provide Both Opportunities and Challenges forBusinesses," *Business Transition Academy*, June 12, 2019, https://www.businesstransitionacademy.com/strategic-business-planning-blog/70-is-the-new-50-aging-ceos-provide-both-opportunities-and-challenges-for-businesses; "Crist/Kolder Associates:VolatilityReport 2018," Crist|Kolder Associates, https://www.crist kolder.com//media/2135/volatility-report-2018-americas-leading-companies..pdf; "Spotlight Series - The CEO 100, 2019 Edition," *Harvard Business Review*, November2019, https://hbr.org/2019/11/the-best-performing-ceos-in-the-world-2019.

9. 所有行业的首席执行官平均年龄:"Providing More Insight into the Small Business Owner," Business Information Solutions, Experian, September 2007, https://www.experian.com/whitepapers/BOLStudy_Experian.pdf.

10. 我们对20项覆盖近两万名员工的研究结果进行分析:David P. Costanza et al., "Generational Differences in Work-Related Attitudes: A Meta-analysis," *Journal of Business and Psychology* 27 (2012): 375–94, https://doi.org/10.1007/s10869-012-9259-4.

11. 淘宝网于2018年发布的报告称:"Alibaba Targets China's Aging Population With 'Tao-bao for Elders',"

Alizila, February 1, 2018, https://www.alizila.com/alibaba-tar-gets-chinas-aging-population-with-taobao-for-elders/.

12. 为了提高市场份额和影响力：Liu Caiyu, "Taobao Job Ad Seeking Two Square Dancing Senior Citizens Goes Viral," *Global Times*, January 18, 2018, https://www.globaltimes.cn/content/1085533.shtml.

13. 淘宝网还成立了"淘宝老年学院"：Tara Francis Chan, "Alibaba Said It Would Hire Staff Older Than 60 and Received 1,000 Applications in 24 Hours," *Insider*, January 22, 2018, https://www.businessinsider.com/taobao-hiring-senior-staff-like-the-intern-movie-2018-1.

14. 英国自助装饰装修公司百安居："B&Q and Ageing Workers," *Occupational Medicine*, © 2021, https://www.som.org.uk/bq-and-ageing-workers.

15. 2016年，三菱重工成立了高级管理及专家公司：Shunichi Miyanaga, "The Business Case for Older Workers," AARP International, January 1, 2017, https://www.aarpinternational.org/the-journal/current-edition/journal-articles-blog/2017/01/the-business-case-for-older-workers.

16. 德国汽车制造商保时捷：Patrick McGee, "Germany Invests to Prolong Employees' Working Lives," *Financial Times*, January 17, 2019, https://www.ft.com/content/f1b294b8-9cbe-11e8-88de-

49c908b1f264.

17. 澳大利亚西太平洋银行：Miklos Bolza, "How Two Aussie Firms Are Winning over Older Workers," HumanResource Director, August 8, 2016, https://www.hcamag.com/au/specialisation/diversity-inclusion/how-two-aussie-firms-are-winning-over-older-workers/146545.

18. 西维斯健康：CVS Caremark Snowbird Program, The Center on Aging and Work, © 2012, http://capricorn.bc.edu/agingandwork/database/browse/case_study/24047.

19. UPS："Hiring Older Workers Is Suddenly In Season," NextAvenue, November 17, 2017, https://www.forbes.com/sites/nextavenue/2017/11/17/hiring-older-workers-is-suddenly-in-season/?sh=81e1022e8808.

20. 全球轮胎制造商米其林：Paul Davidson, "Older Workers Get Flexible Hours, Work-At-Home Options to Keep Them from Retirement," *USA Today*, May 22, 2018, https://www.usatoday.com/story/money/2018/05/21/retirement-delayed-firms-keep-older-workers-hire-retirees/613722002/.

21. 年长的员工往往比年轻的员工留在公司的时间更长："Employer Tenure Summary," US Bureau of Labor Sta-tistics, September 22, 2020, https://www.bls.gov/news.release/tenure.nr0.htm.

22. 美国劳工统计局2020年1月发布的数据显示：Ibid.

23. 英国跨国投资银行及金融服务公司巴克莱："'I'm Proof That Age Is Not a Barrier for Apprenticeships,'" Barclays, May 30, 2019, https://home.barclays/news/2019/05/-i-m-proof-that-age-is-not-a-barrier-for-apprenticeships-/.

24. 美国劳工部注册学徒合伙人数据信息系统（RAPIDS）的数据显示："FY 2019 Data and Statistics," US Department of Labor, https://www.dol.gov/agencies/eta/apprenticeship/about/statistics/2019.

25. 2020年的家庭年平均收入："New BMW Owner Demographics: Income, Age, Gender and More," Hedges & Company, March 2019, https://hedgescompany.com/blog/2019/03/new-bmw-owner-demographics/#bmw_owner_demographics_average_age_of_a_bmw_owner.

| 10 | 建设适老住所与社区

1. 美国老龄人居住与照护投资中心：Chuck Sudo, "Senior Housing Occupancy Falls to Another Record Low in Q3," Senior Housing News, October 15, 2020, https://seniorhousingnews.com/2020/10/15/senior-housing-occupancy-falls-to-another-record-low-in-q3/.

2. "虽然所有三种类型的县域均出现了人口老龄化的现象"：Kim Parker et al., "Demographic and Economic Trends in Urban, Suburban and Rural Communities," Pew Research

Center, May 22, 2018, https://www.pewresearch.org/social-trends/2018/05/22/demographic-and-economic-trends-in-urban-suburban-and-rural-communities/.

3. 50岁以上租房居住的老龄人口：Jennifer Molinsky, "The Future of Renting Among Older Adults," Joint Center for Housing Studies of Harvard University, February 3, 2016, https://www.jchs.harvard.edu/blog/the-future-of-renting-among-older-adults.

4. 有将近100万60岁以上的老龄人：Stephanie Horan, "Where Retirees Are Moving—2020 Edition," SmartAsset, March 10, 2020, https://smartasset.com/financial-advisor/where-retirees-are-moving-2020.

5. 过去10年间："Empty Nest? Leave the Boring' Burbs Behind and Move Back to the City for a Better Social Life," High50, March 2, 2015, https://high50.com/homes/why-empty-nesters-are-moving-back-to-the-city.

6. 18岁至29岁的年轻人：Richard Fry, Jeffrey S. Passel, and D'Vera Cohn, "A Majority of Young Adults in the U.S. Live with Their Parents for the First Time Since the Great Depression," Pew Research Center, September 4, 2020, https://www.pewresearch.org/fact-tank/2020/09/04/a-majority-of-young-adults-in-the-u-s-live-with-their-parents-for-the-first-time-

since-the-great-depression/.

7. "有近90%的人希望尽可能长时间地待在自己的家中": Nicholas Farber, et al., "Aging in Place: A State Survey of Livability Policies and Practices," National Conference of State Legislatures and AARP Public Policy Institute, December 2011, https://assets.aarp.org/rgcenter/ppi/liv-com/ib190.pdf.

8. 美国每年至少有300万: "Important Facts About Falls," Centers for Disease Control and Prevention, February 10, 2017, https://www.cdc.gov/home andrecreationalsafety/falls/adultfalls.html.

9. 在德国，只有5%的老龄人:"The Aging Readiness & Competitiveness Report," AARP International, https://arc.aarpinter-national.org/File%20LibraryFull%20Reports/ARC-Report—Germany.pdf.

10. 就在十多年前: "Housingour Ageing Population: Panel for Innovation (HAPPI)," 2009, https://www.housinglin.org.uk/_assets/Resources/Housing/Support_materials/Other_reports_and_guidance/Happi_Final_Report.pdf.

11. 近九成装修房屋的客户是"婴儿潮一代":Erin Carlyle, "Baby Boomers and Gen Xers Drove Remodeling and Spending in 2019," Houzz, June 30, 2020, https://www.houzz.com/

magazine/baby-boomers-and-gen-xers-drove-remodeling-and-spending-in-2019-stsetivw-vs~137253690.

12. 在过去10年中：Irina Lupa, "The Decade in Housing Trends: High-Earning Renters, High-End Apartments and Thriving Construction," RENT- Café, December 16, 2019, https://www.rentcafe.com/blog/rental-market/market-snapshots/renting-america-housing-changed-past-decade/.

13. 组合式住房开发公司Module认为："Home Page" Module Housing, https://www.modulehousing.com/.

14. 2014年，以色列启动了："The Aging Readiness & Compe-titiveness Report," AARP International, https://arc.aarpinternational.org/countries/israel.

15. 世界卫生组织下属的全球老年友好城市和社区网络："About the Global Network for Age-friendly Cities and Communities," World Health Organization, https://extranet.who.int/agefriendlyworld/who-network/.

16. 秋田市是最早一批加入："Case Study: The Age-friendly Programme in Akita City," World Health Organization, https://extranet.who.int/agefriendlyworld/resources/age-friendly-case-studies/akita-city/.

17. 美国人口最多的城市纽约："Better Benches and Bus Stop Shelters," AARP, August 2015, https://www.aarp.org/

livable-communities/network-age-friendly-communities/info-2015/domain-2-new-york-city-bus-bench-program.html.

18. 英格兰的诺丁汉市：https://www.architecture.com/-/media/gathercontent/age-friendly-handbook/additional-documents/alternativeagefriendly handbook2014pdf.pdf.

19. 德国的格里斯海姆：Sophie Handler, *An Alternative Age-Friendly Handbook* (Manchester, UK: The University of Manchester Library: 2014), https://www.architecture.com/-/media/gathercontent/age-friendly-handbook/additional-documents/alternativeagefriendlyhandbook 2014 pdf.pdf.

20. 一项全国性的研究："The Pandemic Effect: A Social Isolation Report," AARP Foundation and United Health Foundation, October 6, 2020, https://connect2affect.org/the-pandemic-effect/.

21. 2018年，英国政府：Jason Daley, "The U.K. Now Has a 'Minister for Loneliness.' Here's Why It Matters," *Smithsonian Magazine*, January18, 2019, https://www.smithsonianmag.com/smart-news/minister-loneliness-appointed-united-kingdom-180967883/.

22. 美国老龄人综合护理计划（PACE）的参与单位："Caring for Older Adults with Complex Needs in the COVID-19 Pandemic:Lessonsfrom PACE Innovations," Better Care Playbook, June 2020, https://www.bettercareplaybook.org/resources/caring-

older-adults-complex-needs-covid-19-pandemic-lessons-pace-innovations.

23. 一家相对较新的公司:"onHand founder wins Entrepreneur for Good Award," onHand, December 15, 2020, https://www.beonhand.co.uk/onhand-blog/onhand-founder-wins-entrepreneur-for-good-award.

| 11 | 老年经济学

1. 网上购物在美国发展得非常迅速:Tugba Sabanoglu, "U.S. Fashion and Accessories E-retail Revenue 2017-2024," Statista, November 30, 2020, https://www.statista.com/statistics/278890/us-apparel-and-accessories-retail-e-commerce-revenue/.

2. 近一半的网购者是在亚马逊上开始首次网购:"NPR/Marist Poll of 1,057 National Adults," May 18, 2020, http://maristpoll.marist.edu/wp-content/misc/usapolls/us180423_NPR/NPR_Marist%20Poll_Tables%20of%20Questions_May%202018.pdf, 2.

3. 这其中就包括由德国沃达丰(Vodafone)公司提供的银线(Silberdraht)电话服务:"Founders Stories #5: Access All Areas (Sil-berdraht)," Vodafone Uplift, December 17, 2020, https://vodafoneuplift.de/founders-stories-5-access-all-areas-silberdraht/.

4. 截至2016年年底，这一数字：Robert Fairlie, Desai Sameeksha, and A. J. Herrmann, "2018 National Reporton Early-Stage Entrepreneurship," Kauffman Indicators of Entrepreneurship, Ewing Marion Kauffman Foundation:Kansas City, 2019, https://indicators.kauffman.org/wp-content/uploads/sites/2/2019/09/National_Report_Sept_2019.pdf.

5. 年龄在65岁以上的群体："Self-employment in the United States," US Bureau of Labor Statistics, March 2016, https://www.bls.gov/spotlight/2016/self-employ ment-in-the-united-states/home.htm.

6. 成功的企业家的平均年龄为45岁：Pierre Azoulay et al., "Research: The Average Age of a Successful Startup Founder Is 45," *Harvard Business Review*, July 11, 2018, https://hbr.org/2018/07/research-the-average-age-of-a-successful-startup-founder-is-45.

7. 到首批35个国家于2030年进入超龄时代之时："The Global Talent Crunch," Korn Ferry, https:// infokf.kornferry.com/global_talent_crunch_web.html?_ga=2.95076255.2053081181.1610813922-1378629803.1610813922.

8. 经合组织自己开展的研究项目表明：OECD (2020), *Promoting an Age-Inclusive Work-force: Living, Learning and Earning Longer*, OECD Publishing, Paris, https:// doi.org/10.1787/59752153-en.

9. 2000年至2018年间：David Baxter, "Re-thinking Older Workforce Potential in an Aging World," Population Division, Department of Economic and Social Affairs, United Nations Secretariat, November 2018, https://www.un.org/development/desa/pd/sites/www.un.org.development.desa.pd/files/unpd_egm_201811_egm_david_baxter.pdf.

10. 在卢森堡和西班牙："Labour Force Participation Rate," OECD Employment Outlook, https://data.oecd.org/emp/labour-force-participation-rate.htm.

11. 美国所有合作社的雇员总数："About the USFWC," United States Federation of Worker Cooperatives (USFWC), December 7, 2020, https://www.usworker.coop/about/.

12. 英国利兹大学商学院的维吉尼·佩罗坦："What Do We Really Know About Worker Co-operatives?," Co-Operatives UK, page 20, http://efesonline.org/LIBRARY/2016/worker_co-op_report.pdf.

13. 经济与政策研究中心的研究表明：Hye Jin Rho, "Hard Work? Patterns in Physically Demanding Labor Among Older Workers," Center for Economic and Policy Research, August 2010, https://www.cepr.net/documents/publications/older-workers-2010-08.pdf.

14. 2016年，美国退休人员协会曾经："World Population Ageing 2019: Highlights," United Nations, Department of Economic and

Social Affairs, Population Division, 2019, page 1, https://www.un.org/en/development/desa/population/publications/pdf/ageing/WorldPopulationAgeing2019-Highlights.pdf.

15. 2019年的一项最新研究估计:"The Longevity Economy® Outlook," AARP, https://www.aarp.org/content/dam/aarp/research/surveys_statistics/econ/2019/longevity-economy-outlook.doi.10.26419-2Fint.00042.001.pdf.

16. 欧睿国际: Matthew Boyle, "Aging Boomers Befuddle Marketers Aching for $15 Trillion Prize," *Bloomberg News*, September 17, 2013, http://www.agewave.com/media_files/09%2017%2013%20Bloomberg%20 Business_AgingBoomersBefuddle%20Marketers.pdf.

17. 新西兰现在正在实施一种最具进步性的方案: Emma Charlton, "New Zealand Has Unveiled Its First 'Well-Being' Budget," World Economic Forum, May 30, 2019, https://www.weforum.org/agenda/2019/05/new-zealand-is-publishing-its-first-well-being-budget/.

18. 在美国退休人员协会就职即将结束时:"Inaugural Report: The Aging Readiness & Competitiveness Report (ARC)," AARP and FP Analytics, AARP International, 2017, https://aarpinternational.cloud.prod.iapps.com/arc/home/the-aging-readiness-competitiveness-report.

译名对照

阿里·塞斯·科恩
Cohen, Ari Seth

阿什顿·阿普尔怀特
Applewhite, Ashton

埃塞尔·珀西·安德鲁斯
Andrus, Ethel Percy

埃塞尔·珀西·安德鲁斯老年学中心
Ethel Percy Andrus Gerontology Center

艾尔顿·约翰
John, Elton

艾丽斯·布拉默茨
Brammertz, Alice

爱彼迎
Airbnb

安德鲁·斯科特
Scott, Andrew

安格斯·迪顿
Deaton, Angus

安乐死
euthanasia

安妮·凯斯
Case, Anne

按需配送
on-demand product delivery

奥布里·德·格雷
Grey, Aubrey de

奥古斯都
Augustus

紧缩
austerity

奥利弗·佩顿
Peyton, Oliver

奥利维罗·托斯卡尼
Toscani, Oliviero

奥托·冯·俾斯麦
Bismarck, Otto von

八旬老龄人
Octogenarians

巴克莱
Barclays

巴氏灭菌法
pasteurization

百安居（自助装修公司）
B&Q (home improvement company)

《百年人生》(斯科特)
The 100-Year Life (Scott)

宝马公司
BMW

"保持清醒"
"stay woke"

保罗·格雷厄姆
Graham, Paul

保罗·朗
Long, Paul

保时捷
Porsche

北卡罗来纳费林顿村
Fearrington Village, North Carolina

贝蒂·怀特
White, Betty

非裔美国人
Black Americans

贝卡·利维
Levy, Becca

贝纳通色彩联合国
United Colors of Benetton United Kingdom

本杰明·富兰克林
Franklin, Benjamin

比尔·克林顿
Clinton, Bill

宾夕法尼亚州匹兹堡
Pittsburgh, Pennsylvania

殡葬业
funeral industry

波诺
Bono

"废柴"
"deadwood"

波士顿咨询集团
Boston Consulting Group

布赖恩·埃尔姆斯
Elms, Brian

财富大转移
Great Wealth Transfer

参与率
participation rate

招募与保留
recruitment and retention

查蒂斯农村卫生中心
Chartis Center for Rural Health

查尔斯·达尔文
Darwin, Charles

产品与服务营销
marketing products/services

产品正常化
normalizing products

长谷川豪
Go Hasegawa

长寿红利
longevity dividend

长寿基金
Longevity Fund

长寿基因
longevity gene

长寿经济
longevity economy

长寿科学
longevity science

长者风采
Advanced Style

晨询
Morning Consult

持续照料退休社区
continuing care retirement comm-unity (CCRC)

初产
first childbirth

初为人母
first-time mothers

传统里程碑式任务
traditional milestones

从这里离开
Exit Here

促进者(非营利性组织)
Catalyst (nonprofit firm)

打广告/广告商
advertising/advertisers

永旺(集团)
AEON

大卫·克莱·拉格
Large, David Clay

大卫·辛克莱尔
Sinclair, David

大众媒体
mass media

代际冲突
generational conflict

代际多样化员工
multigenerational workforce

代际多样性
generational diversity

代际均等
generational parity

代际憎恨
intergenerational resentment

丹·布特纳
Buettner, Dan

丹·帕特里克
Patrick, Dan

派乐顿
Peloton

道格拉斯·库普兰
Coupland, Douglas

德尔伯特·尤金·韦伯
Webb, Delbert "Del" Eugene

德尔韦伯开发公司
Del Webb Development Corporation (DEVCO)

德尔·韦伯模式
Del Webb model

德国格里斯海姆
Griesheim, Germany

德里克·汤普森
Thompson, Derek

第三次工业革命
Third Industrial Revolution

第四次工业革命
The Fourth Industrial Revolution

第一次工业革命
First Industrial Revolution

蒂姆·帕尔
Parr, Tim

蒂姆·帕金
Parkin, Tim

电子健康技术
e-health technology

海伦·鲁思·埃拉姆
Elam, Helen Ruth

顶级品牌
top brands

东京车展
Tokyo Motor Show

东欧犹太人
Eastern European Jews

都市/非都市地区
metro/nonmetro areas

对待老龄女性的态度
attitudes toward older women

对待老龄人的态度
attitudes toward the old

《对死亡的否定》
The Denial of Death (Becker)

利用数字技术
digital access/literacy

多代设计
multigenerational designs

租赁市场
rental market

多样性、公平性和包容性
diversity, equity, and inclusion (DEI)

多种老年综合征
multiple geriatric syndromes (MGS)

俄克拉荷马州的塔尔萨市
Tulsa, Oklahoma

儿童死亡率
child mortality

二甲双胍抗衰老
Targeting Aging with Metformin (TAME)

发货选择
delivery options

法布里斯·胡达特
Houdart, Fabrice

反退休现实
anti-retirement reality

反文化
counterculture

泛美退休研究中心
Transamerica Center for Retirement Studies

唐纳德·约翰·特朗普
Trump, Donald J.

非传染性疾病
noncommunicable diseases

健康的社会决定因素
social determinants of health

风采奶奶
Instagranny

工具性日常生活活动
instrumental activities of daily living (IADLs)

弗兰兹·豪伦赫姆
Haurenherm, Franz

辅助客运系统
paratransit

富兰克林·德拉诺·罗斯福
Roosevelt, Franklin Delano

肝脏移植
liver transplants

工资差距
wage gap

X 一代
Generation X

工资膨胀
wage inflation

工资滞涨
wage stagnation

工作豁免
work exemptions

《公告牌》杂志
Billboard

公共部门员工
public sector employees

公共交通
public transportation

公共卫生系统
public health systems

公共养老金
public pensions

《公平劳动标准法（1938）》
Fair Labor Standards Act of 1938

雇员拥有所有权的合作社
employee-owned cooperatives

雇主承诺
Employer Pledge

广告时代
Advertising Age

归属
belonging

国际商业机器公司
International Business Machines Corporation (IBM)

国家信用评级
nation's credit ratings

过量服药
drug overdose

哈吉·柴提
Chetty, Raj

哈里·坎贝尔
Campbell, Harry

海伦·瓦伦丁
Valentine, Helen

沃希尼·瓦拉
Vara, Vauhini

"好吧,老家伙"辩论
"OK, Boomer" debate

老龄人口的经济贡献
older population's economic contributions

合作家庭护理协会
Cooperative Home Care Associates

合作社
cooperatives

反文化
counterculture

LLEL 合作学习组织
Living, Learning, and Earning Longer learning collaborative

查克·贝里
Berry, Chuck

核心家庭
nuclear family

赫尔曼·沃克
Woulk, Herman

"黑肺病"
"black lung"

黑人的命也是命
Black Lives Matter

黑人、原住民、有色人种
BIPOC (Black, Indigenous, people of color)

出生率
birth rates

亨利·费尔利
Fairlie, Henry

后疫情
post-pandemic

胡安·庞塞·德莱昂
Ponce de León, Juan

环境保护局
Environmental Protection Agency

环境清洁
environmental clean up

回归自然
Recompose

"活着的理由"
"reason for being"

基础设施投资
infrastructure investments

吉尔伯特青少年服务公司
GilBert Teen Age Services

吉姆·梅隆
Mellon, Jim

路易斯·梅南德
Menand, Louis

吉野杉之家
Yoshino Cedar House

"选择的家庭"
"chosen family"

疾病管理
disease management

疾病控制与预防中心
Centers for Disease Control and Prevention (CDC)

技术应用
technology use

加拉帕戈斯陆龟
Galápagos tortoise

家庭单位
family units

时尚奶奶
Fashion Grandma

甲东园
Kotoen

健身房会员
gym memberships

健身应用软件
fitness apps

交通选择
transportation options

轿车
automobiles

教育与培训
education and training

杰夫·蒂德韦尔
Tidwell, Jeff

杰克·温伯格
Weinberg, Jack

杰辛达·阿德恩
Ardern, Jacinda

金融健康网
Financial Health Network

经济保障
financial security

经济独立
financial independence

经济合作与发展组织
Organisation for Economic Co-operation and Development (OECD)

经济生产力
economic productivity

经济与健康保障
economic and health security

《就业年龄歧视法》
Age Discrimination in Employment Act (ADEA)

居家工作
working from home

"休闲星期五"
"Casual Friday"

"居家生活"
"living in place"

居家养老
aging in place

卡迪斯眼镜
Caddis Eye Appliances

凯伦·科凯恩
Cokayne, Karen

凯洛格商学院
Kellogg School of Management

凯撒家族基金会
Kaiser Family Foundation

凯特琳·道蒂
Doughty, Caitlin

凯文·鲁埃尔
Ruelle, Kevin

凯文·斯科特
Scott, Kevin

抗衰老广告
anti-aging advertising

抗衰老市场
anti-aging market

抗衰老信息
anti-aging messages

抗衰老行业
anti-aging industries

考夫曼创业指标
Kauffman Indicators of Entrepreneurship

可塑的预期寿命
malleable life expectancy

可支配收入
disposable income

克莱尔·凯西
Casey, Claire

克劳斯·施瓦布
Schwab, Klaus

克里斯蒂安·巴纳德
Barnard, Christiaan

刻板印象
stereotypes

跨州迁徙
migration across state lines

矿工肺尘病
coal workers' pneumoconiosis

拉里·明尼克斯
Minnix, Larry

三菱电机
Mitsubishi Electric

拉姆齐·阿尔温
Alwain, Ramsey

《蓝色区域》(布特纳)
The Blue Zones (Buettner)

劳动力市场
labor market

劳拉·戴明
Deming, Laura

《老龄化准备与竞争力报告》
The Aging Readiness and Competitiveness (ARC) Report

老龄人口住房报告
Housing our Ageing Population (HAPPI) report

老年日托中心
senior day care centers

老年友好型创新
age-friendly initiatives

老年友好型社区
age-friendly communities

老年友好型社区
age-friendly communities

农村人口减少
depopulation of rural

雷蒙德·达马迪安
Damadian, Raymond

礼宾服务
concierge-like services

理查德·利勒海
Lillehei, Richard

联邦贫困线
federal poverty line

联合国儿童死亡率跨机构工作组
UN Inter-agency Group for Child Mortality

琳恩·斯莱特
Slater, Lyn

灵活工作
flexible work

灵活工作时间 flexible schedules	马库斯·舍费尔 Schäfer, Markus
零工经济 gig economy	玛士撒拉树 Methuselah tree
零售银行 retail banking	迈克尔·赫福德 Hufford, Michael
流感 influenza	迈克尔·马莫特 Marmot, Michael
流行文化 pop culture	没有中文译名 Bon and Pon
罗伯特·巴特勒 Butler, Robert	梅赛德斯—奔驰 Mercedes-Benz
罗纳德·戴维斯 Davis, Leonard	媒体影响 media's influence
马凯 Ma Kai	美国殡葬师协会 National Funeral Directors Association
马克罗宾人 Macrobians	《美国残疾人法案》 *Americans with Disabilities Act*
马克·扎克伯格 Zuckerberg, Mark	美国房地产经纪人协会 National Association of Realtors

美国进步中心
Center for American Progress (CAP)

经济与政策研究中心
Center for Economic and Policy Research

美国救援计划
American Rescue Plan

美国科学促进会
American Association for the Advancement of Science

美国老龄人居住与照护投资中心
National Investment Center for Seniors Housing & Care

美国老龄人综合护理计划
Program of All-Inclusive Care for the Elderly (PACE)

美国老龄问题委员会
National Council on Aging

美国联合包裹运送服务公司
UPS

美国退休教师协会
National Retired Teachers Association (NRTA)

美国退休人员协会
American Association of Retired Persons (AARP)

美国心理协会
American Psychological Association

美国医院协会
American Hospital Association

美国运通公司
American Express Company

美丽与风采
beauty and style

米尔肯研究所
Milken Institute

默纳·布莱斯
Blyth, Myrna

南加州大学伦纳德·戴维斯老年学学院
USC Leonard Davis School of Gerontology

内迁移民经济激励
inward migration financial incentives

尼尔·巴兹莱
Barzilai, Nir

美容化妆行业
beauty and cosmetic industry

年龄多样性
age diversity

年龄经济红利
economic benefits of age

年龄歧视
ageism/age discrimination/ageist bias

年龄歧视立法
age discrimination legislation

年轻人市场
youth market

"您请坐"计划
"Take a Seat" program

纽卡斯尔建房互助会
Newcastle Building Society

纽约大学医学院
New York University School of Medicine

农村创业中心
Center for Rural Entrepreneurship

农村社区的老龄化趋势
aging trends in rural communities

农村社区投资
rural communities investments

欧内斯特·贝克尔
Becker, Ernest

欧睿国际
Euromonitor International

皮尤研究中心
Pew Research Center

《平等待遇法》
General Equal Treatment Act

《2010平等法》(英国)
Equality Act 2010 (United Kingdom)

错误理论
error theory

平等就业机会委员会
Equal Employment Opportunity Com-mission (EEOC)

普华永道金色年华指数
PwC Golden Age Index

奇普·康利
Conley, Chip

企业继承
business succession

器官移植
organ transplantation

器官再生
organ regeneration

强制退休年龄
mandatory retirement ages

中小企业协会
Small and Medium Enterprise Agency (SMEA)

乔纳斯·索尔克
Salk, Jonas

"青春之泉"
fountains of youth

青少年
adolescence

请勿抢救
do not resuscitate (DNR) orders

全国妇女法律中心（美）
National Women's Law Center

新农村人
neorurals

全球老年友好城市和社区网络
Global Network for Age-friendly Cities and Communities

全球音乐电视台
MTV

多代联合
multigenerational coalition

让娜·卡尔芒
Calment, Jeanne

人口变化
demographic shifts

人口金字塔
demographic pyramid

人造环境
built environment

日本秋田市
Akita, Japan

赛百达因
Cyberdyne

三菱重工
Mitsubishi Heavy Industries (MHI)

三菱重工高级管理及专家公司
MHI Executive Experts

桑德拉·布洛克
Bullock, Sandra

桑杰·洛博
Lobo, Sanjay

善终要诀
Order of the Good Death

设计修改
design modifications

社会保障事务管理局（美）
Social Security Administration

社会保障制度中的性别歧视政策
sexist policies in social security system

社交隔离
social isolation

社交联结
social connectedness

社交隔离
social isolation

社交联系
social connectedness

社交媒体
social media

生命阶段
life stages

《生命跨度》
Lifespan (Sinclair)

生日传统
birthday traditions

生育率
fertility rates

《17岁》
Seventeen

史蒂夫·尼克斯
Nicks, Stevie

世界经济论坛
World Economic Forum

世界粮食计划
World Food Programme

世界卫生组织
World Health Organization

收入责任
income responsibility

收入制度
income system

舒拉米斯·沙哈尔
Shahar, Shulamith

熟练技术工人
skilled workers

摔倒死亡
fall fatalities

私营企业养老金
private corporate pensions

岁月流逝和生命衰老
chronological vs. biological aging

穗积志
Hozumi, Motomu

损伤理论
damage theory

"贪婪的老家伙"
"greedy geezers"

格陵兰鲨
Greenland shark

提前退休计划
early retirement offers

体力衰退
physical decline

天主教
Catholicism

田纳西河流域管理局
Tennessee Valley Authority (TVA)

投票行为
voting behavior

退休积蓄
retirement savings

退休"计算器"
retirement calculators

托马斯·斯塔兹尔
Starzl, Thomas

脱节
"out of touch"

外交政策小组
Foreign Policy Group

外貌主义
lookism

外迁移民
out-migration

网上购物
online shopping

威廉·凯利
Kelly, William

维多利亚·利普尼克
Lipnic, Victoria

维吉妮·佩罗坦
Pérotin, Virginie

文化迷恋
cultural obsession

沃比帕克
Warby Parker

沃伦·巴菲特
Buffett, Warren

C.E. 沃特斯
Waters, C. E.

无障碍生活空间
barrier-free living spaces

西班牙流感
Spanish flu

西北大学凯洛格商学院
Northwestern University Kellogg School of Management

西北互助人寿保险公司
Northwestern Mutual

西太平洋银行
Westpac

西维斯健康
CVS Health

西维斯保健标志
CVS Caremark

希拉里·克林顿
Clinton, Hillary

细胞衰老
cellular aging

细菌理论
germ theory

消费者行为
consumer behaviors

消费主义
consumerism

心脏移植
heart transplants

汤米·希尔费格
Hilfiger, Tommy

辛西娅·凯尼恩
Kenyon, Cynthia

肾脏移植
kidney transplants

新冠肺炎疫情
COVID-19 pandemic

代际冲突
generational conflict

新政计划
New Deal plan

K型复苏
K-shaped recovery

性别
gender

基因突变
gene mutations

选举和公投
elections and referendums

学徒期，实习期
internships

雅克·范·登·布鲁克
Broek, Jacques van den

亚历山大大帝
Alexander the Great

亚历山大·弗莱明
Fleming, Alexander

约翰·福利
Foley, John

亚利桑那州太阳城
Sun City, Arizona

养育
parenting

氧饱和
oxygen saturation

药物成瘾
drug addiction

业务管理团队
business' management teams

伊格纳茨·塞梅尔韦斯
Semmelweis, Ignaz

伊丽莎白·里本斯
Ribons, Elizabeth

伊丽莎白·尤科
Yuko, Elizabeth

医疗和社会福利体制
health and social welfare systems

医疗基础设施
health infrastructure

医生基金会
Physicians Foundation

胰腺移植
pancreas transplants

移民政策
immigration policies

意大利卡马拉塔
Cammarata, Italy

银线
Silberdraht

银行业
banking industry

印度尼西亚
Indonesia

英国国民医疗服务系统
National Health Service (United Kingdom)

婴儿潮一代
baby boomers

婴儿死亡率
infant mortality

营销模式
marketing models

营销与宣传
marketing and communications

优生学
Eugenics

尤金·吉尔伯特
Gilbert, Eugene

《诱惑》杂志
Allure

劳埃德·阿尔忒
Alter, Lloyd

娱乐业
entertainment industry

预定临终护理计划
advance care planning (ACP)

预期寿命
life expectancy

预期寿命差
life expectancy gaps

员工短缺
worker shortages

员工配置危机
staffing crises

约翰·N. 格里尔
Greer, John N.

约翰·休斯
Hughes, John

约瑟夫·罗宾内特·拜登
Biden, Joseph R.

詹妮弗·德尔顿
Delton, Jennifer

《这把椅子摇了》(阿普尔怀特)
This Chair Rocks (Applewhite)

针对老年消费者的公司
businesses adapting to older consumers

政府杠杆
governments leveraging

芝加哥"老娃娃"
Chicago's "Old Dolls"

殖民潘人寿保险公司
Colonial Penn Group

智威汤逊广告公司
Thompson, J. Walter

中年后期消费者
middle-plus

中欧大温泉
The Grand Spas of Central Europe

终身学习
lifelong learning

重返职场
returnships

《重塑美国梦》(斯科特)
Reprogramming the American Dream (Scott)

重新定义您的退休
RedTire (Redefine Your Retirement)

专车服务
ride-hailing services

自动化
automation

自动驾驶汽车
self-driving cars

(自愿死亡者的) 医生辅助自杀
doctor-assisted suicide

自主创业
self-employment

自主控制人生最后时光
personalized control over remains

绝望而死
deaths of despair

棕榄公司
Palmolive

祖父母假期
grandparental leave

最佳国际雇主
Best Employers International